U0929863

DAXUESHENG RENWEN SUYANG
YU RENSHENG

大学生人文素养与人生

主　编　崔淑琴　李　艇
副主编　戴　璐　黄　伟　高美玲

暨南大学出版社
JINAN UNIVERSITY PRESS

中国·广州

图书在版编目（CIP）数据

大学生人文素养与人生/崔淑琴，李艇主编；戴璐，黄伟，高美玲副主编．—广州：暨南大学出版社，2012.6

ISBN 978－7－5668－0215－6

Ⅰ.①大…　Ⅱ.①崔…②李…③戴…④黄…⑤高…　Ⅲ.①人文素质教育—高等职业教育—教材　Ⅳ.①G40－012

中国版本图书馆 CIP 数据核字(2012)第 104589 号

出版发行：暨南大学出版社

地　址：中国广州暨南大学
电　话：总编室（8620）85221601
　　　　营销部（8620）85225284　85228291　85228292（邮购）
传　真：（8620）85221583（办公室）　85223774（营销部）
邮　编：510630
网　址：http：//www. jnupress. com　http：//press. jnu. edu. cn

排　版：广州市天河星辰文化发展部照排中心
印　刷：佛山市浩文彩色印刷有限公司

开　本：787mm×960mm　1/16
印　张：16.25
字　数：290 千
版　次：2012 年 6 月第 1 版
印　次：2012 年 6 月第 1 次
印　数：1—3000 册

定　价：32.80 元

前　言

人文素养是人的一种基础性素质，对于其他素质的形成与发展具有强大的影响力，对于促进大学生综合素质的提高有很强的渗透力。这不仅表现在能提高大学生的专业素质、心理素质、思想道德素质上，还表现在能使学生树立正确的价值观、培育民族精神、增强非智力因素等方面。自古以来，我国就有“捐躯赴国难，视死忽如归”的爱国精神，有“千里之行，始于足下”的求实精神，有“众人拾柴火焰高”的团结精神，有“海纳百川，有容乃大”的虚怀若谷，有“己所不欲，勿施于人”的仁爱之心，有“人生自古谁无死，留取丹心照汗青”的浩然正气，有“富贵不能淫，贫贱不能移，威武不能屈”的气节操守，这些都已成为中华民族灵魂深处的精神支柱。“未学做事，先学做人”，人文素养的培育对于大学生形成健全人格、改善思维方式、冲破狭隘功利主义意义重大。

从某种意义上说，人的专业能力、业务素质只是人全面发展的条件，而人文素质或素养，即思想境界、道德情操、认识能力、文化教养，才是人全面发展的最重要的标志。良好的人文修养可使学生自觉关怀他人、关怀社会、关怀人类、关怀自然，逐步具备健全美好的人格，使其自身综合能力得到全面提高。以一棵树作比方，如果说大学生的专业能力是叶，那么人文素养就是根，只有根深，才能叶茂；如果说大学生的专业素质是船，那么人文素养就是舵，只有目标正确，才能到达成功的彼岸。所以，每一位大学生应主动地、自觉地提高自己的人文素养。

正如北京大学乐黛云教授所说：我们从小到大都在不断地接受人文素质的培养，在我们逐渐学会听、说、读、写的过程中，听和读培养了我们认识世界的能力，使我们从一个自然人成长为一个文化人，说和写培养了我们表达自己的能力，从一个个体的人成长为一个社会的人。她还说，要培养和提高自己的人文素质，首先要知道在历史的长河中人类创造了哪些不可磨灭的最美好的东西；其次要以他人为参照，了解人们在这浩瀚的知识、艺术海洋中是如何吸取营养，丰富自己的；第三是要勤于思考、敏于选择、身体力行，将自己认为真正有价值的因素融入自己的生活。她认为只有这样，人才会感到一种内在的人文素质在升华，感到孟子所说的“仁义礼智根于心，其生色也睟然，见于面，盎于背，施于四体，四体不言而喻。”（《尽心上》）才能使自己的事业和生活进入一个前所未有的新阶段。

学校是对人进行人文素质教育的重要场所，高校的人文素养教育就是要培养学生学会做人，形成人文精神。大学教育应关怀学生完整的人生，不仅要对其进行人生教育，还要进行人性教育，这两者相辅相成，才可以造就美满的人生和美好的社会。人生的教育，主要是帮助学生建立寻找职业和谋生所必需的基本知识和基本技能，包括专业知识和技能；人性的教育，主要是帮助学生更深刻地了解人生的意义，培养人文素质，建造人文精神。也就是说，教育不仅应该关心人的物质生活、人的生存发展条件，而且还应该关心人的内在精神，这才是高校教育所面临的更为深刻的内在问题。本书就是为了适应这一要求，对学生在文学、历史学、哲学、艺术、语言学、心理学、民俗学、建筑学等领域的素质培养进行探索。

本书由崔淑琴、李艇担任主编并负责全书总纂。撰写分工：第一章文学与人文（崔淑琴）；第二章历史与人文（张习涛）；第三章哲学与人文（高美玲）；第四章艺术与人文（李艇）；第五章心理学与人文（伍园园）；第六章语言学与人文（戴璐）；第七章民俗学与人文（郑宇华）；第八章建筑学与人文（黄伟）。

本书可作为高职院校人文素质教育的基本教材，也可以作为中专、技工学校、职业高中人文素质教育教材，还可以作为在职人员短期培训和自学的参考用书。

本书在编写过程中，得到了暨南大学出版社副编审潘雅琴老师的精心指导和热情帮助，在此表示衷心感谢！

本书在编写过程中，遵循国家的有关法律、法规精神，参阅并借用了有关著作、文章、网站资料，广泛吸取了学术界的一些最新研究成果，这些均以参考文献的形式出现。根据需要，本书编写人员对一些参考文献的内容进行了适当的修改，由于篇幅关系，本书只在书末统一标明参考文献，未能在书中一一注明出处，在此谨向这些作者和版权所有者深表谢意！

由于水平有限，加之编写时间较仓促，书中错漏在所难免，敬请读者批评指正。

崔淑琴
2012 年 3 月 16 日

目　录

第一章　文学与人文

学科感怀

朋友，你的专业可以不是文学，但在你的精神领域，你最好喜爱文学；未来你从事的工作可能与文学无关，但在你心灵的深处，你最好学会欣赏文学。喜爱文学与欣赏文学乃高雅的人生形态，是净化和升华灵魂的过程，也是寻找生命意义的过程。

文学离我们很近，但有时却又看似高深。每一个人都拥有创作的能力，只要你细心地去观察和挖掘，总会看到生活中存在的精彩世界。文学不需要太多的口号，它需要的是真情。品读经典，玩味人生，也许有一天，在看到微风吹拂树叶时，你就会有写诗的冲动。

【知识目标】

通过本章的学习，了解和掌握文学的基本概念及著名作家的作品。

【能力目标】

通过本章的学习，重点了解文学艺术在人类生存与发展过程中的价值、地位和作用，汲取文学艺术中丰富且宝贵的精神财富，体悟文学艺术所蕴涵的人文精神，感受文学艺术对提升自己人文素养的作用。

第一节　文学扫描

一、文学的起源

探寻文学的起源，不仅能使我们了解文学产生之谜，而且还能使我们了解文学与社会生活的关系，使我们正确地认识文学的本质。

（一）模仿说

古希腊的德谟克利特首先提出艺术起源于对自然的模仿。亚里士多德在《诗学》中也认为诗歌起源于对自然和社会生活的模仿，而模仿的本能植根于人的天性之中。文艺复兴时期意大利的马佐尼，既把诗看成是模仿的艺术，又把诗看作是游戏，他实际上是把文学的起源归之于模仿的游戏。英国的锡德尼，通过对印第安人原始文学的论述，指出文学产生于蕴涵着教育和愉悦意味的模仿。

（二）神示说

从古希腊的柏拉图开始，就把诗歌的产生解释为神的灵感在诗人身上的附着。欧洲中世纪的托马斯·阿奎那则认为艺术起源于人的心灵，而心灵是上帝的形象和创造物。薄伽丘认为，诗是一种实践的艺术，发源于上帝的胸怀。哲学家培根也认为，诗歌产生于上帝的启示。

（三）游戏说

16 世纪的马佐尼，在倡导“模仿说”的同时，又提出“文艺是游戏”的观点。德国哲学家康德，把诗歌看成是“想象力的自由游戏”。席勒则认为艺术起源于“游戏冲动”，他认为人在现实生活中受到物质与精神两方面的束缚，渴望运用过剩的精力去达到自由，这就是游戏；而艺术活动，即在游戏中产生。19 世纪英国哲学家斯宾塞指出，艺术和游戏的本质是人们发泄过剩精力的自由模仿活动。

（四）心灵表现说

把艺术看成是人类心灵，包括思想、情感等的一种表现，早在古希腊哲学中就露出端倪。19 世纪，它广泛地为浪漫主义艺术家、理论家所提倡。雪莱在其《诗辩》中说，诗歌是“野蛮人表达周围事物所感发他的感情”。柯勒律治也认为，诗歌发源于并不反映现实而又能自身完美的想象力。俄国作家托尔斯泰则认为艺术是人类表达感情的工具，起源于人们把自己体验过的感情传达给别人。意大利美学家克罗齐，宣扬“直觉即艺术”。奥地利心理学家弗洛伊德则用精神分析主义的观点解释艺术的起源，认为人的心理有意识与潜意识两个对立部分，存在于潜意识中的性本能是心理活动的基本动力，性本能总受到现

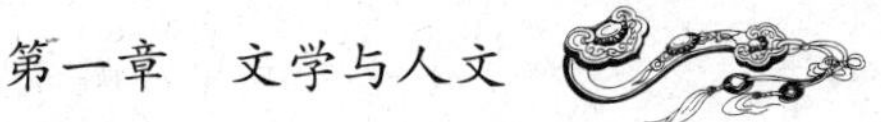

实的压抑，当人们把它转移到所希望的幻想生活创造中去时，就产生了艺术。

（五）巫术说

19 世纪以来，以泰勒为代表的人类学家，对现存原始部族的巫术进行了深入研究，为艺术起源的“巫术说”提供了丰富材料。法国考古学家雷纳克，在这些资料基础上提出艺术起源于原始人交感巫术的观点，认为原始艺术实际上是巫术的一种，目的是祈求狩猎的成功。

（六）劳动说

艺术起源于劳动的观点，始于 19 世纪晚期的一批民族学家和艺术史家。德国的毕歇尔在《劳动与节奏》中指出，劳动、音乐和诗歌最初是三位一体地联系着的，它们的基础是劳动。梅森也认为最原始的诗歌来自劳动，其目的是为了加强劳动的效果。德索在《美学与艺术理论》中也谈到了诗歌与劳动的关系，他认为劳动中的诗歌不是为了加强劳动，而是为了使劳动变得更轻松。

从原始诗歌的起源来看，亦有其独特的、多元的起源途径。

最初，原始人进行体力劳动时，会在劳动呼声中嵌进一些没有意义的单词，如“邪许”之类，目的是减轻劳动的紧张、劳累，获得一种愉悦。同时，又靠它来协调大家的劳动节奏。后来，人们不满足于声音的简单重复，进入到韵律阶段。韵律和节奏一样，都能给劳动者听觉的快感。这时人们经常运用一些衬词来押韵。例如，鄂伦春族一首原始狩猎歌曲“阿索亚，阿索亚，黑色的毕拉尔河呀！阿索亚，阿索亚，沿着河道游猎呀！”，其中的“阿索亚”，就是用来押韵的衬词。

原始人的劳动号子，乃产生原始诗歌的胚基。但有时人们在劳动胜利后也用诗歌来表达狂欢的心情。如鄂温克族的《欢喜歌》“蹦蹦跳跳的狐狸，欢喜嫩绿的草地；各处来的客人们，一起玩乐最欢喜。奔跑嬉闹的狐狸，喜欢山高林子密；各处来的客人们，一起唱歌最欢喜。”可见，单纯地表现情感，也能产生原始诗歌。只不过这种情感是与原始部族人的劳动或生活紧密相连的。

因此，最初产生的原始诗歌，大都与实用性目的有关。那些在巫术中咏唱的诗歌，表面上看来是荒诞迷信的，究其实质，仍然是为了征服异化的自然，谋取生活的资料。而且巫术中的许多细节，正是变相的劳动动作，它们并没有同劳动生活绝缘，所以，可以把劳动看成是文学起源初始的、核心的原因。

二、文学的本质

（一）什么是文学

文学是艺术的基本形式之一，又称语言艺术，它以语言文字为媒介和手段塑造艺术形象，反映现实生活，表现人们的精神世界，通过审美方式发挥其多方面的社会作用。

“文学”一词有广义和狭义两种含义。广义的文学泛指用语言文字记录下来的具有社会意义的人的思维的一切作品，狭义的文学专指语言艺术。

（二）文学的本质

所谓文学的本质，是指能够涵盖各类文学现象所共有的、属于文学这种社会意识形态总体的基本性质，而不是某一种文学类型的特点。文学本质的对象，是由过去和现在的文学现象所构成的全部文学事实。

探讨文学本质最重要的角度与出发点，应当是文学作品。这不仅是因为作品在文学四要素中处于核心地位，也是因为作品是文学思想、形式、功能等唯一具有物化形式的载体。在文学材料中，作品是最可靠、最准确、最长久和最便于操作的一个组成部分。因此，从作品切入，是把握文学本质的最好途径。

三、文学的社会作用

文学对社会生活的审美反映既是对生活的认识，也是对生活的感受和评价，更是按照美的规律所进行的审美创造。因此，文学的社会作用，可概括为认识作用、教育作用和美感作用，美感作用是文学作用的基石，认识作用和教育作用都是通过美感作用来实现的。

（一）文学的认识作用

优秀的文学作品，是从一定的时代中孕育出来的，它通过对社会生活的真实描绘或体验，生动地再现那一时代的社会生活风貌，使人们从中了解到那一时代的政治、经济、文化、习俗和人们的思想、情趣、生活等。

文学的认识作用就是指文学通过生动形象而真实地描绘所产生的帮助人们了解特定时代生活的现象和本质，并把握其内在发展规律的作用。优秀的文学

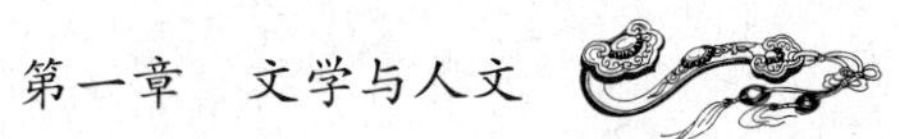

作品往往被称为社会的百科全书。

如读者通过阅读李白、杜甫、关汉卿、吴敬梓、曹雪芹等人的作品，便可以具体感受到封建社会的风貌，看到封建社会由盛而衰并必然走向灭亡的历史命运。

所以，文学作品反映的社会生活越广阔丰富，越生动逼真，越深刻有力，就越具有认识价值和思想价值，其认识作用也就越大。

（二）文学的教育作用

文学的教育作用，是指文学作品通过所描绘的社会生活及作家渗透于其中的情感、评价等对读者所产生的影响。优秀的文学作品，能使读者求善向上，得到心灵的净化和思想的升华，使人们获得生活的信心和力量。

例如，屈原在《离骚》中所表现的那种为追求真理而“上下求索”、“九死未悔”的精神，几乎成了人们生活的座右铭；文天祥的名句“人生自古谁无死，留取丹心照汗青”，也常常成为人们自励的格言；李存葆的《高山下的花环》，激起了广大人民，特别是青少年的强烈爱国热情，把我们的战士称为新一代最可爱的人，也是文学教育作用的生动体现。

文学的教育作用，主要看其倾向的性质，只有进步的倾向性，才能助人向善，引人向上，起到如鲁迅先生所说的“灯火”作用。一个作家思想越高尚、情感越纯粹、境界越开阔，对生活的说明和评价越正确、深刻，他作品的教育作用便越显著、越有效。

（三）文学的美感作用

文学的美感作用也称审美娱乐作用，它是指文学作品通过生动的形象、优美的意境、健康的趣味给人以精神愉悦、情感满足。

人们阅读文学作品，并不是有意识地去接受教育，而是寻求一种精神享受和情感满足，或喜或悲，在艺术描绘的情景中流连忘返，心灵得到满足、净化和升华。这种在潜移默化中为文学所吸引的效果，便是文学的美感作用。

文学的美感作用同文学作品的艺术魅力密切相关，是文学作品形象性、情感性、生动性、想象性、创造性以及形式美等诸种特性的综合效应。

文学的认识作用、教育作用和美感作用，在文学作品中是统一的。任何文学的社会作用都不是单一的，既不能以认识作用或教育作用来代替美感作用，也不能把美感作用只看成是单一的作用。

所以，文学的社会作用也就是文学高度的真实性、思想性和艺术性的综合

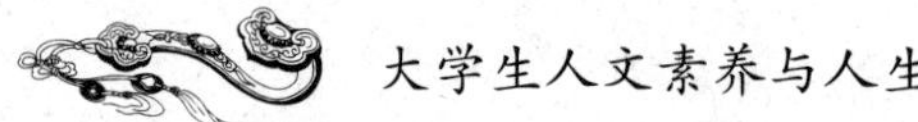

功能。

（四）正确认识文学的社会作用

文学社会作用的产生在于文学自身的特点和本质，对文学的社会作用应该有正确的认识。

首先，文学作为一种特殊的社会意识形态，一种人类特有的精神现象，它的作用是精神性的而不是物质性的，是社会性的而不是自然性的。

文学是人的精神劳动的产物，因而，它不是物质客体，而是精神客体；不是自然现象，而是社会现象。因此，文学的作用在于动人之情，感人之心，塑造人的灵魂，启迪人的智慧，给人以精神的享受而不是对感官的物质刺激。它不直接作用于社会生活，而是通过影响人的思想感情来影响社会生活。

其次，文学的作用是整体性的，这种整体性有三层含义：一是文学的认识作用、教育作用、美感作用是辩证有机的统一，不能把它们分割开来。二是文学作品是多因素构成的艺术有机整体，对社会生活的影响要看其整体效果。有些优秀的文学作品，因为艺术机体本身的需要写了某些场面、情节、人物，孤立起来看是丑的、恶的，但在美丑对照的原则下，它是作为否定性因素而在与美的对照中出现的，是被作者所征服了的。如不能因为有人读了《安娜·卡列尼娜》而对爱情产生了轻薄态度就去否定这部作品的巨大社会作用，也不能因为有人读了《少年维特之烦恼》而自杀就否定了这部作品，把它看成是对人的一种教唆。当然，作家写什么、怎么写、为什么写，也有必要考虑其可能产生的社会效果，作家应该具有高度责任感。

再次，文学的整体作用，还应从文学在实践过程中对社会历史影响的总体状况去考察，看它是积极的还是消极的，不因一时一地的议论而定是非得失。有的作品一时很热，读者趋之若鹜，但整体影响不好，很快就冷下来；有的作品可能一时默默无闻，但随着历史的进展却愈益显示其光华，产生深远的社会影响。前者如一些流行的低劣的武侠传奇作品，后者如那些成为名著的文学作品，如卡夫卡的《变形记》，普曾斯特的《追忆逝水年华》等。

四是，文学的社会作用是持续性的，渐渐起作用的。文学作品虽然具有“入人也深，化人也速”的特点，但这个“入人也深”的过程是长期的，持续性的，其作用在于熏陶感染，熏陶感染意味着没有任何强制性，在这种作用下，人的思想、情感、言行、作风发生潜移默化的变化，产生“育人”、“化人”的效果，因而不能奢望文学的作用能立竿见影，而去追求文学的轰动效应。

文学社会作用的持续性使它能历久不衰，不仅对一代人起作用，而且随着社会历史的发展，它的潜在功能会不断发挥，对不同时代的人们产生作用，这就是为什么优秀的文学作品具有永久魅力的原因之一。

文学的社会作用是有限的，不能夸大。文学既不能代替别的意识形态的作用，也不能代替其他艺术形式的作用，更不能代替物质力量的作用。而作为一种艺术形式，文学也不能代替别的艺术形式来满足人们丰富多样的精神需要和审美趣味，它的作用只能在其本身的特点所可能产生影响的范围内发生。忽视文学的社会作用是不对的，但夸大文学的社会作用也是片面的，这些都不利于文学社会作用的正常发挥，也不利于文学创作的进行。

四、文学作品的内容与形式

任何文学作品都有它的内容和形式，都是内容和形式的统一体。

文学作品的内容是指通过塑造形象，生动地反映在作品中的现实生活及其所包含和体现的作家的思想感情，主要由题材、主题、情节等要素构成。

例如，杜甫的五言律诗《春夜喜雨》：

好雨知时节，当春乃发生。
随风潜入夜，润物细无声。
野径云俱黑，江船火独明。
晓看红湿处，花重锦官城。

诗中生动地描绘了一幅春夜细雨的图景：正当万物萌芽生长的时节，细细的春雨，随着微风轻轻地飘下，无声地滋润着万物；待到早上天晴，看那红艳潮湿的地方，定是锦官城内被夜雨浸润而显得鲜艳的花朵。这首诗集中而形象地描绘了春夜降雨的情景。春雨有利于万物的生长，诗人对此由衷喜悦，赞扬它既是知时节的“好雨”，又具有泽被万物催生滋养却不居功自傲的精神品质。在杜甫的笔下，“好雨”已被精神化了。

文学作品的形式，是指作品的内部结构、表现手段和外部形态的有机组合。主要由语言、结构、体裁、表现手法等要素构成。

一切事物的内容，都是与一定的形式紧密联系在一起的，并通过这种形式表现出来，文学作品也是这样。在文学创作中，作家所要描写的生活和思想内容，也必须通过一定的形式来表现。

五、文学作品内容和形式的相互关系

（一）内容决定形式

在文学作品中，内容是本质，形式是本质的表现；内容起主导的、决定的作用，形式为内容所决定，并随内容的变化而变化。

（二）形式的相对独立性及其能动作用

文学作品内容决定形式，形式为内容服务，并不是说形式只是一种消极的被动的因素；相反，形式一经形成便具有相对的独立性，而且对内容产生各种不同的能动作用。

第一，形式表现内容，影响内容。文学作品形式的基本功能就是表现内容，为内容服务。形式的优劣直接关系到内容的表达，影响作品的艺术质量。完美的、适合于内容的文学形式，对于作品的内容起着积极的作用，能够充分表现作品的内容，增强作品的艺术感染力。如作家陈忠实以陕北方言所创作的《白鹿原》，赵树理用板话的形式创作的小说《李有才板话》等，都以新鲜活泼而有民族特色的艺术形式，充分表现了丰富而深刻的思想内容，具有强烈的艺术感染力。反之，如果文学作品的形式粗糙、低劣，与内容不相适应，它就必然妨碍作品内容的表达，损害作品的艺术质量，降低其艺术感染力。

第二，形式一经形成便具有自己相对的独立性。在文学发展过程中，一种文学体裁或样式一经形成，便具有相对的独立性和稳定性。

形式的相对独立性还表现在相同的形式可以表现不同的内容，相同或相似的内容也可以用不同的形式表现上。形式基本相同而内容不同的文学作品有很多。

如古典名著《三国演义》、《水浒传》和《红楼梦》，都是章回体长篇小说，形式基本相同，内容却各不相同。仅看题材，差别就很大。形式基本相同而内容不同的诗词就更多。杜甫写了许多五言、七言律诗，每首的内容都不相同。

内容相同或相似而形式不同的作品也不少。因为不同的文学形式具有不同的特点和功能，能够从不同的角度，以不同的方式反映社会生活，产生不同的审美效果。所以，作家面对某种相同或相似的内容，可以用不同的形式来表现，并力求其相对独立的审美价值。

如《三国演义》、《水浒传》、《红楼梦》等小说的内容，被许多作家加工改

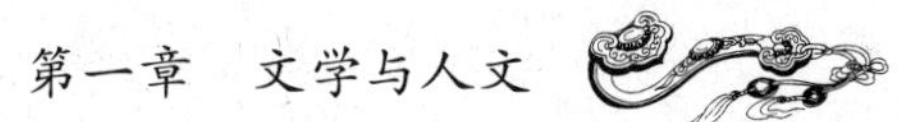

编成各种戏剧剧本、电影、电视剧本，用各种不同的形式表现出来，收到不同的艺术效果，满足了读者、观众多方面的欣赏需要。

（三）内容和形式的矛盾统一

文学作品的内容与形式是矛盾的统一体，既有统一的一面，又有矛盾的一面，关系是复杂的。优秀的文学作品就在于克服了两者的矛盾，达到了完美的和谐。

今天，我们的文学创作，应根据内容和形式的辩证统一规律，既重视内容的开拓，也重视形式的探索，创造出内容与形式和谐统一的文学作品。

第二节　文学的特征与文学创作

文学的特征和文学的属性紧密相连，文学的特征是由文学的属性所决定的。从文学的属性出发，文学具有形象性、情感性、真实性和符号性这四个特征。

一、文学的形象性

提起文学，人们就会想到古今中外大量的文学名著以及这些作品中的人物形象：林黛玉、贾宝玉、孙悟空、安娜·卡列尼娜、哈姆雷特等，这些人物形象都是文学作品中所塑造的文学形象。而自然界的风花雪月、山川风物等在文学作品中所构成的优美意象也是文学所塑造的形象。文学总是以某种形象呈现于人们的面前，没有形象，就没有文学。

在文学作品中，文学形象是指作家根据现实生活，经过提炼加工而创造出来，渗透着作者的思想感情，具体、生动、真实，且具有审美价值的人物形象和生活图画。

文学作品中的形象已不是对生活原物的机械描摹和简单再现，而是经过作家加工、改造过的生活图画，社会中的各种物象在文学作品中已具有了主观性、情感性和审美性。

如《三国演义》中所塑造的曹操、刘备、孙权等人物形象，已不再等同于历史上的真实人物，而是融合着作者思想感情和思想倾向的文学形象。

马致远的小令《天净沙·秋思》中所写的枯藤、老树、昏鸦、小桥、流水、人家、夕阳等自然景物，已渗透着作家的感情，是作家构筑的一种凄凉、愁惨的意境。

（一）塑造形象是文学的根本特征

文学总是以某种形象呈现在读者面前，作家在创作时必须要塑造形象。在叙事性作品中要塑造人物形象，在抒情性作品中要创造意象和意境。一部作品的成功与否与文学形象的塑造有极大的关系，读者阅读作品时也主要是通过形象去认识和把握作品的意蕴。无论是文学创作还是文学欣赏都是一个形象思维的过程，文学活动总是紧紧围绕着形象。

如法国作家莫泊桑在小说《漂亮朋友》中塑造了杜洛瓦等人物形象，以此来揭露资产阶级的贪婪、虚伪、狡诈，抨击资本主义制度的腐朽。

柳宗元在他的《江雪》一诗中，以“千山鸟飞绝，万径人踪灭。孤舟蓑笠翁，独钓寒江雪”。描绘了一种冷寂寒荒的意境，以此来表达他的思想感情和人生感受。

总之，文学是以形象来反映和表现生活的，无论在小说、诗歌、散文还是在戏剧文学、影视文学中，文学总离不开形象。形象地反映社会生活并表达作家的思想感情是文学的根本特征。

（二）文学形象的特点

文学形象是作家根据现实生活和创作意图提炼加工而创造出来的，文学形象有以下特点：

1. 可感性

文学中的形象，具有可感性，使读者如闻其声、如见其人、如临其境、如历其情。在叙事性作品中，人物形象是文学形象的核心，优秀的文学作品是以塑造出生动感人的人物形象来表达作者对生活的认识和感情的；而在抒情性作品中，文学也是以某种可感的形象来抒发作家的感情的。

如舒婷的《致橡树》，通过“木棉”对“橡树”的倾诉，表达了对独立平等、既尊重对方存在又珍惜自身价值的爱情观念的呼唤。而《神女峰》则以神女峰为对象，表现出对爱情婚姻中正统道德的反思与批判，诗的最后两句“与其在悬崖上展览千年，不如在爱人肩头痛哭一晚”，指出“神女”们为了一种道德虚荣，在寂寞痛苦中挣扎，与其做一个毫无意义的展览品，不如步入世俗生活，向心爱的人倾诉心声，宣泄委屈，这才是幸福。诗人吟咏至此，已把贞节观这副压抑妇女几千年的沉重的十字架彻底打碎，收到铲除梦魇、大快人心

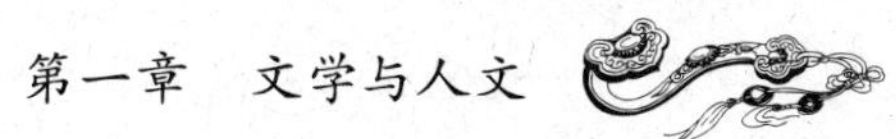

的效果。

2. 概括性

文学形象不是对现实生活中某个具体的人或景物的机械摹仿与再现，而是作家经过加工、提炼创造出来的形象，它是作家从现实生活中选取或概括出来的具有普遍意义的典型形象。

优秀的文学作品总是以这种具有普遍概括性和具体可感性统一的形象来表达作家的思想情感和对社会生活的认识。

如陈忠实的《白鹿原》，通过小小的乡村，即“白鹿原”面貌的改变，折射出整个中国近代（清末、民国、内战、新中国成立前）跌宕起伏的社会变迁。通过对白、鹿两个家族三代人不同境遇的描述，反映了新中国成立前中国大地所遭受的一切变故。

3. 思想倾向性

文学用形象表达作家的思想情感，文学形象具有一定的思想倾向性，作家在塑造文学形象时总是自觉或不自觉地流露出他的情感态度。

如鲁迅的《阿 Q 正传》，包含着作家对阿 Q 的怜悯和同情，也渗透着作家对国民劣根性的深恶痛绝，体现了作家要以文学来唤醒麻木的国民灵魂，以此来疗救精神疾病的思想倾向。

二、文学的情感性

作家通过文学来表达情感，同时也通过作品中所包含着的情感来感染和打动读者。文学如果没有情感将失去它的生命。

情感使文学作品具有感染力，它激发起读者的审美情感，从而达到对文学作品的欣赏。没有情感的投入，文学将失去它的魅力。

如海子的《面朝大海，春暖花开》，这是海子为数不多的让人感到温暖、明朗、乐观的抒情诗。温暖的阳光照耀着春天，也照耀着那些幸福的人们和更多等待与追求幸福的人们；美好的鲜花，献给大地，也献给忙碌而空虚的人们。海子的这首诗，是献给一切有情的生命，也是献给让大地生长的春天的。它是为春天而写的，也是为生命而抒发的颂歌。

优秀作家的情感表现总是具有鲜明的个性特征。

如唐代诗人张若虚在《春江花月夜》一诗中面对着皎皎月轮映照下的春江美景发出“江畔何人初见月，江月何年初照人？人生代代无穷已，江月年年望相似”的感叹，这种感慨不仅是作家个人的情感抒发，同时也说出了每个人心底的人生感慨，这是一种融合着宇宙感的人生感叹，具有一定社会性的特征。

每个作家都是社会的一员，他的情感产生于社会生活中，其表达是面向社会的，在文学中，所有的情感表现都不可避免地带有社会性的特征。但是，审美情感表现的社会性又总是融合着作家个体的情感体验和鲜明的个性特征。

三、文学的真实性

文学是现实生活在作家头脑中的反映，因而，文学反映了社会生活的实际状态和真实风貌。虽然文学的真实不等于生活的真实，但是文学是需要真实性的，没有真实性，文学难以打动人心、感染读者，也就失去了生命力。

（一）文学的真实更接近生活的本质

真实生活的杂乱、琐碎常常将事物的真相和生活的本质掩盖起来，而艺术的真实却是把生活中那些琐碎的、毫无意义的部分去掉，通过艺术手段将生活的本质和规律展现出来，因此，它比实际生活更具有真实性。

文学的真实是情感的真实，作家在作品中所要表达的情感必须是真挚的才能感动读者。人们在阅读文学作品时，往往与作品中的人物同喜同悲、同忧同乐，就是因为作品中真实的感情唤起了读者的感情共鸣。

如严歌苓的长篇小说《金陵十三钗》，她用精细的语言为读者叙述了一个发生在南京 1937 年 12 月 12 日至 24 日间的故事。故事不是从正面写南京大屠杀的场景，而是从侧面，将日军凶暴、残酷、野兽般的本性刻画无遗，同时将中国军人英勇的一面也刻画得淋漓尽致。更值得提起的是小说对“特殊女人”的描写和叙述，这些描写和叙述是真实的、生动的，也是成功的，正是血的洗礼使这群“特殊女人”完成了由耻辱到圣洁善良的人性蜕变。

文学追求情感的真实也意味着作家可以按照情感的逻辑进行想象、夸张和虚构。

如《西厢记》中写张生与崔莺莺长亭送别时的唱词“晓来谁染霜林醉？总是离人泪”，作者把朝阳映照下的枫林都看成是离别的眼泪，这种夸张和比喻不但没有给人以虚假的感觉，相反却更加强烈地衬托出剧中人物依依难舍的真实感情。

李白的《菩萨蛮》中也说：“平林漠漠烟如织，寒山一带伤心碧。”作者在满怀愁绪中进行艺术夸张赋予描写对象以人的感情，同样也给人以真实感，因为这种艺术夸张是符合情感逻辑的。

（二）生活真实与艺术真实

艺术的真实虽然来源于生活的真实，但艺术真实又不是对生活真实的原始记录，而是经过作家的想象、推测、虚构等艺术加工的更高形态的真实。

如莫言的中篇小说《红高粱》，讲述的是一个抗日故事，他曾说："高密东北乡，确实有这么一个地方，当然我的小说里的高密东北乡和现实差距非常大。有很多我的读者看到我的小说以后，真的买了一张火车票，真的去寻找那片高粱地，寻找那片我小说里所描写的地形、地貌，去了以后，真的是大失所望。实际我觉得我不是骗了他们，而是他们把小说当成了真实。我小说里的高密东北乡已经是文学的概念，是建立在真实的高密东北乡基础之上，它已经大大扩展了。"莫言在这部小说里洋洋洒洒地描写了故乡高密的自然、历史风情，他通过叙述土匪故事、抗日故事来诠释祖先们旺盛、强劲的生命力和反叛精神。

在神话及一些传奇故事的文学作品中，许多事物看起来是虚幻的，但也同样以艺术的方式反映着生活的本质，以艺术的真实来反映着生活的真实。

如中国古代神话传说中的"愚公移山"、"大禹治水"、"精卫填海"等，它们都是以神话的方式反映人类与自然界搏斗而获取生存的生活本质，是人类生产实践的生活真实在文学中的反映。

四、文学的符号性

文学是语言艺术，文学是用语言这种符号形式来塑造形象、表达情感的，文学的形象性、情感性都与文学使用语言这种符号相关，以语言符号为媒介来表达思想。

文学表达思想情感的主要手段是塑造艺术形象，而文学中的艺术形象是由语言符号塑造而成的，不仅语言本身是一种文化符号，而且，所有由语言塑造的文学形象都具有符号性的特征。如中国古代文学中的"杨柳"、"杜鹃"形象，就是离别和相思的象征符号。

文学形象、文学意象以及意境的象征性的特点使得文学话语成为一套有意义的象征系统，日常的语言、现实生活中的生活场景和人物、事件，甚至日常生活中的梦幻、回忆、联想在进入了文学的话语系统后，都成为某种特定意义的表达和象征。离开了文学话语系统，这些场景、人事、物象将会具有另外一种意义。

如作家沈从文在他的《边城》等一系列作品中，描绘了湘西的风土人情、

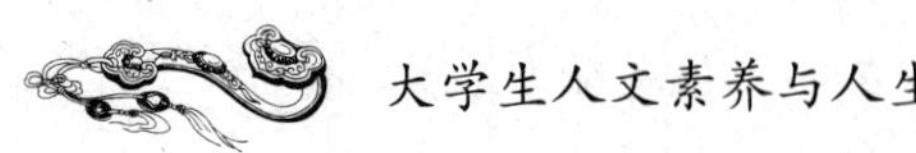

人生百态，真实地再现了20世纪初湖南湘西的社会生活。然而，沈从文为什么要津津乐道地再现和描绘这些人事和场景？其实是为了表达作家对湘西故土的怀念和他对人生的感悟。因此，沈从文笔下的人、事和场景，无论是在作家本人那里还是在读者眼中都充满了意义。

总之，文学作为一门语言艺术，是一种蕴涵着丰富意义的符号形式。

第三节　文学鉴赏与文学批评

文学鉴赏是人们在阅读文学作品时所产生的一种披文入情、动情观照的精神活动。在这种活动中，读者对文学作品中所创造的形象进行感受、体验、领悟、理解和评价。

一、文学鉴赏的过程

文学鉴赏的过程包括以下三个阶段：

艺术感受阶段，它是指阅读文学作品时，在感觉和知觉中初步接触文学形象，并开始有情感体验的初级阶段。

审美判断阶段，是指在艺术感受的基础上对作品形象的总体把握，它是艺术感受的深化，最终达到对鉴赏对象的理解。

领悟玩味阶段，是指鉴赏者经过艺术感受、审美判断之后，对文学作品反复思索、回味，并由此领悟，以至于沉醉其中，达到了审美享受的极致。

文学鉴赏的过程不是截然分开而是相互联系的。能感受才能判断，能感受判断才能有所玩味和领悟，这三个阶段是相对的，文学鉴赏是一个完整的过程。

二、文学鉴赏的再创造

文学鉴赏的过程，既是审美享受的过程，也是审美再创造的过程。不过文学鉴赏的过程与文学作品的创造过程不同，它是在具体鉴赏作品基础上的再创造。如果把文学作品的创作称为“一度创造”，那么，审美鉴赏则是“二度创造”，它的创造要受具体作品的制约。

任何文学鉴赏，鉴赏者都要根据自身的生活经验、特殊处境、文化修养等

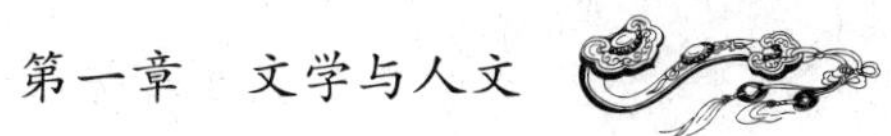

对鉴赏对象进行想象、联想、加工、补充，把作品中的形象转化为自己头脑中的形象，这就是文学鉴赏中的再创造。在再创造中，想象和联想占有重要地位，但是这种联想、想象并不是随意的，而是受鉴赏对象的制约和影响的。

在文学鉴赏中，当文学作品中人物、情景符合读者自己的审美理想、趣味、心境时，鉴赏者往往会进入特定的情景之中，爱作者之所爱，恨作者之所恨，达到物我交融，物我一致的境地，这就产生了共鸣。

如《红楼梦》中，林黛玉听到《牡丹亭》的唱词“原来姹紫嫣红开遍，似这般都付与断井颓垣”，“良辰美景奈何天，赏心乐事谁家院”，“只为你如花美眷，似水流年”等，她所联想到的只能是与之相关的生活情景，凭着联想，她补充和丰富了《牡丹亭》唱词中的意蕴，有了再创造的性质，获得了她在鉴赏时特殊的情感体验，产生了与杜丽娘相似的“如花美眷，似水流年”、深闺自怜的感情，以至于如痴如醉、心痛神驰、眼中落泪，这就是一种共鸣。

共鸣的产生比较集中在作品的思想内容方面，是与作品所表现的思想感情的相通，或对人物命运及遭遇的认同。

文学鉴赏中的共鸣是有条件的。

三、文学批评

文学批评指按照一定的标准对作家作品和文学现象、文学运动、文学思潮和文学流派等所作的研究、分析、认识和评价。文学批评以文学鉴赏为基础，同时又是文学鉴赏的深化和提高。

文学批评从文学实践出发，又反作用于文学实践。文学批评能影响作家认识和理解文学的性质、特点、规律，从而影响创作的发展。文学批评还通过对作品的分析、评论，影响读者对文学的鉴赏和理解，从而直接关系到文学的社会作用的发挥。优秀的文学批评，不仅能提高读者的接受能力和艺术趣味，而且能帮助、促进一定时代审美理想的建立和形成。

四、文学批评与文学鉴赏

一部优秀的文学作品由于时代、阶级、艺术形式等多种原因，可能形成读者与之隔膜、不易感受理解、不易鉴赏接受的情况，这就需要通过文学批评的分析、评价来沟通或消除。因而，文学批评是读者和作家作品之间的一道桥梁，可以帮助读者进行正常的、有益的阅读和鉴赏。

文学批评之所以有助于文学鉴赏，有助于读者提高鉴赏水平，是因为文学批评是在文学鉴赏基础上的一种升华和提高。在优秀的文学批评中，本身就包含着批评者可贵的鉴赏经验，它对文学鉴赏必然具有启示意义。

一般来说，鉴赏过去时代的文学作品，往往更需要文学批评的帮助，因为在古典文学作品中，由于时代和阶级的局限，往往是精华和糟粕并存。有的读者受自身条件的限制，分不清精华和糟粕，有的甚至把精华当成糟粕，以美为丑，这就需要开展有益的文学批评，指导读者正确鉴赏，使读者有所得益；而对散布封建毒素的文学作品，则要撕下它们的伪装，还其本来面目，帮助读者鉴别。

此外，文学批评在促进文学繁荣、提高读者鉴赏水平的同时，也在不断加强和完善自身的理论建设，使自己得到发展。因而，文学批评也是自身发展的能动因素。

第四节　文学中所蕴涵的人文精神

文学是人学，人文精神的核心是以人为本，文学应当而且必须要坚守人文精神，观照人的价值、人的命运、人的尊严。

人文精神是构成一个民族、一个国家、一个地区特有文化的核心内容，是衡量文明程度的重要尺度。不坚守人文精神，不以人为本的文学也就等于自觉放弃了文学的本质目的，文学之于人类的唯一性在于它能够提供心灵的表达，能够提供深刻的美。

文学与美有着不可分割的联系，人性中的理想和崇高是美的终极体现，文学可以用多种角度来描写人。当然，根本的指向应该是对人的普遍关怀，也就是要保持对理想和崇高的向往和追求。

文学应当帮助人类建设精神生活的价值体系。坚守人文精神要观照人的生命价值和人的生存现实，这要求作家具有对时代、社会以及人进行深刻思考的能力。文学史上的经典作品，无一不投射出作家对时代、社会以及人的反思。

“五四”文学传统之下的人文精神和文化品格召唤和培育了中国几代作家，他们对国家、民族和人民大众的自觉承担，使他们的作品感动了时代，作家只有在承担中才能获得更高层次的精神体验，才能将个人的创作真正提升到一个新的水平。

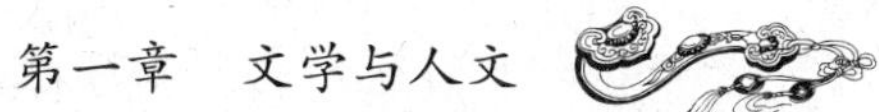

人类在发展过程中，总是要面对一个又一个困惑，而文学有责任为人类的困惑找到答案。作家需要回到人文精神的轨道上，真真切切地去触碰人的生命，感受人的价值，并且以敬畏之心仰视人的尊严，用文学重建人类的精神世界。

一、我们为什么需要文学

什么是文学？文学表达了人类最真实、最真诚的情感，深藏着最美好的情怀，使我们往往通过一首诗、一阕词，就能够超越私人领域内所表达的情感，使之上升到人类共有的情感高度，达到一种心灵的共鸣，而这就是文学，就是文学的魅力。

（一）文学是通往心灵的一个时空隧道

李白的《静夜思》："床前明月光，疑是地上霜。举头望明月，低头思故乡。"这首小诗为什么能够获得千百年的流传而成为文学的经典？就是因为它勾起了我们对家乡、对亲情、对美好事物的永恒回味。人人都需要一个家，这个家不仅仅是物质层面上的家，更是精神上的家。读这首诗，就会引起我们对家的一种美好的回想，特别是唤起我们对心灵家园、精神家园的守望和忠诚。

文学不仅仅只是写了什么，描述了什么，表达了什么，更重要的是，文学实际上是通往心灵的一个时空隧道，深深地对应着人的情感世界和心灵世界。不要仅仅只把文学看成是表现一件事情、一段情感，这些只是文学的一部分功能，文学真正的功能是它始终对应着人的心灵世界和情感世界。

（二）文学为人生开启心智的大门

人们所有的行为，对这个世界表达的看法，以及对他人所作出的评价，都受制于人的理念，理念对于人生观的确立非常重要。理念是人认识世界、认识人生的一种价值取向。文学是开启人生、开启心智的大门。不要把文学看作身外之事，人们从文学里吸取了人生的智慧和人生的力量，获得了一种情感的陶冶。文学是人的精神家园。

（三）文学是一种素质

文学是一种素质，素质就是力量。捷克著名作家米兰·昆德拉的小说《生命不能承受之轻》中写道："如果你的生命始终是轻飘飘的，当你走到人生晚年的时候，回过头看，你就会追悔不已。"

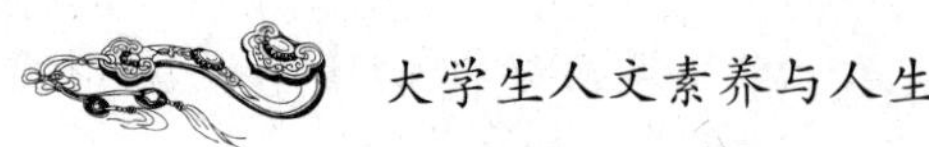

（四）文学教你做一个有思想的人

要做一个有思想的人，不要仅仅是盲从、人云亦云。每个人都要通过对文学的学习，从文学作品里提取构筑精神的、思想的、文化的以及文明的要素，把这些要素组合在自己的思想体系中。

（五）文学教你做一个有情有义的人

人非草木，孰能无情。阅读一部小说、一首诗、一篇散文，这都属于文学的范畴。文学没有公式，也不需要繁琐的计算，但它能给人最深刻的人生启示，教我们做一个有情有义的人。如果一个人无情无义，他无异于行尸走肉。文学本身就是用最诚挚的情感打动我们的心。

（六）文学教你做一个高尚的人

文学教你做一个高尚的人，并不在于你喜欢不喜欢，而在于你读了一篇文学作品以后，文学在你的世界观里有多少能与之相对应的高尚元素。因为文学把人生中的真善美、假丑恶集中了起来，目的是激发高尚的元素，让你做一个高尚的人，这就是文学。

（七）文学教你做一个爱美的人

庄子曰："天地有大美而不言，四时有明法而不议，万物有成理而不说。"所有事物都包含了一个最本质的东西，那就是"美"，美的力量是永恒的。

读法国名著《红与黑》，作者把于连所代表的"恶"展现在人们面前，通过这个"恶"激发了我们对美的追求。罗丹说生活到处都存在美，只是缺少发现美的眼睛。

通过文学的熏陶，就是要培养我们有一双发现美的眼睛。如果我们有一双发现美的眼睛，我们的精神世界就能得到提升。美不仅仅指漂亮，真正的美是你的人格，是你的思想，是你的情怀、胸襟，是你做人的原则。

（八）文学教你做一个自主的人

文学无论热也好，冷也好，都没有关系。文学实际上跟人生是密切相关的，文学不要哗众取宠，不要阿谀奉承。文学是独立的，是自主的，是人的自由力量的显现。怎么认识大千世界？怎么认识自我？文学给你提供了一个坐标和教你做一个自主的人，你从此不会盲从。你从文学里面可以获得智慧，学会自己

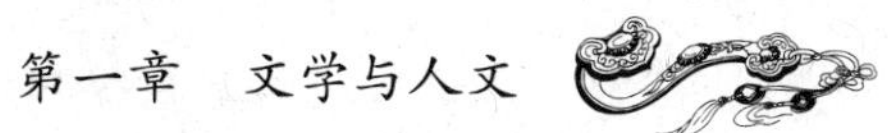

独立地判断，独立地选择，这便是文学的作用。

（九）文学是心灵的栖居地

生命有限，既然我们无法越过死亡、疾病、孤独和恐惧，那就让我们诗意地栖居在这个世界上，抛弃社会上的纠葛及世俗的算计，真正在生命的层面上完成对自由的一种超越。

（十）文学是人生的诺亚方舟

文学是人生的“诺亚方舟”，它能够帮助我们到达人生幸福快乐的彼岸，文学在帮助人们寻找答案的过程中构建属于自己的精神世界。因此，文学最重要的意义在于修炼和净化我们的心灵。

在有限的人生中，该让什么东西来成为你的精神支柱，这是我们通过文学要反复思考的一个问题。如果有一天我们真正到达了这个彼岸，我们便无愧于这一生所做出的各种各样的人生实践。虽然我们取得的成就大小不同，但在有限的人生中尽了自己最大的努力，就无愧于自己。

生活中没有文学，就好比天空中没有云彩，大海中没有浪花，夜空中没有星月，空气中没有氧气。热爱文学，我们其实就是在热爱自然、热爱生活，也就是热爱理想、热爱追求。

二、文学给我们带来了什么

文学带给我们的不仅仅是知识的积累，它作为一种重要的艺术门类，甚至可以改变一个人的思想、性格，从而改变人生。

（一）文学能够带来人们对现实生活的超越

在现代社会，知识的进步和技术的扩张不可避免地带来对生活价值某种程度的践踏。阅读带来想象，在生活的经验世界外，还有一个虚拟世界，能够让人们脱离现实的烦恼，疏解压力。对于广大的文学爱好者来说，文学作品带来的快乐和满足多是从这个意义出发的。在这一点上，诗歌的超越性作用更为明显。

（二）阅读文学作品能够唤醒人们的普遍情感和社会良知

阅读文学作品可使人产生对他人痛苦的关切和共鸣，丰富人的情感世界。

文学作品最大的力量就是对人心产生的感染力。一部好的文学作品，不论是小说、诗歌、散文，都是一定能在情感上打动人的作品。

（三）阅读文学作品的过程也是一场情感的旅程

在这个信息社会里，文学作品可以大大丰富人们的感性经验。特别是在一个和平的时代里，人的经历是十分有限的。在文学作品塑造的空间里，人们经历了时间和空间的转移，可以去尝试体验完全不同的生活，文学作品带给人的通常是陶冶和教化。

在革命年代，许多进步青年可能因为一部小说中主人公的政治理想而激发了自己的革命理想。如高尔基的“人间三部曲”就让当时的许多进步青年走上了追求革命理想的道路。即使是在和平年代，怎样看待当前的社会现状与世界局势，各种小说也给人们打开了视野。

文学作品的超越性决定了文学反映的现实往往是超越了当前时代的，历史上一些社会习俗的改变就是由文学作品催生的。文学作品能够对社会生活产生如此重大的作用可能连许多文学家本人也没有想到。

文学作为以真、善、美为宗旨的艺术形式，自从它被创造的那一刻起，就不是建构在一个实用主义的目的之上的。文学究竟能够带给每个人什么，终归还是要看每个人的领悟。

三、我们为什么需要文学教育

文学是一个民族精神文明和民族文化的体现，是人类文化记忆的最好的载体。文学是人学，对人的教育不能离开文学的教育，随着信息社会的发展，文学作为怡情养性的重要性正在迅速提升。

（一）人文教育的重要环节之一就是文学教育

文学教育并非中文系学生的专利，大学生可以通过不同的方式接近文学、感受文学。文学虽没有可精确度量的实用价值，但绝非无用之物，也绝非可有可无的点缀，它给人以精神的慰藉、审美的享受，以超越世俗生活的人性之光照亮了人类的前途。

（二）从文学的功能来看

文学的功能主要表现在两个方面，一是揭露社会生活的阴暗面，谋求人类的反省；二是描写崇高的行为，提升世人的品性。

文学不同于科学，科学改变物质的位置，文学则改变人的精神。如鲁迅当年面对贫弱的中国，就希望通过文学来医治国人的劣根性，强化国人的精神意志。

经典文学更是各民族人文精神的最高结晶。通过阅读和赏析经典之作，不但可以提高文学创作的技巧，还可以陶冶性灵、磨砺心智，提升自身的人文素养。经典文学正是文学教育、人文教育的一把金钥匙，通过它，人们可以走进一个优美而深邃的精神世界。

文学作品审美价值的高低，最终取决于人的心性。如果没有美好的心性，就不可能创作出具有高远境界的文学艺术作品。伟大的文学必须是真善美的，而且终究要以美作为基调。这种美不是指华丽庸俗的装饰，美存在于质朴的本色之中，富于哲理性的精神之美才是文学所追求的境界。这种美不但让我们的生活丰饶润泽，而且让我们领悟到生命的美与尊严。就诗歌而言，诗歌的哲思美，也足以征服我们的心灵。

审美是文学的最高层次，审美意义是文学的最高意义。文学的产生与发展，在很大程度上是人类出自于对自身生存状态的体察与探究、对生命意识的积极思考、对人与自然关系的深刻感悟。

作家在文学创作中，总是自觉地把对生命的独特体验、现实生活的综合观察、自然宇宙的深刻感受艺术地表述出来。或怡情山水、颐养生命；或思古幽情、体味人生；或完善道德、超越生命，使得文学作品充满了审美情趣，凸现出深沉的人文意蕴，具有一种物我相忘、天人合一的意境。读者在文学阅读过程中，因文学审美作用使然，其自身可按美的规律进行重塑，使其心灵得以陶冶，情感可以升华，人在思想上可以成为真正自由的主体，进而实现审美超越，形成一种高于理性的审美意识。

因此，文学阅读作为一种审美活动，其最终目的就是使人具有审美意识，而读者审美意识的获取，也必将使其人生境界上升到一个高的层次。具有审美意识的人必然是一个有道德的人，他能够自觉地拒绝外界之物的诱惑而呈现出一种物我两忘的心态；他不再受主客体的制约和干扰，能够超越自我的感性生命，将个人小我冥合于宇宙大生命之中；他拥有宽阔的胸襟，能在生活中发现并体验到美，进而创造美，孕育出接纳自然万物的博大之美。这样的人生也就是审美人生，也正是在这个意义上，审美意识表达了“天地与我并生，而万物与我为一”的崇高境界。因而，文学应该比其他任何学科都更有力量帮助人养成审美意识。

（三）与其他艺术的表述手段相比较，文学所使用的语言文字是最为神奇的

绘画、雕塑只能表现外部的形象，很难充分展示对象的内心；音乐、舞蹈虽然能一定程度地表现内在的情绪感受，但比起语言的描绘则大为逊色，它们只宜表现具象的事物，很难表现抽象的事理。语言就不同了，它既可以表现外部的形态，又可以表现内在的情感；既可以表现具象的事物，又可以表现抽象的事理。它可以把思想和情感描述出来，使其浮现于读者的脑海中，使它们可知可感，从而能够开启读者的心灵之扉。因此，语言文字是每个人表情达意最熟悉、最方便的工具，它与思想情感有着最直接的关系，文学也成为一般人最容易接受、理解的艺术，是与人生最密切相关的艺术。

文学是对现实的审美反思，是对生活的情感重铸，是对社会的理性超越，是对人生的终极关怀。文学从各个角度构成了人与动物之间的主要分界线，文学阅读是人类摆脱荒谬的生存条件的一种办法。几千年的文明发展史表明，人类的现实生活是不理想的。物质欲望的引诱，文化理性的压抑，时常扭曲着人们的精神世界，但人们的心灵始终没有沉沦，良知始终没有丧失，对美的追求始终没有放弃，文学的功劳不可低估。

因此，提倡并重视大学生对文学经典的阅读，正是为了让他们获得审美意识，拥有审美人生，从而提高自身的人文素质。

第五节　广东历代文学名家及名作

在中国文学史中，不难看到广东文学家的名字。新中国成立后，特别是改革开放以后，广东作家队伍更是日益壮大，不仅产生了像秦牧、欧阳山这样的粤派文学大家，而且还产生了进入全国文学批评视野的作家、作品和文学现象。

一、张九龄

字子寿，韶州曲江人，是中国历史上首位担任宰相的南方人。他早慧，才德过人，二十多岁经科举进入仕途，但是只做了小小的九品文官，基本上是按部就班，逐渐升迁为宰相。

张九龄贤明刚正，敢于直言进谏。在相位期间，他整顿吏治，重视基层锻炼，主张没有担任过地方官的，不应担任中央重要官职，并提出恢复府兵制，加强中央对军队的控制权，在政治、经济、军事各方面都卓有建树。

不但如此，他还是唐代著名诗人，一度被认为是文坛领袖。张九龄耿直温雅，风仪甚整，时人敬誉为“曲江风度”，后人尊称他为“曲江公”。张九龄的诗虽多为应制之作，但情致深婉、辞藻清丽，尤其是晚年被贬后的《感遇》诗12首，留下了《望月怀远》“海上生明月，天涯共此时”等被世人广为传颂的著名诗章。

清朝刘熙载在《艺概·诗概》中称其“独能超出一格，为李、杜开先”。

二、秦牧

广东澄海人，中国著名作家，他的文学活动涉及很多领域，主要有散文、小说、诗歌、儿童文学和文学理论等，尤以散文著称于文坛。名篇有《土地》、《花蜜与蜂刺》。自选集《长河浪花集》是其散文的代表作。

秦牧曾担任中华书局广州编辑主任、《羊城晚报》副总编辑、暨南大学中文系主任、广东省文联副主席等职务。

秦牧，是一位生活的歌者，他用最深情的声音歌唱生他养他的大地。他的名篇诸如《花城》、《土地》、《古战场春晓》、《海滩拾贝》、《榕树的美髯》等，分别被各地的大、中学校采用为语文教材，在全国拥有广泛的影响。

用散文随笔来写文艺评论，探索文学的艺术技巧和表现手法，是秦牧的一个创举。文艺评论随笔集《艺海拾贝》及《语林采英》是秦牧探索文学创作艺术技巧及语言艺术的集子。

三、欧阳山

湖北荆州人，原名杨凤歧，笔名凡鸟、罗西等。1927年发表第一部中篇小说《玫瑰残了》，并组织南中国文学会。1932年在广州组织普罗作家同盟，次年在上海参加左联。1941年到延安，任中共中央文委常委、中央研究院文艺研究室主任。1947年写出《高干大》，以新的风格为世人瞩目。从1957年开始，欧阳山着手创作长篇巨著《一代风流》，全书分为五卷。第一卷《三家巷》和第二卷《苦斗》分别于1959年、1962年出版。第三卷《柳暗花明》的前五章也于1964年在《羊城晚报》上连载。“文革”开始后，欧阳山被剥夺了创作的权利。《一代风流》遭到错误地批判，已发表的手稿和未发表的五十五章手稿全部散失。“文革”结束后，欧阳山重新投入了《一代风流》的写作，第三卷《柳暗花明》于 1981 年出版。第四卷《圣地》和第五卷《万年春》也于 1985 年同读者见面。

欧阳山曾任中国作家协会广东分会主席、广东省文联主席、中国作协副主席等职。2000 年被授予中国文艺界最高荣誉“中国文联荣誉委员”纯金证章。

四、陈国凯

广东五华人，任广东省作家协会副主席，深圳《特区文学》主编，专业作家，文学创作一级。1958 年开始发表作品，著有中短篇小说集《我应该怎么办?》等。《我应该怎么办?》获全国第二届优秀短篇小说奖，长篇小说《代价》获首届《当代》文学奖。

陈国凯在新时期文坛上一出现，便引人注目。作为伤痕文学作家，他的影响仅次于《班主任》的作者刘心武和《伤痕》的作者卢新华。短篇小说《我应该怎么办?》是其代表作。陈国凯的部分作品还被翻译成多种文字。

陈国凯的长篇小说《大风起兮》，是我国第一部全景式反映特区改革开放历程的长篇小说。打开这部小说，就如同打开了一幅记录特区改革开放的历史画卷。

小说《大风起兮》从罗湖海关写起。1979 年初春，一群拥有使命感的人跨过了罗湖海关，在毗邻香港的小渔村创建了第一个工业区。由于没有先例可以借鉴，领头人方辛带领来自五湖四海的人们，以非凡的勇气和谋略改变旧的管理体制和用人制度，使得工业区以让人耳目一新的管理模式飞速地拔地而起。然而，工业区毕竟是前无古人的创举，各种各样的矛盾也随着改革的进行暴露出来。为了创业，这些改革的弄潮儿不得不忍痛割爱等。这部小说近四十万字，将改革初期举步维艰的现实情景、各种人物的不同态度和时代前行的必然趋势一一展示出来。

五、张欣

江苏人，1969 年应征入伍，1984 年转业，1990 年毕业于北京大学作家班，现任广州市文艺创作研究所专业作家、中国作家协会全国委员会委员、广州市作家协会主席。

1978 年开始发表小说，主要作品有《张欣文集》（四卷）、长篇小说《浮华背后》、《泪珠儿》、《依然是你》、《深喉》、《爱又如何》、《用一生去忘记》、《锁春记》等。曾获第三届、第五届《十月》文学奖、第三届鲁迅文学奖、庄重文文学奖等多种奖项。《浮华背后》、《泪珠儿》等多部作品被改编成影视作品。

张欣擅长写都市题材小说，她自称其小说是“净小说”，即干净、简洁、清澈。她认为，现在小说创作有一种复杂化倾向，什么都想顾及，什么都想说，由一个人带出一个宗族。她想回归到朴素之美，回到对生活和精神层面的深度挖掘，对人心和人性的关怀。

张欣的《深喉》描述了报业集团大战的硝烟，《芒果日报》的记者呼延鹏，因发表了翁远行冤案的报道之后所发生的一系列事件。

小说主线是一起6年前的翁远行杀妻毁容案，因为当时律师的奔走，在枪响前留下性命。6年后真凶意外落网，法制记者呼延鹏的报道把翁远行引出来，司法黑幕不断震撼着呼延鹏：酷刑和逼供，家人被报复，熟人的惨景，律师被剥夺了执业资格……似乎有股强大的力量在不断给他施加压力。曾以坚持正义为己任的呼延鹏不是没有动摇过，被陷害进了看守所后也想放弃，但他还是写出了系列追踪报道。他失业，沦为小报记者，混迹在流浪记者中打牌，但得知一个生命遭到威胁时他不得不又开始行动……

张欣笔下的人物饱满鲜明，如少壮派戴晓明，他锋芒毕露，锐意改革，把一条小鱼变成了传媒业的大鳄，但他同时渴望权力。他依赖红颜知己的张罗得到了官位，这时候他开始自保了，走向自己的反面。结局是他被“双规”，因为做人嚣张，几乎万众一心将他推上绝路。

呼延鹏和他的两个同学洪泽、宗柏青无疑是年轻人的代表，洪泽为官的时候一脸正经，做八卦报纸的主编不择手段，专报明星丑闻。而宗柏青因为做了报社老总的女婿轻易得到一切，可他并不快乐，最终又放弃所拥有的一切。

小说里的两个女性，透透和槐凝也很出彩。美丽时尚的记者透透，诱惑对她总是那么具体，她理直气壮地热爱名牌，穿夏奈尔的时候她都会疯狂地爱上自己，她不压抑自己的欲望。她决定选择和呼延鹏的爱情，可是他们两个还是分了手。透透没有嫁给爱的人也没有和喜欢的人发生故事，最后一无所有。摄影记者槐凝，做过阿富汗战地记者，冷静、智慧，有淡定的美。洪泽一直暗恋她，在共同经历的险境中，呼延鹏和她也有着深刻的理解和默契，但在张欣笔下的爱情，总有着哀伤的美丽。

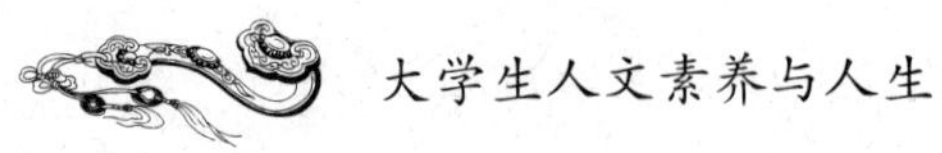

六、小女人散文

20 世纪 90 年代初期，广州出现了一批非常有写作才能的女性作者。她们收入丰厚、生活无忧，完全不像过去女性那样辛勤劳作。她们把大部分时间用来泡吧、逛街、购物、买时尚衣服和饰品，闲来没事在家养宠物，平日里就写点与生活和个人体验有关的小散文。不过，这些散文非常走俏市场，差不多形成一个产业。

传统的观念认为，不管是文学还是其他艺术品种，一定要承担相应的社会责任。因此，对于“小女人散文”的出现，许多人抱以批判的态度，认为这是“白领才女酒足饭饱、情歌唱酣之余的产物”，无助于文学、文化和社会的发展。

的确，这些散文不能与传统意义上的文学作品对比艺术深度，也没有能力承担所谓的社会责任。它的出现，仅仅是一种个性的表达，包括对生活、对艺术、对爱情、对欲望、对个体生命的幻想。

广州一直以来都是商埠，市场化程度非常高，人民生活也相当富足。而且，广州是一个平民化城市，注重个人的生活享受。在这么一个大环境之下，“小女人散文”诞生了，而且诞生在 20 世纪 90 年代初，商品经济正如火如荼地进行的时代。

“小女人”并不是说她们的年龄小，主要是说她们的视角小，她们不会去关注整个世界的局势变化，也不会整天想着去承担社会责任，她们把自己关在家里，摩挲自己的生活，擦洗自己的内心世界。她们的生活是多彩的、丰富的、亮丽的、自由的。

从她们的作品可以看出，她们有着非常丰富的生活体验和情感体验，而且她们的文字功底非常深厚，一些生活的细节和个人性情写得非常感人。她们能在琐碎的事情中获得重要的生活信息，远离文字和观念上的平庸和陈腐，其散文给人新鲜和精致之感。

广州小女人散文代表人物有张梅、黄茵、黄爱东西、马莉、石娃和宋晓琪等。

看黄茵的散文就如听一个喜欢自我坦白的朋友讲述她自己的故事、自己的情绪，往事如风，似水流年。而黄爱东西的散文则一派慵懒之状，她的“无为”姿态给人以错觉，以为她只是不认真，而她恰恰是不适合认真的。马莉既有形而上的，也有形而下的散文，她主要是对爱情、婚姻、家庭的细节描述，

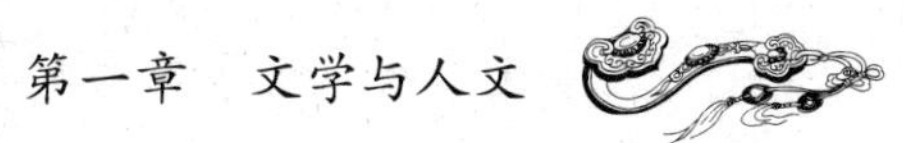

给人以婚姻美满、家庭幸福的感觉。

而张梅则是对生活琐碎的描述，最有闲情逸致。宋晓琪也是谈一些生活里的琐事、偶得，有快乐，也有哀伤与怅然。石娃的散文有自己的视角和个性。这些“小女人”把生活的每一个方面都写到了。

或正如她们自己所说，广州那些年涌现了这么多女性写手，专门为报纸的副刊、软性杂志写随笔小品，是否广州这块地方比别人更渴望人与人之间的温情、倾诉？广州的女人比别处的女人更寂寞、更需要呵护呢？

一些北方学者曾批判“小女人写作”的倾向，认为她们的文章过于世俗化，没有艺术品质；也有一批官方学者认为她们写得不够严肃，尽是些小肚鸡肠、自说自话，完全不理会国家大事。但在读者方面，她们却拥有巨大的市场吸引力，一些读者说，他们就非常喜欢看这些文字，因为只有这些文字才能贴近他们的生活、贴近他们的内心。

虽然，“小女人散文”没有传统文学的社会意义和艺术价值，但也不能由此抹杀“小女人散文”的存在理由。的确，张梅等人，她们写的都是一些非常感性、琐碎甚至是无聊的生活，没有崇高和伟大的理想。但正如人们所看到的，大部分人都是很平常甚至平庸地生活着的，他们有的只是对生活细节的兴趣。“小女人散文”对现实温馨生活的沉醉，以及表达的随心所欲，都使得它具有可读性，也给文坛增添了一片温馨的风景。

由于报纸副刊和生活杂志的开办，如今广州的“小女人散文”作者已经形成规模，很难说谁是代表、谁最优秀了。这说明，人们的生活越来越好了，女性自我表达的意识也越来越强了。

七、魏微

1970 年生于江苏，现供职于广东省作家协会。1997 年起发表作品，至今在《人民文学》、《收获》、《花城》、《作家》等刊物发表小说、随笔一百余万字。著有《姐姐和弟弟》、《暧昧》、《越来越遥远》等 10 余本书。《流年》、《拐弯的夏天》、《大老郑的女人》、《化妆》等多部小说先后登上“中国小说年度排行榜”，曾获第三届鲁迅文学奖、第二届中国小说学会奖、第十届庄重文文学奖等多个奖项，部分作品被译成英、法、日、韩、意等多种文字。

《化妆》是魏微一个备受关注的短篇。穷学生嘉丽过了四年平庸的大学生活，来不及恋爱。在大学的最后一年，她去了一家中级法院实习，不可救药地爱上了办公室的张科长。然而，有家庭、有身份的张科长不可能跟她结婚，他

兴许只是想跟她睡觉，而且睡觉之后还要给钱。十年过去了，嘉丽过得不错，生活奢华无比。她以为她把张科长忘了，可是有一天，她突然接到他的电话，于是便约见面。这时，嘉丽想要化妆，她要让自己变得暗淡无光、灰头土脸。化妆之后的嘉丽顿时伤心无比，她没法忘记自己的过去——困顿与自卑。见到张科长，她决定向他撒谎，尽编一些不尽如人意的遭遇，她要报复他，让他失望。而此时的张科长竟以为面前的这个女人这些年来在卖淫，她回来无非索点钱。对嘉丽而言，十年的辉煌究竟意味着什么？化妆之后让她觉得十年的奋斗付之东流，就像一场梦。她能逃过那段穷苦的日子，但她逃不过一段伤痕累累的爱情。她要化妆，她要扮穷，要变回学生时代的嘉丽，无非是想重温那段过去。十年似乎是一个轮回，她没办法逃避生命中曾经出现的那个男人。

《化妆》令人感动，它关乎内心，关乎现在，让读者领会什么叫做屈辱，什么叫做悲伤，什么叫做枉然，什么叫做不可重复，而且，也让我们明白震撼来自内心深处。

魏微的短篇小说《大老郑的女人》荣膺第三届鲁迅文学奖。小说生动展示了特定境遇下人生命本真存在的尴尬、无奈而又真实的现状，触及了人的生命之“疼”。大老郑和他的女人间两情相悦的“露水夫妻”关系，在生命和生存需求层面是真实的，但在道德和社会现实层面是不能容许的。小说对这种真实生存现状的细腻描写和生动展现，具有深层的人性文化内蕴。它揭示了“人格面具”在协调人的意识与无意识的公开合作、调节人的生命诉求和生存本能需要之于社会现实环境关系的重要作用；同时于温婉、平实的叙事中传达出作者直面人的生命本真存在时的人道理解、宽容和忧思。

八、盛可以

女，湖南益阳人。国家一级作家，中国作家协会会员。1993 年后历任广东省深圳市证券部职员、纪委宣传干事、文化馆文秘、自由撰稿人，现任《作品》杂志社编辑。1994 年发表散文作品，2002 年开始小说创作。著有《道德颂》、《水乳》、《活下去》、《无爱一身轻》等五部长篇小说以及《取暖运动》等多部中短篇小说集，部分作品被译成英、德、日等文字。曾获首届华语文学传媒大奖最具潜力新人奖，现为广东省文学院专业作家。

盛可以的《水乳》所选取的，并不是一个惊心动魄的故事，只是围绕几个女人的日常生活而铺展开的一幅琐碎人生的图卷，最终所试图指向的，就是女性在身体与情感中的悲剧性挣扎。

盛可以是那种看透了生活本质的小说家，在《水乳》中，她最终也没有让生活变得大悲大喜，而是像每个人所看到的那样简单而缓慢。但她又完全写出了不悲不喜之下的那种大悲大喜，《水乳》最终也就变成了一部平静温和并且理应如此的悲剧。

左依娜和平头前进的夫妻生活是这部小说推进的主要线索，中间又穿插了左依娜的几位闺中密友的情感线索，不谙世事的小嘴温倩，相貌平平却又渴望情感的“茄子”袁西琳，声称从不相信爱情却偏偏为情所伤的挺拔苏曼，所有的人物都是极普通的小职员。她将人性的秘密挖掘得淋漓尽致，使这几个女人的悲喜剧囊括了天下女人的悲喜剧。直到小说的结尾，当女人左依娜重新回到平头前进的身边，重新躺到一处，听着平头前进沉睡的呼吸声时，她依然仿佛听到平头前进在他耳边说：“我不觉得你的平胸不好看，从来没有这样认为。”女人啊，世上最脆弱而敏感的动物，即使在最琐碎无奈的生活中，她们也仍然会沉浸在危险的身体细节中。生活的真实面目是平淡无奇的，日常中的女子不可能真正认识到自身的悲剧，她们只是更真实地完成自己的生活，麻木也好，充满希望也好，这样的生活本身远比沉浸在悲剧之中更加真实和本质。

盛可以显然也认识到这一点，所以在一段短暂的婚外情之后，女人左依娜并没有能够进入新生活，而是重新回到原来的生活之中。一切变得水乳难辨，盛可以呈现了生活的真相。

九、刘斯奋

广东省中山市人，1967 年毕业于中山大学中文系。现任广东省文联主席、广东画院院长、中国文联全国委员会委员、广东省政协常务委员。国家一级作家，享受国务院特殊津贴。

刘斯奋长期从事小说创作、学术研究，同时擅长绘画、书法。长篇历史小说《白门柳》三部曲获第四届茅盾文学奖以及广东省第二、第四、第六届鲁迅文艺奖，并入选中国出版集团 20 世纪《中国文库》。

《白门柳》是作家刘斯奋从 37 岁开始创作，耗费 16 年心血而著成的长篇历史小说，分《夕阳芳草》、《秋露危城》、《鸡鸣风雨》三部。作品通过明末清初著名启蒙思想家黄宗羲及其他一些富有改革意识的知识分子在社会巨变中所走过的道路，真实地再现了 17 世纪中叶中国尖锐复杂的社会矛盾和腐朽中孕育新生的历史进程。它既是封建社会盛极而衰的百态图，明代乱世仕女悲欢离合的风光景，也是一个庞大的王朝土崩瓦解的哀痛挽歌和百科全书式的史诗画卷，

书中塑造了钱谦益、柳如是、冒襄、董小宛等一系列众多丰满的人物形象。

【本章小结】

本章介绍了文学的一些基本概念及著名作家的作品。学生通过学习，可以了解文学艺术在人类生存与发展过程中的价值、地位和作用，从而汲取文学艺术中丰富而宝贵的精神财富，体悟文学艺术所蕴涵的人文精神，感受文学艺术对提升自己人文素养的促进作用。

【学习与探究】

一、名词解释

文学的社会作用　文学的认识作用　文学的教育作用　文学的美感作用

二、探究与思考

1. 怎样理解文学三大社会作用之间的相互关系？

2. 结合具体作品来谈文学的认识作用、教育作用和美感作用。

3. 如何认识文学社会作用的整体性？

4. 文学批评的一般性质是什么？

5. 文学批评和文学创作的关系怎样？

6. 文学批评对读者鉴赏文学作品有什么作用？

三、分析与思考

1. 文学的起源是什么？它的主要功能是什么？

2. 生活有两种，一种是暂时的，一种是不朽的；一种是尘世的，一种是天国的。它还向人指出，就如同他的命运一样，人也是二元的，在他身上，有一种兽性，也有一种灵性，有灵魂，也有肉体。你如何理解这段话。

3. 书是一个燃烧着的、冒着烟的良心的立体块，此外便什么都不是了。没有了良心，精神的族类便难以为继，便会绝种。把学过的西方文学经典同人文精神结合起来谈谈你对上述话语的理解。

4. 东西方的文学精神中都蕴涵着源远流长的人文传统，然而由于文化背景的差异性呈现出不同的风貌。特别是中国儒、道的结合共同造就了中国文学独有的艺术气质，请选择一位你熟悉的作家，谈谈儒、道如何为中国文学精神奠定了基础。

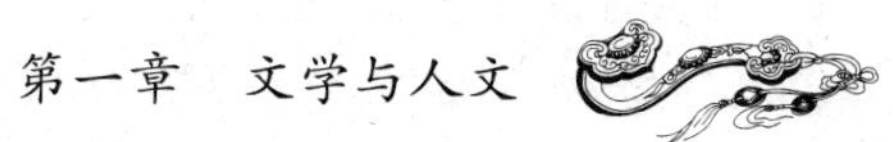

四、链接阅读

（一）文学的作用

经常遇到有人提问：文学有什么用？我理解这些提问者，包括一些犹犹豫豫考入文科的学子。他们的潜台词大概是：文学能赚钱吗？能助我买下房子、车子以及名牌手表吗？能让我成为股市大户、炒楼金主以及豪华会所里的VIP吗？

我得遗憾地告诉他们：不能。

不过，岂止文学利薄，不赚钱的事情其实还很多。下棋和钓鱼赚钱吗？听音乐和逛山水赚钱吗？情投意合的朋友谈心赚钱吗？泪流满面的亲人思念赚钱吗？少年幻想与老人怀旧赚钱吗？做完义工后的充实感和成就感赚钱吗？……这些事非但不赚钱，可能还费钱。但如果没有这一切，生活会不会有些单调和空洞？

一方面，在没有版税、稿酬、奖金、电视采访、委员头衔乃至出版业的漫长岁月，不过是仅仅依靠口耳相传和手书传抄，文学也一直能生生不息，蔚为大观，向人们传达着有关价值观的经验和想象，指示一条澄明敞亮的文明之道。

把文学与利益联系起来，不只是一种可疑的现代制度安排，更是某些现代教育商、传媒商、学术商等乐于制造的掘金神话。

另一方面，只要人类还存续，只要人类还需要精神的星空和地平线，文学就肯定广有作为和大有作为——因为每个人都不会满足于动物性的吃喝拉撒，哪怕是恶棍和混蛋也常有心中柔软的一角，忍不住会在金钱之外寻找点什么。在这个时候，人类的文学宝库中所蕴藏的感动与美妙，就会成为出现在眼前的新生之门。

（引自韩少功《人民时报》2009 年 12 月 3 日）

（二）文学：使看不见的东西被看见

为什么需要文学？了解文学、接近文学对我们形成价值判断有什么关系？如果说，文学有一百种所谓“功能”而我必须选择一种最重要的，我的答案是：德文有一个很精确的说法 macht sichtbar，意思是“使看不见的东西被看见”。在我自己的认识中，这就是文学跟艺术最重要、最实质、最核心的一个作用。

我不知道你们这一代人熟不熟悉鲁迅的小说？他的作品对我们这一代人是禁书。鲁迅的短篇《药》，讲的是一户人家的孩子生了痨病，民间的迷信是，馒头蘸了鲜血给孩子吃，他的病就会好。或者说祥林嫂，祥林嫂是一个唠唠叨叨近乎疯狂的女人，她的孩子给狼叼走了。让我们假想，如果你我是生活在鲁迅所描写的那个村子里头的人，那么我们看见的、理解的，会是什么呢？祥林嫂，不过就是一个让我们视而不见或者绕道而行的疯子。而在《药》里，我们本身可能就是那一大早去买馒头、等着人砍头的父亲或母亲，就等着要把那个馒头泡在血里，来养自己的孩子。再不然，我们就是那小村子里头最大的知识分子，一个口齿不清的秀才，大不了对农民的迷信表达一点不满。

但是透过作家的眼光，我们和村子里的人生就有了艺术的距离。在《药》里头，你不仅只看见愚昧，你同时也看见愚昧后面人的生存状态，看见人的生存状态中不可动摇的无可奈何与悲伤。在祥林嫂里头，你不仅只看见贫穷粗鄙，你同时看见贫穷粗鄙下面“人”作为一种原型最值得尊敬的痛苦。文学，使你“看见”。

我想作家也分成三种吧！坏的作家暴露自己的愚昧，好的作家使你看见愚昧，伟大的作家使你看见愚昧的同时认出自己的原型而涌出最深刻的悲悯。这是三个不同的层次。

文学与艺术使我们看见现实背面更贴近生活本质的一种现实，在这种现实里，除了理性的深刻以外，还有直觉的对“美”的顿悟。美，也是更贴近生存本质的一种现实。

谁能够完整地背出一阕词？讲我最喜欢的词人苏东坡好了。谁今天晚上愿意为我们朗诵《江城子》？

十年生死两茫茫，不思量，自难忘。千里孤坟，无处话凄凉。纵使相逢应不识，尘满面，鬓如霜。

夜来幽梦忽还乡，小轩窗，正梳妆。相顾无言，唯有泪千行。料得年年肠断处，明月夜，短松冈。

你说这总共不到五十个字吧，它带给我们什么？它对我们的价值判断有什么作用？你说没有，也不过就是在夜深人静的时候，那欲言又止的文字，文字里幽渺的意象，意象所激起的朦胧的感觉，使你停下来叹一口气，使你突然看向窗外倏然灭掉的路灯，使你久久地坐在黑暗里，让孤独笼罩，与隐藏最深的自己素面相对。

但是它的作用是什么呢？如果鲁迅的小说使你看见了现实背后的纵深，那么，一首动人、深刻的诗，我想，它提供了一种“空”的可能，“空”相对于“实”。空，是另一种现实，我们平常看不见的、更贴近存在本质的现实。

假想有一个湖，湖里当然有水，湖岸上有一排白杨树，这一排白杨树当然是实体的世界，你可以用手去摸，感觉到它树干的凹凸的质地。这就是我们平常理性的现实的世界，但事实上另外一个世界，我们不称它为“实”，甚至不注意到它的存在。水边的白杨树，不可能没有倒影，只要白杨树长在水边就有倒影。而这个倒影，你摸不到它的树干，而且它那么虚幻无常；风吹起的时候，或者今天有云，下小雨，或者满月的月光浮动，或者水波如镜面，而使得白杨树的倒影永远以不同的形状，不同的深浅，不同的质感出现，它是破碎的，它是回旋的，它是若有若无的。但是你说，到底岸上的白杨树才是唯一的现实，还是水里的白杨树，才是唯一的现实？事实上没有一个是完全的现实，两者必须相互映照、同时存在，没有一个孤立的现实。然而在生活里，我们通常只活在一个现实里头，就是岸上的白杨树那个层面，手可以摸到、眼睛可以看到的层面，而往往忽略了水里头那个“空”的、那个随时千变万化的、那个与我们的心灵直接观照的倒影的层面。

文学，只不过就是提醒我们：除了岸上的白杨树外，有另外一个世界可能更真实存在，就是湖水里头那白杨树的倒影。我们如果只知道有岸上的白杨，而不知道有水里的白杨树，那么做出来的价值判断很可能是一个片面的、单层次的、简单化了的价值判断。

（摘自 1999 年 5 月 15 日龙应台在台湾大学法学院的演讲）

（三）阵痛以及再生的喜悦

——范文《雪葬》里赵天佑悲剧命运之思考

今天的兰州又迎来了今年的第 N 次沙尘暴，走在滚滚东去的黄河边，河风吹乱了我的头发，也吹乱了我的思绪。随手抓一把来自河西的风，我嗅到了巴丹吉林沙漠以及河西大地的泥土气息。这使我想起了我远在城市以外的农民兄弟，他们背负青天整天劳作在烈日下的身影，他们的痛苦与欢乐，他们的追求与失意，他们的行与思，他们的爱与恨。

在这样的一个天气里，我读到了范文修订后再版的《雪葬》，心情就跟这外面的天气一样，厚重而苍凉。我为赵天佑的悲剧扼腕喟叹，也为善良被邪恶欺弄而愤懑不已，但同时我也为千千万万个赵天佑们的觉醒和再生而深感欣喜

和慰藉。在《雪葬》洋洋四十万言的篇幅里，范文为我们描画了一个农民奋斗者的形象，讲述了赵天佑这个崛起于改革开放之初的农民英雄，被形形色色的丑恶所扼杀的故事。作者一往情深地为我们谱写了改革开放以来农村的沸腾生活，浓墨重彩地描绘了渭河两岸独特的风土人情，精心刻画了赵天佑这样一个在新时期文学画廊里不可多得的典型人物形象，热情颂扬了改革开放给广大农村带来的巨大变化和新气象，无情鞭挞了存在于这些大好形势下的丑恶现象，以赵天佑奋斗的经历和他最终被害死，向社会敲响了警钟。

掩卷沉思之余我不禁忖度，赵天佑之死告诉了我们什么，其个人的悲剧命运在时代的大变革中说明了什么，他的灵魂又躲藏在哪一块石头里，一路前行中在什么地方感召着那些步履匆匆的后来者——他那可亲可敬的农民兄弟。

一方水土养一方人。在渭河川这方土地上，在赵氏子孙千秋万代繁衍生息的过程中，此起彼伏的农民英堆世世代代上演着一首首跌宕起伏的壮歌。赵天佑的爷爷“冷糁子”靠勤俭持家、克己敛财成了汶水川拥有上百亩良田的大财主，他富而不奢，和长工们同吃同住同劳动，对待自己家人的生活也是具体到了苛刻的地步，但他却能审时度势、权衡左右，为了在赵氏子孙中树立威望，就是这个连自己吃饭都要精打细算的“冷糁子”，却能够对穷苦人施以钱财、广结善缘，甚至为了一个长工栓娃娶亲，他也是以东家和长者的身份挺身而出大操大办，“按照财东家的规格操办，四挂大车，红绸车棚”，结果使自己的哥哥惨死在娶亲的车轮下。他遵从乡俗强忍悲痛秘不发丧，直到热闹非凡的婚礼结束三天后才披麻戴孝葬了大哥……他的所作所为，赢得了赵氏子孙的尊敬和赞美，时隔多年后还依然被人记挂，从而实现了他这样一个农民在那个时代里的光荣和梦想。他的身上闪现出的亮点代表着那个年代中国农民的希望和追求：忠于农桑、热爱土地、深受乡人尊重、生活富足而自豪。赵天佑的父亲“老黄埔”本是黄埔进步学生，为了继承家业被父亲“冷糁子”骗回家乡，最终吊死在如火如荼的阶级斗争——无产阶级“文革”中。在这样一个家庭中长大的赵天佑，从小受尽了屈辱和磨难，充分地感知了冷暖世情，磨炼了他敢恨敢爱、敢于承担一切的性格，也造就了他能够在未来的岁月里屹立于时代风口浪尖上的铮铮铁骨。长大成人后的赵天佑因为家境艰难而不得不“倒插门”入赘到柳河沟当了上门女婿，这一人生中被逼无奈的苍凉举动却成就了他短暂一生的辉煌。党中央拨乱反正的政策彻底扫除了蒙在他身体和心灵上的双重阴影，包产到户的富民路线又使他成了柳河沟的“当家掌柜”——生产大队的大队长。在这个新的历史舞台上，赵天佑如鱼得水，因地制宜发展畜养业，倒卖生药材，不但带动了一方富裕，也使自己成了方圆闻名的“万元户”，盖起了小二楼，

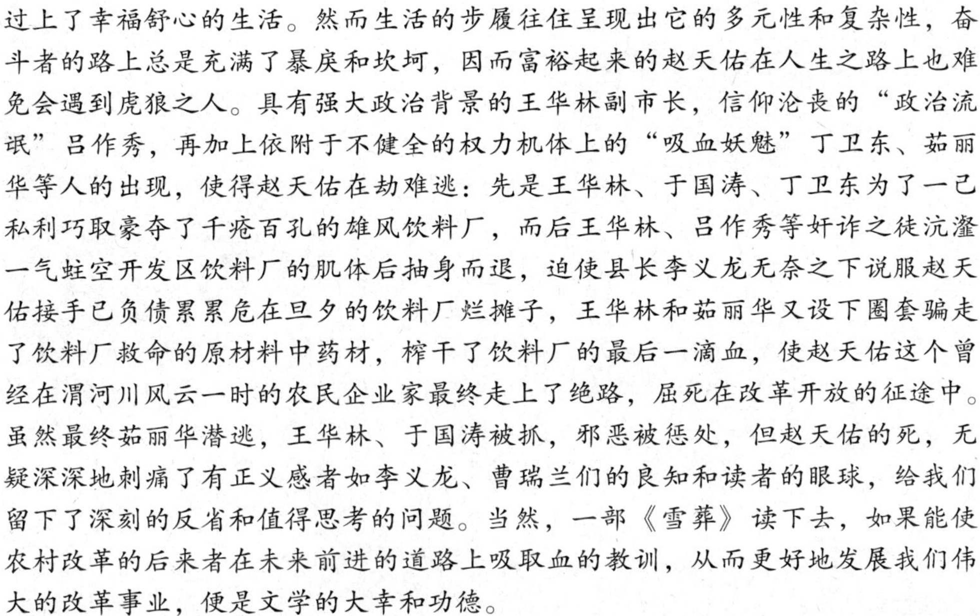

过上了幸福舒心的生活。然而生活的步履往往呈现出它的多元性和复杂性，奋斗者的路上总是充满了暴戾和坎坷，因而富裕起来的赵天佑在人生之路上也难免会遇到虎狼之人。具有强大政治背景的王华林副市长，信仰沦丧的“政治流氓”吕作秀，再加上依附于不健全的权力机体上的“吸血妖魅”丁卫东、茹丽华等人的出现，使得赵天佑在劫难逃：先是王华林、于国涛、丁卫东为了一己私利巧取豪夺了千疮百孔的雄风饮料厂，而后王华林、吕作秀等奸诈之徒沆瀣一气蛀空开发区饮料厂的肌体后抽身而退，迫使县长李义龙无奈之下说服赵天佑接手已负债累累危在旦夕的饮料厂烂摊子，王华林和茹丽华又设下圈套骗走了饮料厂救命的原材料中药材，榨干了饮料厂的最后一滴血，使赵天佑这个曾经在渭河川风云一时的农民企业家最终走上了绝路，屈死在改革开放的征途中。虽然最终茹丽华潜逃，王华林、于国涛被抓，邪恶被惩处，但赵天佑的死，无疑深深地刺痛了有正义感者如李义龙、曹瑞兰们的良知和读者的眼球，给我们留下了深刻的反省和值得思考的问题。当然，一部《雪葬》读下去，如果能使农村改革的后来者在未来前进的道路上吸取血的教训，从而更好地发展我们伟大的改革事业，便是文学的大幸和功德。

好在生活在继续。社会变革的洪流以摧枯拉朽之势向前推进时，难免会有玉石俱焚的现象存在，有良知的作家用他们的如椽之笔状写生活，其作用就在于提请后来者不重蹈覆辙，使我们所从事的事业能够沿着一条健康的道路向前发展。

《雪葬》给我们设置了一个沉重的话题：农村的出路问题。像赵天佑那样有追求有抱负的新一代农民、农村的致富带头人，他们的发展道路应当遵循一种什么样的传承和模式，应该在哪些方面提高自己的学养和素质，他们的路应该怎么走？刚刚胜利闭幕的党的十七大为我们解决了这一难题，以胡锦涛为首的党中央及时提出了建设新农村的奋斗目标，为我们广大的农民兄弟指明了前进的方向，这让我们更加有理由相信，赵天佑的后来者将在正确思想的指引下，步入他们建设社会主义新农村的康庄大道。

《雪葬》这本现实主义的力作留给我们值得思考的东西太多了。赵天佑悲剧命运的最终所指，是因为他脱离土地后的盲目前行，他脱离土地，就使他自己在无意识中剥离了生他养他的母体，就使他脱离了与他有着千丝万缕关系并且时刻关爱着他的父老兄弟，就使他的人生道路偏离了原有的轨迹，使他成了无根之草、无源之水，所有这一切，都促使他走向死亡，不知不觉的就被淹没在了时代前进的洪流里。

这就是《雪葬》这本书给我们的启示，也是它文学的真正意义所在。

就我理解，农民是土地的主人，是土地让农民丰衣足食、欢乐无忧。农民脱离土地，无异于自毁根本，使他们生命的一切无所归依。我认为，农民奋斗的根，必须永远深植于那片他们赖以生存的肥沃的土地中。

傅开虎

2007 年 12 月 25 日兰州·柳家营

（摘自新浪博客）

（四）校园文学命运跌宕　我们为何需要文学?

前不久，武汉武昌珞珈山，第 27 届全国大学生樱花诗歌邀请赛朗诵比赛如期举行。只是此时，校园的樱花已经凋谢，决赛现场的诗歌爱好者也少了许多。这项从 20 世纪 80 年代持续至今的诗歌赛事，见证了校园文学跌宕起伏的命运。“现在就业的压力让大学生都变得很现实，文学青年现在几乎成了精神病的代名词。”一些大学生这样说。

暂且不论校园文学的式微，即便是在其他年龄段的人当中，真正接触文学的人也并不多。因为在有的人看来，“都什么年代了，还抱着文学不放，太书生气了”。在有些人看来，时至今日，应该关心的不是文学，而是自我的切身利益，比如求职，比如赚钱，比如升职，比如走红，等等。一本《杜拉拉升职记》成为大众话题，折射的自是在实用主义的驱役下直露的众生相。

我们这个时代、这个社会难道不要文学了吗?《诗经》获得“世界最美的书”的称号，不只因为它是一部著名的古籍，更因为它所蕴涵的广博的人类智慧、思想和经验，以及此中与我们生活、心灵的联系。当遭遇汶川大地震后，何以有那么多的人写诗，以至出现众多的诗歌朗诵会?因为诗歌能唤醒一个人内心柔软的部分，它能够抚慰人心、安定灵魂。既然诗歌是那样的重要，诗歌传统何以就衰落了呢?

“心为物役”，当一个人把对幸福的追求简化成住房的平方米、名牌服饰；当一个人把物质呈现为某种能力、成功、满足的符号，而背离“满足生存和发展所需”的本真价值的时候，文学对他们又有什么意义呢?好的作品，总是“写出冷漠中的温暖、坚硬中的柔软、毁灭中的希望，身处污泥盼有莲花，陷入地狱向往天堂。人不单在物质中活着，更需要活在精神中”。人生在世，除了物质生活之外还应有精神生活。读书，应当是精神生活的重要部分。如果说，读书是为了让人的思想开窍，那么，对于多数人，读文学才是最好的选择。禅宗讲“身是菩提树，心如明镜台，时时勤拂拭，莫使惹尘埃。”文学的真谛，就是不断把我们的心灵擦亮，保持光明。

从仅仅依靠口耳相传到手书传抄，文学一直生生不息蔚为大观，“向人们传达着有关价值观的经验和想象，指示一条澄明敞亮的文明之道”。作家韩少功说：“只要人类还存续，只要人类还需要精神的星空和地平线，文学就肯定广有作为和大有作为——因为每个人都不会满足于动物性的吃喝拉撒，哪怕是恶棍和混蛋也常有心中柔软的一角，忍不住会在金钱之外寻找点什么。在这个时候，人类的文学库中所蕴藏的感动与美妙，就会成为出现在眼前的新生之门。”

歌德说过：“那最神圣恒久而又日新月异的，那最使我们感到惊奇和震撼的两件东西，是天上的星空和我们心中的道德律。”毋庸讳言，我们缺少的恰恰就是这种仰望星空的精神。我笃信，好的文学在今天仍然被读者需要，正是因为它有能力表现一个民族最富活力的呼吸，有能力传达一个时代最生动、最本质的情绪，有能力呈现一个民族在自己的时代所能达到的最高想象力。

生活中没有文学，就好比天空中没有云彩，就好似大海中没有浪花，就好如夜空中没有星月，就好像空气中没有氧气。热爱文学，我们其实就是在热爱自然、热爱生活，也就是热爱理想、热爱追求。

（引自赵畅《解放日报》2010 年 08 月 03 日新华网）

第二章　历史与人文

学科感怀

我们为什么要学历史？大而言之，文史传统关乎文化重建。文史不分家，历史研究的直接对象是文史“关系”中的人，是在对过往事件的考评中探求人存在的意义，是独特的“人学”。历史满载着人性关怀，守望着道德品格，凝聚着民族认同，塑造一个大学生的精神未来。小而言之，假如有一天早上你起床突然失忆了，分不清自己是谁，忘记了周遭的一切——这意味着你忘掉了自己的历史，你的生活也就没法继续了。历史看似无足轻重，但实际上我们每个人都是离不开它的。不懂得自己生活的历史，就安放不好自己的未来；不懂得国家和世界的历史，我们在历史的长河与变幻的世界中就找不到自己的位置。

【知识目标】

掌握基本的历史知识；具备阅读、理解和通过多种途径获取并处理历史信息的能力；了解历史的基本内涵，在中西方史学发展史中理解不同形式的历史的价值及意义。

【能力目标】

充分发挥学生的主体性，培养学生观察和探究历史问题的能力和创新意识；形成口头和书面语言陈述历史问题的表述能力；形成丰富的历史想象力和知识的迁移能力；以史引善、以史育人、以史促智，开发学生的创新能力和理论实践能力；在历史中学习人文关怀，运用唯物史观看问题，培养现代公民应具备的历史感、责任感。

第一节　历史与历史学扫描

一、历史是什么

历史对我们是一个习以为常的概念，从儿时就与我们结下不解之缘，然而以往所学的历史更多是关于对过往事件知识和我们对历史的基本观念，就历史本体而言，有着更鲜活而广阔的内容。

那么历史是什么？简言之，历史是人类社会经历过的客观存在的过程。作为人的历史，过去一切的事实都成为历史是绝对不可能的，它受到情感、时代、方法的影响，它不仅是指过去的事实本身，更是指人们对过去事实的有意识、有选择的记录。

概言之，历史有以下三层涵义：一是指曾经发生的、过去了的历史现象和事情的客观过程。这一层意义上的历史既可指宇宙间物质世界事物发生、发展、灭亡的过程，又在狭义上指人类社会发生发展的过程。我们可以分别把它们称为自然史和人类史，这两面的历史是相互制约、密切相连的。

二是指人们对历史过程的记录或者对历史现象认识与研究的结果，即历史著述。

三是指包含了第一层含义的史实及其在史实的基础上研究和总结历史发展的规律，以及总结研究历史的方法和理论，称为历史科学，简称为史学。

史实、史著、史学构成了我们日常所讲的历史三种形态。那三者有什么区别呢？第一，作为史实的历史具有客观实在性，它的客观表现在不以人的主观意识而改变其本身的存在，过去发生的事物、现象、过程都是曾经实实在在地存在过的。第二，作为历史描述的史著则是主观的产物，是人作为记录者的历史认识，是经过信息加工整理的，是有政治的、物质的、时空的局限的，即使是在同一时间、同一地点经历同一事件，不同的经历者对同一事件的感受也是各不相同甚至大相径庭的，从这个意义上讲，克罗齐说一切历史都是当代史。历史著述可分为历史记录和史学著述，前者重记人、记事、记物轻分析总结；后者是借助于历史理论和方法，通过对历史对象的考鉴、分析形成的系统认识。第三，历史学是介于自然科学和虚构艺术之间的学科，在西方学界，关于历史是“科学”还是“艺术”之争持续了百年仍无共论。有的人认为，历史是由无数微小的事实构成，根本无规律可循，任何人都可以在历史资料库里抽取对自己有用的材料来为自己的观点辩护；有的人说，历史是一个任人随意打扮的小女孩，事实只不过是历史的渣滓，历史著作是诗意和哲学的合成品。叔本华、尼采、狄尔泰等也都认为历史偏向于个人主观性并不是一门科学，“在历史学家创造历史事实之前，历史事实对于任何历史学家而言都是不存在的”（卡尔·贝克尔《历史是什么》）。而另外一批学者则认为，历史学科的研究可以运用自然科学的方法能够像几何学一样得出完全客观可靠的结论，历史学的任务在于探索人类历史发展的规律性。

二、历史是如何分类的

（一）客观历史为对象的史学

历史学的首要对象是客观历史现象和过程。按空间范围可分世界史、国别史和地区史；按时间跨度可分通史、断代史；按历史活动领域可分经济史、社会史、政治史、军事史、外交史、科技史、文化史、宗教史等。

（二）以历史资料为研究对象的分支学科

以文字史料、实物史料、口碑史料与风俗习惯等为研究对象，从先秦和秦汉时期就开始萌生到清代和现代已形成目录学、版本学、辨伪学、校勘学、辑佚学、书据学、训诂学等专门的学科在内的学科群。

目录学。研究文献著录的学科。目，指书名、篇名；录，指对目的说明与编次，包括书的篇数卷数、基本内容、学术价值、作者简介、流传情况等方面内容。因此，目录之学被称为入门之学、学中第一要事。

校勘学。校勘，也叫校订。指在各版本中选择原本、初刻本或善本书作为底本，参考其他不同版本作比较，校正错误、恢复书籍的原始面貌。

辨伪学。主要任务是鉴别古书的真伪，揭示伪书的作者、成书年代及其史料价值等。

训诂学。是研究古书中词义的学科，用通俗的语言解释词义叫“训”；用当代的话解释古代的语言叫“诂”。训诂学从语言的角度译解古代书籍，帮助人们阅读古典文献。

三、当代大学生的史学修养是什么

中国人习惯于形象思维和感官体验，这种认识世界的方式能够从整体上更好地认识事物，从宏观上、直觉上形成知识。但这种认识方式往往浮光掠影、浅尝辄止，不能够在精微的层面上深入地揭示事物的本质。就普通人而言，他们往往把历史等同于历史著述或者把历史仅仅看作过去的事物，这种看法是不完整的。那么当代大学生应该具备什么样的史学修养呢？

从感性的经验来讲，历史虽然具有客观性，然而它又往往由于不同的立场和利益取向被主观解释成截然不同的事物。不同身份的人对待历史的态度是不同的，面对纷纭复杂的历史事件，即使是当事人由于时过境迁也会在不同时期得出不同的结论。要逼近历史的真相需要的不仅是史实，更需要养成唯物主义史观，形成历史的眼光，正如刘知几在《史通》中所说要有才、学、识。因而，大学生要树立的史学修养就是学会以真实为原则，以事实为基础，以史料为根据提高自己发现历史真相的能力。翻开历史我们就会发现，不同身份地位，不同时期，对历史有不同的态度，比如历史在政治家的启示录中，就是过去的政治，而政治则是当前的历史；在野心家的眼中，历史是胜利者的宣传，历史是研究他人错误的学问；在客观的观察者看来，历史是过去传到将来的回声；在御用文人的笔下，历史只是国家和人物的传记；西方哲人的观点认为，历史是被明确了的经验；在循环论那里，每一种真正的历史都是现代史；在宫廷历史剧的荧幕里，历史多半是传说掺杂着史实。历史是给人愉悦和教训的双面娇娃，历史是任人打扮的小姑娘。在不同历史时期，西方人对待中国人的态度也是截然不同的。

17 世纪西方人认为中国人圣洁、聪慧和当时的欧洲基督教教士的可恶愚蠢形象形成鲜明的对比，表现了西方人对东方文明的崇拜。18 世纪外国人眼中清朝巨人居高临下主宰一切，牵着欧洲武士视欧洲贵族为玩物，强盛的中国这一时期是西方人学习模仿的对象。19 世纪末，西方人把中国人视为黄祸。义和团运动后西方人掀起瓜分中国的热潮。

从理论上讲，史学修养是大学生人文素养的重要内容，是其外在精神风貌和内在精神气质的综合表现，也是一个现代人文明程度的综合体现。尤其作为文秘专业的大学生，其未来工作的综合性和岗位的特殊性，决定了要想获得职业生涯的成功必须要有广博的知识积累和全面的综合素质，史学素养是不可或缺的重要内容。我们必须学会从史料中吸取经验和智慧，以提高自己的综合素

质和实践能力。

关于史学素养的讨论在我国有着悠久的传统。早在春秋战国时代，孔子就把是否隐讳作为良史的标准；唐朝史学家刘知几则最早系统全面地论述了学习研究历史的人需具备的修养，他提出了才、学、识三方面的要求；在近代，广东人梁启超进一步发展了这一观点，他认为在解释研究历史时必须要有一颗公正无偏私之心，不能受个人情感和时风势利等主、客观因素的影响，这样才能达到客观真实、有理有据。作为当代大学生虽不求成为史学家，但基本的史学素养是必须有的。概括起来，需要从以下三个方面来提升。

首先，我们必须有正确的历史观。历史长河如大浪淘沙激荡不息，我们只是其中的一滴水，而正是无数的个人的活动汇集成浪花朵朵。所以，我们每个人要想获得成功，就必须找到自己的坐标。历史就是我们寻找自我坐标的参照系，我们是历史的“剧中人”，又是历史的“剧作者”，每天都在参演着历史剧。然而，要想在历史中扮演重大角色，我们必须深入体验历史，多读史料这个剧本，根据自身条件和未来要从事的工作的性质和要求，真心实意地参与历史活动，发挥自己的主观能动性，树立正确的历史观，顺应历史潮流，为人类社会多做贡献。在人们眼中，也许你只是一个普通的人，但作为历史的一分子，你的存在和活动就有了更深层的意义，是不可缺少的。我们只有坚持用历史的观点、发展的观点来审视、分析周围的事物才能形成正确的观点，作出切实的评价，活出有意义有价值的人生。

其次，我们应该熟悉一些历史知识和资料。尤其是文秘专业的学生，以后要从事秘书工作就要博览群书、通古识今，对政治经济、文化法律、天文地理、风俗人情，都应当了解一些。中外历史浩渺博大、包罗万象，正如马克思和恩格斯所感叹的那样“我们仅仅知道一门唯一的科学，即历史科学”。因而，我们应当发掘历史宝藏，掌握历史材料，总结历史经验，这样我们说话做事才更有说服力，更有成效，才能寂然凝虑、思接千载、悄焉动容、视通万里、思路畅达、心胸开阔。

再次，以史为师，以实为师，继承传统美德，升华人格修养。几千年的中西方人类历史给我们留下了弥足珍贵的传统美德，我们只有不断地吸收和借鉴人类社会创造的一切优秀道德才能成就优良的道德品格。当前的社会发展要求公民有更加高尚的社会公德和职业道德。中国传统美德中的“公而忘私”的品质、“先天下之忧而忧，后天下之乐而乐”的精神、“天下兴亡，匹夫有责”的气概，“苟利国家生死以，岂因祸福避趋之”的情操都理应成为大学生们修身养性的源头活水。另外，学历史的一个重要的关键词是“史德”，它指的是唯

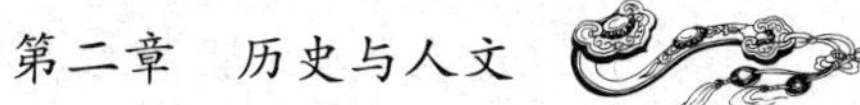

真求实、秉笔直书、无证不信、不偏不倚的史学态度和品德。这也是我们人格修炼的一个重要层次，即坚持实事求是的原则规范。

四、史学的发展及现代变革

文明从有文字记载开始。中国的史学一直以来被历朝历代所器重，在世界史坛上独树一帜。我国古代有许多神话故事的传说，在先秦史籍中以各种不同形式的记载得以保存和流传下来。殷商时期，甲骨文的出现标志着我国历史记述的开端。西周初期，王室各诸侯国设置史官记录时事，保存的史料为后人编纂历史提供依据。在西周、春秋时代，出现了我国现存最古老的一部史书《尚书》和我国现存最早的一部编年体史书《春秋》，此外，周朝王室有《周书》、《周志》、《周春秋》，郑、楚、晋、鲁、燕、宋、齐等国也均有《春秋》，共"百国《春秋》"，史学从官府控制推广到统治阶层一般知识分子。汉代，司马迁的《史记》创造了纪传体的史学体裁，内容上包罗万象，闪耀着朴素唯物论和社会进化论的思想光辉，开创了中国史学的一个新的时代。除了西汉司马迁的《史记》，东汉班固的《汉书》也是这一时期的代表作。魏晋南北朝时期，史学得到进一步的发展，成为一门独立的学科。私家修史蔚然成风，出现了《后汉书》、《三国志》、《三国志注》等史学著作。在隋唐间的数百年中，史学的重要作用逐渐被统治者，尤其为最高统治集团所认识，因而控制修史日趋严密。隋朝禁止私人撰修国史；唐朝由宰相监修前朝历史，正式确立了官修史书的制度。宋元明清时期封建专制高度强化，读书人热衷于功名利禄，而淡漠对历史与现实的研究，文化高压又使绝大多数学者钻进故纸堆脱离社会现实，封建史学日渐衰落。

中国现代史学研究经历了三大转折：五四运动前后，20 世纪 30 年代，20 世纪 70 年代、80 年代之交。其中，20 世纪 30 年代，马克思主义历史学取得了主流地位。经过反思"文革"，当代中国史学呈现出"回到马克思，发展马克思"和开放研究的态势。历史研究视野更为开阔，史学方法更为多样，历史学与其他相关学科的移植和融会，中华民族史学得到弘扬，马克思主义对史学研究的渗透和影响更加深入是现代中国史学的基本特征。

20 世纪以来，历史学理论、观念的突破引起史学的飞跃。第一，马克思主义的辩证唯物史观的出现从根本上否定了任何狭隘的民族主义世界史观，打破了"欧洲中心"和"欧美中心"论，超越民族和地区的界限来研究历史，成为二战后历史学的重要趋势之一。第二，单一的"政治史"模式被打破，随着欧美反传统的潮流“文化史运动”、“总体的历史”观的兴起，出现了具有世界影响的法国年鉴学派，注重对人类生活的各方面因素进行跨学科、长时段综合研究的历史学发展起来。第三，现代历史学研究的主体性的张扬。纯客观主义的史学传统遭到否定，强调历史研究主体能动性，这也是当代马克思主义历史学研究的重要课题。第四，研究方法和技术手段的更新，历史学借鉴其他学科的方法，改变了传统史学研究方法单一、技术手段陈旧的格局。

五、历史有什么用

“告诉我，爸爸，历史有什么用?”有一天，法国现代著名历史学家布洛赫的小儿子突然向他的父亲提出了这样的问题，这的确是个不能回避的重要问题。如果把历史通俗地定义为过去发生的事情，那么对过去的事情研究起来有什么用?

（一）历史学的认识功能

史，记事者也。历史是通往过去的钥匙，是对过去事件的记录；是究天人之际，通古今之变，了解社会发展的内在客观规律性；是启发智慧、认识社会的重要工具。

不仅如此，历史还可以对人类发展前途作出科学的预见。中国古代有“史以明道”、“以古鉴今”、“下明将来之法”之说，西方人也认为“通过讲述过去、历史，使他们（人民）能够判断未来；使他们从其他的时代和民族的经历中受益；使他们成为合格的行动的裁判官和人的设计者。”（梅利尔·D·彼得森.《杰斐逊集·弗吉尼亚纪事》. 上海：三联书店，1993.）

历史能解释过去、认识现在，更着眼未来、创造新的历史。历史可以鉴前世之兴衰，考当今之得失。历史学的认识功能不仅帮助人类认识社会发展规律，而且使人类通过认识历史来认识自己、预测未来、改造世界。

（二）历史学的社会功能

史学对于社会的功能是多方面的。首先，历史学具有伦理教育的功能，帮助人们明是非、辨善恶、培养高尚道德人文情操。其次，历史学具有经验借鉴的功能。再次，它具有社会传承的功能，是人类社会记忆的理性结晶、文化财富的传承通道。历史学也对个人起到认识自我、建立人生观等作用。史学有培养爱国主义的作用，“亡其国必先亡其史”，日本侵华时就曾在其占领的我国领土东北、“台湾”等地禁止学习中国历史。历史学最高的社会功能是具有对社会的规律性认识的功能，以研究过去来服务当今。历史学还会影响、推动它以外的相关科学的发展，这是历史学的科学功能。

历史学中的文献研究使鉴定文献真伪的古文书学萌芽，历史学带动了年代学、碑铭学、钱币学、档案学、印章学、系谱学等学科的出现，历史学孕育并推动了考古学、地理学、民族学的发展。

六、在历史、艺术与现实之间

以上我们分析了史实和历史及历史著作的关系，此外还有一些虚构类作品，如历史题材的电视剧、传奇故事、历史剧，这就涉及历史真实和艺术真实的问题。大家都看过《戏说乾隆》、《铁齿铜牙纪晓岚》、《通天帝国狄仁杰》等影视剧，看过金庸、高阳、二月河等人的小说，这些文艺作品除了具有娱乐性、戏剧性等艺术因素外，还有一个基本的史实在里面。这也就是我们为什么不能原谅一部宫廷古装电影在道具、服饰、话语等方面犯严重错误（无厘头纯搞笑除外）的原因，即我们追寻的是有历史感的艺术。但在娱乐化、大众化的消费时代，历史感往往被娱乐和审美快感所消解，在新版的影视作品中，正史一度被改动。如电视剧《潜伏》中，穆连成对吴站长说：“民国三十五年，我有艘船沉在海上了，这上面可都是日本人的军火啊！我也算是抗日嘛……”民国三十五年，日本已战败一年有余，何谈抗日？又如在热播电视剧《宫》中，多有明显的穿帮镜头，例如，古时候专门用来随葬的唐三彩成了太子府的摆设；八阿哥读书的上书房应该叫“尚书房”，因为“上书房”是道光年间才改的；被削去宗籍的九阿哥竟走在皇帝御用的龙道上；皇后的生卒年被搞错；手机、空调也穿越时空了。这些穿帮之处让观众的历史感大打折扣，令人遗憾。

其实历史和文学或剧作是两种不同的人文领域。写小说、写剧本是在一定的史实基础上，主要靠形象思维去进行恰当的虚构，追求的是“史事求似”，对考据的功夫远不如历史著作来的严谨。影视文学艺术是一种表现的艺术，贵在能以高超的艺术感染力打动读者的心灵。而历史则是对史实的尽力再现，是一门再现的科学，要有科学严谨的态度，要用扎实的史料、严正的考据和严密的逻辑来呈现的。但这并不意味着历史题材的影视作品可以随意“戏说”，大玩“穿越”的视觉游戏。历史题材的影视首先必须要尊重历史，一个不懂历史的民族是没有前途的，一个不懂历史的人永远摆脱不了愚昧。通过历史这面“魔镜”，人类进入消逝了的时空获得应对现实挑战的勇气和战胜未来的信心。

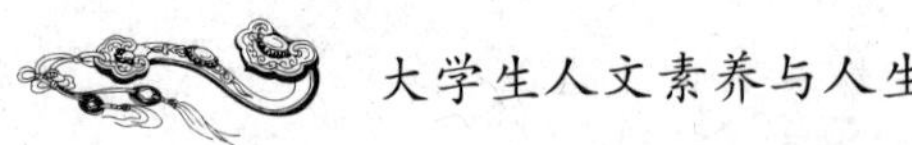

历史是科学，尊重历史就是尊重科学。

任意的“戏说”历史，实则是对观众智商的愚弄，是对这个民族的戏说。创作历史题材的作家、编剧者，首先要正确对待历史，多读历史，祛除无知和浅薄，戒浮躁，创作出人们满意的作品来。遗憾的是这种对历史的尊重越来越稀缺。不仅是地方台拍摄的历史剧屡犯历史常识错误，甚至是央视开拍的严肃历史剧也会出现诸如此类的错误，如在历史题材大戏《台湾 1895》中，李鸿章、左宗棠这些“两朝老臣”摇身变为“三朝元老”；清末名将冯子材从未担任总督，却一会被称“提督”，一会被称“总督”；李鸿章竟在 1874 年说出“八国联军刚刚火烧了圆明园”的台词，而“八国联军”侵华发生在 1900 年！

不尊重史实、不尊重历史直接导致了历史题材的影视作品难以成为经受历史考验的精品。优秀的历史剧是奠基在客观历史基础上的。著名史学家、小说家蔡东藩，潜心 10 年，通读 24 史，“以正史为经，务求确凿；以逸闻为纬，不尚虚诬”，被人誉为“一代史家，千秋神笔”，写出《中国历史通俗演义》、《清宫秘史》、《武训传》等优秀作品。台湾著名作家高阳之所以写出著名的《胡雪岩》、《红顶商人》、《乾隆韵事》等清史系列小说，是由于他对清代历史的独特而有深度的研究。

总之，尤其是在这个读图时代、读屏时代，影视作品对青少年的历史观、价值观的形成意义重大。“戏说”历史，扭曲历史真实，不对史实下工夫，危害尤大，它使人们不再相信中国历史真实可信，不利于精神文明建设和全民族文化素养的提高。

古人已懂得通过掌握人类社会发展的历史规律观察和指导现实的活动。汉高祖刘邦的谋士陆贾、初唐名臣魏征都是有名的历史观察家。陆贾奉命说服赵佗归顺朝廷，凭智慧解千万甲兵，他从春秋战国和秦朝更替的历史中总结出“尚德”的规律，为汉高祖提出了“块然若无事，寂然若无声，官府若无吏，亭落若无民。闾里不讼于巷，老幼不愁于庭”的“大为而治”的方针与治道，开创汉朝盛世。唐太宗和魏征关于历史朝代兴衰更替和君臣关系的论述更成为千年佳话。

清代思想家和诗人龚自珍说：“灭人之国，必先去其史。”历史是一种民族文化的认同，是文化的根。唯有热爱历史、尊重史实，才能让中华文明正本清源，才能实现中华文化的伟大复兴。

第二节　历史与人文精神

一、人文与人文教育

教育的本质是育人，但当前的高职教育人文素质类课程缺失。知识的教育、技能的教育被奉为核心，人的教育有时被忽略了。而教育一旦离开了人，离开了人的灵魂或人的精神，严格说来就不称其为教育。教育是对人的灵魂的教育，而非理智知识和认识的堆积。教育的重要本质特征就是它的人文性，人文教育在大学教育中不可或缺，具有重要的基础性地位。因而，加强人文教育成为当前教育界有识之士的共同呼声。

人文教育虽被普遍使用，但其确切的公认的含义却是仁者见仁、智者见智。那就让我们先来了解什么是人文。

“人文”一词最早出现于先秦，泛指人事、礼乐教化等。如《易》：“刚柔交错，天文也。文明以止，人文也。观乎天文以察时变，观乎人文以化成天下。”古代先贤们通过观察他们所处时代的歌诗、文字、礼仪、音乐等人文风貌来教化众人达到四海一统。有时古人也把人文指称为人情习俗。总之，人文最早的核心命意是，超越个体，超越种族，超越国家，从人类整体甚至宇宙大全的角度思考世界，它是在自然科学和社会科学的边界处开始的一种超越性的思想观和价值观。

近代以来人文用来泛指人类社会的各种文化现象、人情风尚。如孙中山《民权初步自序》：“会此世运进化之时，人文发达之际，犹未能先我东邻而改造一富强之国家，其故何也!”均指社会风俗、风尚。

那么大学生的人文素质教育又包含哪些具体的内涵呢？我们一般从三种意义上来使用人文素质教育：一是人文学科教育；二是人文主义教育；三是关于“精神成人”的教育。

（一）人文素质教育以人文学科为基础载体

人文学科有着古老的历史，在西方被认为起源于古罗马西塞罗《论演说家》提出的培养雄辩家的教育纲领，而后发展成为西方古典教育和中世纪基督教的基本纲领，内容包括数学、语言学、历史、哲学和其他科学。14 至 15 世纪的西方，文艺复兴运动风起云涌，人们在打破神学垄断地位时高扬以人为本、以人为中心的理念，促进了西方人文学科的大发展。这时的人文学主要涉及语法、修辞、诗学、历史和道德哲学等知识。到 19 世纪，基础教育中的训练人的知识技能，培育人的个性，使人“更富于人道精神”等相关知识不断发展，人文学科演变为一种与自然科学相对立的独立的知识体系。现代西方的人文学科类似我国的通识课程，构建全面的教育纲领，是对各学科的一种“类称”。人文学科重视培养人的适应能力、融合科学和艺术、促进素质全面发展的基本精神在历史演变中始终一以贯之。

今天，人文学科被定义为以观察、分析及批判来探讨人类信仰、情感、道德和理智的各门学科（哲学、文学、艺术、历史、语言等）和知识的总称。其内涵已经包括所有关于人的行为、生活、精神、价值与社会的结构、关系、运行、变迁、意义等的知识。

人文科学与人文学科相互联系而又分属不同范畴。人文科学超越了学科的限制，而与人文传统相提并论则是 19 世纪以来学科分化运动的结果。人文科学在创立者的眼中是精神科学、人学和文化科学。在我国，人文科学既具有人文学科的类称含义属性，又包含人文、人文主义传统、人文教育、文史哲艺术等学科总论性质的科学。

纵观人类知识发展史，人文科学曾包容全部的关于人与社会的知识，社会科学则是 19 世纪才从人文科学的母体中独立发展出的知识体系。

（二）人文素质教育与人文主义的渊源

通常所讲的人文教育与西方人文主义所开创的从人性论出发而倡导的以人为中心，歌颂人的价值和力量，要求自由平等和个性解放，提倡以培养身心健康、知识广博、多才多艺的新人为教育理想的进步思潮和世界观有直接的渊源关系。西方人文主义又被称为人本主义，是指重视人的价值，注重对人的个性的关怀，强调维护人性尊严，提倡宽容，推崇人的感性经验和理性思维，反对暴力，要求个性解放，主张自由平等和自我价值的体现。史学界一般将 14 到 16 世纪西方新兴资产阶级反封建的思想文化和社会上的变化称为文艺复兴，将教育上的变化运动称为人文主义。

文艺复兴思潮肯定人的现实价值和幸福，冲破了欧洲中世纪的宗教禁欲和蒙昧主义思想，解放神权束缚中的人。这虽然是重要的人文主义思潮，但并非人文主义的全部，人文主义思潮还有“作为现代化科技工商主义对立面的人文主义”的一面。它着眼于对人类的反思，审视都市文明和工业化，将人从单纯追求世俗化个人幸福的局限性中解脱出来，着眼于全面、和谐、可持续的发展观。我国人文知识分子在20世纪90年代中期所进行的“人文精神大讨论”就是该类人文主义的一种体现。作为现实中人，正当的世俗化欲望满足有助于幸福感的实现，也体现着人的价值和尊严，但过度的世俗化、物质与幸福并非简单的比例关系。人文主义的价值就是沟通物质、欲望的形而下和精神、修养之间的形而上之间的桥梁。

当前我国处在社会物质发展的高速时期，不可避免地会出现各种各样的不良现象，因此，只有树立以文为本的价值观念才能经受得住各种物欲诱惑，做自我精神的主人。

（三）人文素质教育是精神成人的教育

教育归根到底是关于人的教育。我们需要持久且认真地思考：怎么做人，做怎样的人，怎样才能成为一个有独立精神和思想的现代公民……每个人来到这个世界，首先是要做人、立人。大学教育不能仅仅是培训式的教育，无视人的全面发展，强化人的片面发展和短期功利。人文素质教育是以全人教育为理念，力求通过德、智、体等多方面的教育，使人的身心全面而协调地发展，使人成为真正的人并实现人的全面价值，培养完整的人，而不是“机器人”。

二、人文精神的日常性

人文精神从20世纪80年代经过“人文精神大讨论”后家喻户晓。有学者认为人文精神带有宗教立脚点的经验，也有人认为：“人文精神是对人的存在的思考，对人的价值、人的生存意义的关注，是对人的命运、人的痛苦和解脱的思考与探索……属于人的‘终极关怀’，显示了人的终极价值。”人文精神作为一种普世关怀和内在精神品格，表现为对人的尊严、价值、命运的维护、追求和关切，对人类精神文化现象的高度珍视，对理想人格的肯定和塑造，是凡人也能达到的精神超越。“它的根基是每个人的现实世界，人文精神必须包含对普通人的生活、命运、境遇的关注，对贫穷、愚昧和一切丑恶的损害人的尊严的行为的抗议和批判。将普通人排除在人文精神的关注之外，已经悖离了人文精神应有的情怀。”［高瑞泉、袁进等《人文精神寻踪》，《读书》，1994（4）］

我国处在社会主义市场经济的初级阶段，制度规约和管理体制尚未完全适应快速的社会变革，目前社会时而存在着一种重功利轻道德、重竞争轻和谐、重科技轻人文的现象。在教育领域也出现类似的现象：重技能，轻人文；重知识传授，轻知识整合；重平均发展，轻个性发展；重科技，轻人文；重专业，轻教养。高校大学生中间不道德、不文明的行为时有发生，人格教育、品格塑造亟须加强。

历史与人文在物质主义的社会极易被淹没，这也正彰显了人文历史精神的可贵性。“现实生活日新月异，人们都在向前匆匆赶路，有人突然慢下来。周围的人全都迷惑不解或不屑，那人一笑：走得太快，灵魂落在了后面，我要等等它。”社会的飞速发展有时的确让我们忘记为什么而生存，我们不得不在某些时候慢下来，寻找自己的灵魂。历史则是我们集体的灵魂栖息地。这时候，我们需要一颗去除功利的自由心境，平和、淡泊、致远，让自己沉潜在史书中，“泛览周王传，流观山海图”进入到历史的深处，生活的深处，人性的深处，从而获得更高的人生境界。这种学习是一种对心灵的洁净和人性的升华，宋代名士黄庭坚曾这样说：“三日不读《汉书》，便觉俗气逼人，照镜，则面目可憎；对人，亦语言无味也。”只要你与历史真情对话，那悠悠千载的文明智慧便会流淌在你的心间。

三、在历史的星空下学习关怀人自身

所谓人文关怀，即让人回归人本身，解放其思想，张扬其个性，把以人为本、人人平等、尊重智慧、陶冶情感、善待生命的人文主义价值观转化为人类的内在品质和精神素养。那么，历史是如何体现对现实的人文精神产生作用的呢？

历史常识不是孤立存在的，它与人文精神交叉互渗。历史承载着人类的思索。比如在我国的历史中有个著名的说法叫“经世致用”。这个大家耳熟能详的词汇是通过一系列的历史事件和众多历史人物的践行才留下的可贵的精神遗产。

“修身齐家治国平天下”被古代知识分子认为是做人的追求。其中“平天下”是最高的理想，就是要拯救地球，让全人类都能过太平盛世。这个观念在中国源远流长，“经世致用”就是这种思想的重要形式。“经世”即治理国事、经国济世，强调每个人都要有远大的理想抱负，志存高远，胸怀天下，侧重“形而上”精神层面；“致用”即付诸实用、“学用结合”，强调要理论联系实际，脚踏实地，注重实效，侧重“形而下”操作。这和我们高职教育的理念息息相通。“经世致用”通常被认为起源于明清之际著名思想家顾炎武、王夫之

等人的学说。他们把宋朝灭亡的原因归为“空谈误国”，因而力倡学以致用的务实精神，以关注社会、关注民生为着力点，“以实为宗”，注重人文精神与社会实践的结合。他们在对古代典籍的重新解读中发挥自己的社会政治见解，活学活用，施之于社会改革。这与我国在七八十年代兴起的实践与真理大讨论、人文精神大讨论何其相似。

历史沟通了过去、现在和未来，读史明智。如当今网络作家如过江之鲫然而却只能各领风骚三两天。这是什么原因呢？顾炎武的《日知录》可能告诉我们答案：“所以然者，其视成书太易，而急于求名故也。”把写书看得太容易并急于追求名声，太容易得到的最后更容易失去。

历史教会我们明辨是非、尊重每个个体的生命价值。历史会告诉大家，我们从哪里来？我们过去是什么样子？现在为什么会是这个样子？未来该怎么走？人类的文明是一步步争取来的，可能会出现迂回曲折，但总是会向着更加开放、民主、自由的方向迈进的。

孔子被奉为至圣先师、千古圣人、万世师表，其人格、言行千古传颂，古代的小孩进学堂第一个要拜的就是孔子。孔子是贵族后裔却有教无类，首设平民学校将贵族的学习特权还给民间，他广学博闻，精通六艺，私人讲学，桃李天下；他提出“礼”、“仁”思想，敬信爱人；他“述而不作”、整理六经，开创千年文教传统。最为世人记忆犹新的是“五四”运动中打倒“孔家店”，提倡“德先生”、“赛先生”。毛泽东说，凡属主张尊孔读经、提倡旧礼教旧思想、反对新文化的人们，都是这类文化的代表。这类反动文化是替帝国主义和封建阶级服务的，是应该被打倒的东西。不把这类东西打倒，什么新文化都是建立不起来的。不破不立，不塞不流，不止不行，它们之间的斗争是生死斗争。“五四”运动自然是中华民族历史上一次突破几千年来的封建伦理、封建道德束缚的伟大的思想解放运动和启蒙运动，打开了中国走上现代化之门。

因而，历史可以帮助人们去除狂热回归理性。就对待“孔子热”而言，我们大可不必盲目崇拜或一棍子打死，理应一分为二、冷静对待、科学分析、取其精华。孔子的有教无类、启发式教学等方法至今仍让人受益。但其很多政治观念已远离时代却仍发挥着消极的影响。比如《论语》中“学而优则仕”思想影响了中国的官本位思想，“唯官为上”，以致尊重人、平等待人的人文关怀长期得不到很好的实行。

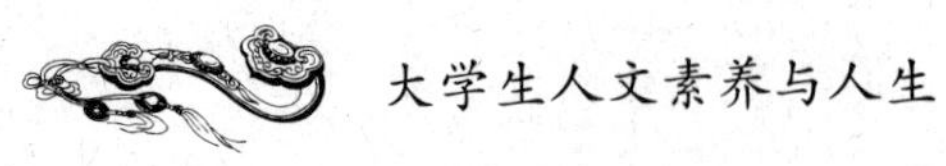

四、职业教育与人文历史教育

肩负着培养学生人文精神，使其在认识世界、做人处事、修养素质等方面有所提高的历史教育，不是简单的历史知识的堆砌，而是一种人性化的濡染，通过对人类历史长河的体认和重构，形成一种独特的人文气质。这种人文气质是高职教育的精神核心、灵魂之所。随着高职教育的发展，过去单一的“培训车间”、“知识工厂”已不能满足时代的需求，高职生不仅应该是技能型人才，而且必须具有较高的素质，而素质的养成就需要形成高职独特的素质教育体系，人文素质教育无疑是高职教育最核心的基本素质。教育部印发的《关于全面提高高等职业教育教学质量的若干意见》中明确指出高等职业院校要坚持育人为本、德育为先，把立德树人作为根本任务。要把社会主义核心价值体系融入到高等职业教育人才培养的全过程中，要高度重视学生的职业道德教育和法制教育，重视培养学生的诚信品质、敬业精神和责任意识、遵纪守法意识，培养出一批高素质的技能型人才。要针对高等职业院校学生的特点，培养学生的社会适应性，教育学生树立终身学习理念，提高学习能力，学会交流沟通和团队协作，提高学生的实践能力、创造能力、就业能力和创业能力，培养德、智、体、美全面发展的社会主义建设者和接班人。要实现这些教育目标必须将人文教育贯穿于整个高职教育始终。

通常的人文指文、史、哲，有知识和精神两个层面。在信息爆炸的时代中，我们高职人文教育更加注重的是在知识的陶冶中形成稳固的思维结构和精神风貌。高等职业教育是建构在知识和技能层面的，操纵机器而不被机器操纵，驾驭知识而不做知识的奴隶，这需要我们的情感、意志和对生活的热爱，大而言之，就是要我们有社会理想、价值判断和精神追求。我们不能数典忘祖，人类文明、普世价值、精神文化在以高素质为培育目标的高职院校中理应得到更好的传承和发扬，形成技能与素质相得益彰、特色鲜明、充满活力的精神风貌和素质结构。在我国古代就已经懂得了“人文”与“技术”的密不可分。《老子》中的“为学”、“为道”，《庄子》中的“知道”、“体道”，孔子的“礼乐教化”，都是讲如何培养人的心性、道德、情操、信仰、审美情趣、修养等人文气质的。西方更是如此。

今天的人文精神的内涵已相当丰实，它以人作为一切价值标准，以人道情怀、公正平等、民主宽容、尊重事实、尊重人的自由和尊严等为观念共识，拷问人的存在的意义，关怀每个个体的生存道德和生命价值。历史教育的本质是

人学，是一种特殊的“人学”，人既是手段又是目的，既需要生存又需要生活，既需要生命又需要尊严。因而，虚高的GDP和有待倍增的劳动报酬并不能解决社会问题，每个人还需要有梦想有追求有尊严地生活，进而超越现实，高扬理想人格，建立个性解放、自由、平等、和谐的人际关系，给别人给自己更多的关怀。

科技越进步，人类征服、改造自然的力量越强，越需要人文道德的指导、人文关怀的关照、价值规范的约束。因而，现代社会必须建立现代的人文与历史精神体系，为这个飞速“异化”、追求“娱乐至死”、推崇偶然的非理性的时代寻找人类终极关怀的栖息地，为人类建立稳固的精神家园。

人文精神对于大学生的指导意义更是如此。如何学会更人性地生活，学会辨识美丑善恶，摈弃庸俗和无聊，有情感有主张，将生存之技与生活之道有机合一，这是每个大学生都要探索的心路历程。它不与知识的累积成正比，也非朝夕之功，全在日有所进、渐次浸淫、躬行笃行。高职教育不是教育的终结，却是独立生活的起步。高职时期养成的学习、生活方式影响你一生的习惯，人文历史修养作为一面镜子或者一座丰碑让你找到生活的时空坐标，找到伟大的方向和永恒的价值之所。

第三节　璀璨多姿的广东史

一、广东历史文化溯源

广东地处中原的南方，古史称为“南蛮”，据传古代主要是百越族聚居地，故被称为粤。广东历史悠久，早在十万年前曲江“马坝人”就已在此繁衍生息。省会广州在周夷王八年（公元前878）建有“楚庭”，建城距今已有两千多年的历史。相对于中原地区，广东开发较晚，唐代后，随着大庾岭路及通海夷道等交通的不断开通，北方移民的迁移与开发，岭南发展加快。到宋代，广东迎来大开发时期。明代，广东的生产力水平已赶上长江和黄河流域，跨进了全国经济先进地区的行列。清末，我国第一家民族工业南禾昌隆缫丝厂的开办标志着广东成为中国现代工业和民族工业发源地之一。

在秦之前，中国各民族及地区以分布方位被命名为东夷、南蛮、西戎、北

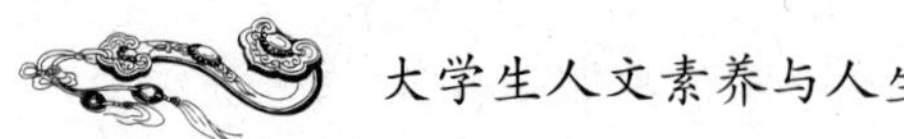

狄、中华。“南蛮”是对长江以南各民族的统称，不仅是广东，浙江、江苏、江西、湖北、湖南、贵州、云南、四川等地都曾有蛮族居住。南蛮作为贬义词始于文化的误解和隔阂，南方文化和中原文化最早的分歧始于语言的迥异。在孟子的著作中有“南蛮鴃舌之人”，讲的是孟子不喜欢一个叫许行的楚国人，讥讽他说话像伯劳鸟那样让人听不懂，楚国当时就是“南蛮”。正是由于语言不通，广东又处在五岭之南，交通阻断，与中原正统文化隔绝，所以出现了文化误解。事实上，岭南文化有着独特的魅力，在中国文化体系中有着独特的地位和贡献。

岭南是中华文明起源地之一。“马坝人”化石的发现，证明广东岭南文化可上溯至13万年前的原始社会，而且与中原文化的进化几乎同步，岭南古居民与中原地区的居民差不多同步进入母系氏族社会和父系氏族社会。秦汉之后，岭南文化加速与中原文化融合，虽然在父系氏族社会和封建社会早期，岭南的经济发展缓慢，但明代中叶以后，特别是明末清初，岭南的经济文化不仅发展迅速，而且逐渐走在全国前列，出现了雇佣劳动，形成早期的资本主义的生产关系，许多企业成为全国同行业中第一家民族资本主义工商企业。在清政府实施海禁后，广州是全国唯一的对外通商口岸。经济发展，带来了学术思想文化和科技文化的发展。西风东渐，岭南文化在百年中新思想、新理论层出不穷，在全国文化界独占鳌头。岭南文化向内地辐射、潜移，成为一种富有特色的交汇文化。

在文化的交流碰撞中，广东成为中国近代革命思想的摇篮。从朱次琦、陈澧、洪秀全对西方思想的改造，到郑观应、容闳、何启、胡礼垣、黄遵宪对外来文化的改良；从康有为、梁启超对资产阶级维新理论的阐发导致维新思潮风行天下、变法运动轰轰烈烈，到孙中山、朱执信的民主革命学说由思想变为现实，广东岭南文化引领中国近代航船的方向。

广东有历史悠久而又独具特色的文化，主要有广府文化、客家文化、潮汕文化三大块。

广府文化。指以广州为核心、以珠江三角洲为通行范围的粤语文化。它从属于岭南文化，但个性最鲜明、影响最大。广府民系分布在西江、北江流域及珠江三角洲等开发最早的地区。两宋以后，珠江三角洲的开发已初具规模；明代，珠江三角洲成为岭南著名的粮食和多种经济作物的生产基地；明代后期，珠江三角洲农业生产商品化倾向日渐明显，成为岭南最活跃、最具商品意识、最富有反传统精神的地区；19世纪末珠江三角洲一带兴起广东最早的近代工业新兴产业。广府文化最具开放性，敢于探索和尝试，视野宽广，思路开阔，精

明能干，商品意识和价值观念较强。由于最早受近代西方先进文化思想的影响，加之强悍的性格和冒险、创新的气质，在中国近代史上，广府地区涌现了一批敢为天下人先的精英。广府文化在各个领域中常被作为粤文化的代称。如广州话称为“粤语”；广州戏剧音乐分别称为“粤剧”、“粤曲”；“粤菜”常指广州菜。广府文化的节俗主要有从南汉始的除夕花市、番禺的飘色游艺活动、生菜会、波罗诞、郑仙诞、金花诞、何仙姑诞、日娘诞、盘古王母诞、鱼花诞、田了节、龙母诞等。婚姻习俗上，有不落夫家和自梳女的风俗。

潮汕文化。以汕头、潮州、揭阳三市为中心，经古代潮州土著文化、中原文化和海外文化相融合而逐渐形成的潮汕文化，是汉文化的分支。潮汕族群（福佬）形成于宋元，受闽人出仕潮州的影响，普遍重视教育，风俗也与闽南相趋近。潮汕文化具有民间性、兼容性、精细性、开拓性等特点。主要的特色文化活动和习俗有潮剧、潮州音乐、潮汕民俗、潮汕民间文学、潮阳英歌舞、潮菜、潮州工夫茶、潮州木雕、石雕和美术陶瓷。广济桥以其一十八梭船、二十四洲的独特风格与赵州桥、洛阳桥、卢沟桥并称“中国四大古桥”。“到广不到潮，枉费走一遭。到潮不到桥，白白走一场。”这“桥”说的就是广济桥。

客家文化。广东客家民系和文化的形成与五次汉人大迁徙关系密切。客家文化研究专家罗香林最早提出“客家五次大迁徙”：公元 317 年到 879 年为第一次，受五胡乱华影响，中原人迁至鄂豫南部、皖赣沿长江南北岸，以至赣江上下游；公元 880 年到 1126 年为第二次，唐末黄巾起义，“群雄争中土，黎庶走南疆”，在黄河流域的大批汉族民众，迁往皖南及赣之东南，闽之西南，以至粤之东北边界；1127 年到 1644 年为第三次，宋高宗南渡，受金人南下元人入主的影响，客家先民一部分，又由闽赣分迁至粤东、粤北；1645 年到 1867 年为第四次，明末清初，受清兵入闽、清人南下的影响，客家人的一部分，由第二、第三时期旧居，分迁至粤中及滨海地区；1867 年以后为第五次，自同治间，受广东西路事件及太平天国事件之影响，一部分客家人迁至广东南路与海南岛等。客家民系形成的时间在明代中期，以闽粤赣山区为大本营。客家文化的主要特点是：以中原文化为主体，表现为强烈的寻根意识和乡土情结；崇尚宗法秩序，具有朴素的宗法地缘团体主义精神；勤劳朴实、坚忍不拔、节俭务实。在广东的饶平县北部、潮安县和揭东县西北部、揭西县东部中部和西部、普宁市西部、惠来县西北部、潮南区西南部、潮阳区金玉镇西部，以及梅州市丰顺县汤坑等地的客家人又被称为半山客。

广东三大文化共同构成了广东丰富多彩、千姿百态的历史文化基础，形成了广东人务实、宽容、勤勉、勇于闯荡冒险的精神风貌，构成了独具特色的岭

南文化。

二、沟通中西的商贸传统

（一）海上丝绸之路的始发地

我国是最早养蚕织丝的国家，丝织品通过陆路和海路传播成为对外贸易和文化交流的象征物，因此，历史学家将我国古代的对外贸易文化交流的通道称为“丝绸之路”。

海上通道在隋唐时运送的主要物品是丝绸，所以，通过水路的贸易和文化通道就称为“海上丝绸之路”。海上丝绸之路比陆上丝绸之路的历史更为悠久。该路主要以南海为中心，起点主要是广州，所以又称为“南海丝绸之路”。到了宋元时期，瓷器渐渐成为主要的出口货物，因此，水路贸易通道又被称为“海上陶瓷之路”。同时，由于输入的商品历来主要是香料，因此也被称作“海上香料之路”。海上丝绸之路形成于秦汉时期，发展于三国隋朝时期，繁盛于唐宋时期，转变于明清时期，是已知的最古老的海上航线。海上丝绸之路主要有东海起航线和南海起航线两条主线路。东海起航线约始自公元前 1112 年，周武王遣使者从山东半岛的渤海湾东渡朝鲜传授田蚕织作技术。战国时，齐、燕、赵等国人民为避苦役不断泛海赴朝，加速了丝织业在朝鲜的传播。

广东地区海岸线辽阔，早在先秦时期，与东南亚就已经有了经济交往。随着航海技术的发展，慢慢形成了一条著名的“海上丝绸之路”。这条海路从东南沿海特别是广州、徐闻、交州（今越南北部）等地区出发，循中南半岛沿海，穿过马六甲海峡，进入印度洋沿岸和波斯湾地区，与陆上丝绸之路殊途同归。

据史料记载，海上丝绸之路最早产生于汉朝，公元前 111 年，汉武帝平南越后打通了直通南海诸国的海上通道，最远到达南亚次大陆南端（今天的斯里兰卡等地）进行官方贸易，这标志着西汉初年我国与印度洋之间的航线开辟，联结东西方世界的海洋航路正式对接。汉朝的海上交通已经很发达，从徐闻、合浦等地乘船，沿海岸线 5 个月可到达马来半岛，9 个月可抵达泰国西海岸，10 个月到达缅甸西南部，一年就能达黄支国（今东印度康契普纳姆）。“黄支国，汉时通焉。合浦、日南之南三万里，俗略与珠崖相类。自武帝以来皆献见，有明珠、玉璧、琉璃、奇石、异物。大珠至围二寸以下，而至圆者，置之平地，终日不停。”（唐杜佑撰《通典》卷一百八十八）。公元 281 年，罗马派使臣出

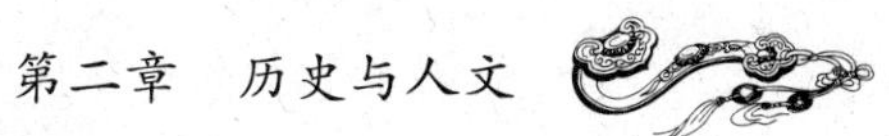

使经海路来到广州。

隋唐时期，西域战火不断，陆上丝绸之路被战争所阻断，海上贸易得到较大发展。当时造船技术高度发展，罗盘针的发明，我国通往东南亚、马六甲海峡、印度洋、红海，及至非洲大陆的航路的纷纷开通与延伸，中国、印度、波斯、阿拉伯各国商船经常往来于南洋和印度洋之间，频繁地进行航海贸易，海上丝绸之路成为我国对外交往的主要通道，广州也因之成为唐宋时期中国的第一大港、世界闻名的东方港市。

公元七八世纪，是我国的盛唐时期，中国与拜占庭帝国、阿拉伯帝国并立为世界三大强国。大约在 7 世纪 60 年代，唐朝开始在国内最大的海港汉府（今广州）派遣市舶使，专门主持与南海诸国间的贸易事务，并设置专门机构“市舶使院”，接待外国使节。市舶使主要职责是管理海外各国从海路“朝贡”事务，接待海外使节，护送使臣、贡物去长安；管理贸易与税收，从进口货物中征购官府所需商品，以及对商船征收进口货物税。市舶使由岭南地方长官或宦官担任。

当时的广州是唯一设置市舶使的港口，也是商业最为繁华的国际贸易中心，是“阿拉伯人货物和中国货物的集散地”。据阿拉伯古籍记载，广州是“阿拉伯商人的荟萃之地”，“尸罗夫商人聚集之地”。美国汉学家谢弗（E. H. Schafer）说：“南方所有的城市以及外国人聚居的所有乡镇，没有一处比广州这一巨大的海港更加繁荣的地方，阿拉伯人将广州称作‘Khanfu’，印度人则将广州称作‘China’。”（谢弗著、吴立费译《唐代的外来文明》）

如果在八九世纪从广州坐上远洋的航船，可以到达 90 余个国家和地区。这条当时世界上最长的远洋航线穿越南海、马六甲海峡，进入印度洋、波斯湾，再沿波斯湾西海岸航行，出霍尔木兹海峡，可以进入阿曼湾、亚丁湾和东非海岸，航期 89 天。这条航线是东西方最重要的海上交通线，因而在当时称为“广州通海夷道”，这也是我国海上丝绸之路的最早叫法。通过这条海道输出的主要有丝绸、瓷器、茶叶和铜铁器，往回输入的主要是珠宝、香料、花草等一些供宫廷赏玩的奢侈品。这种状况一直延续到宋元时期。

唐天宝初年，为加强对外国商民聚居区的管理，广州设置“蕃坊”，委任蕃客大首领自治，管理贸易、宗教、司法等事务。

宋朝鼓励海外贸易，设置并逐步完善市舶司，派遣使臣招徕海外商客，形成粤、闽、浙“三路市舶”，海上丝绸之路的发展进入鼎盛阶段。北宋时期，广州仍然是全国最大的外贸港口，在当时全国外贸中的地位举足轻重。宋朝末年，广南地区战火纷繁，广东对外贸易受到重创。元朝中后期，广州的海上贸易地位得到恢复，与世界上 140 多个国家和地区有贸易往来。约 1322 年，意大利旅行家鄂多立克经海路登广州，他立即被广州的繁荣和港口众多的船只所震惊，称广州是“一个比威尼斯大三倍的城市，整个意大利都没有这个城的船只多”。元代时，广州的中国第一大港的地位被泉州所取代，位居第二大港，依然是海上丝绸之路的重要起点。

明初郑和下西洋，海上丝绸之路发展到了巅峰状态。郑和之后的明清两代政府为控制对外贸易和防范海外势力入侵，对民间的海上贸易时禁时开。清朝初年，东南沿海的反清势力仍然十分强大，统治者担心内地人民出海与明末抗清志士勾结，采取海禁政策，严禁沿海商民通商海外，还在广东、福建、浙江、江南、山东实施“迁界”，沿海居民内迁 30～50 里，尽烧民居船只，片板不许下海，海外贸易受到压制。由于国内外的强烈反对，清政府开放广州“一口通商”。乾隆四十九年（1784），美国的“中国皇后”号访粤，标志着美国直达广州航线的开通。清朝“海禁”、“闭关政策”在东南沿海的民间引发倭寇和海盗盛行，武装走私和抢劫成风，同时，在国与国的贸易中导致西方国家巨额贸易逆差。英国等国为追逐高额利润非法大规模向中国倾销鸦片，最终引爆了 1840 年开始的鸦片战争。这条曾为东西方交往做出巨大贡献的海上丝绸之路，也随之消亡了。

（二）清朝“外贸特区”十三行

2001 年，美国《华尔街日报》统计了 1 000 年来世界上最富有的 50 个人，中国的成吉思汗、忽必烈、刘瑾、和珅、伍秉鉴和宋子文等六人入选。其中，广州十三行行商首领伍秉鉴是唯一凭借商业贸易成为世界首富的中国人。以十三行为代表的广东行商与两淮盐商、山西晋商并列为清代三大商业群体。

明朝以降，清政府虽然实行了“时开时禁，以禁为主”的贸易政策，但是广州作为对外交流的窗口，即使在禁海期间，也没有完全断绝同国外的贸易往来。为保证封建大一统的政治秩序、顺应商人团队经济发展的要求，清政府设立粤海关，专门管理进出口贸易和关税征缴。粤海关作为政府机关直属中央管理，不参与具体的贸易活动，所有的对外进出口贸易活动交由官府组织和指定一些商人专管。这是广东十三行商人出现的重要背景。

随着对外贸易逐渐形成一定的规模，为防止行商内部倾轧排挤、保证相对公平，广东慢慢形成一个组织较为严密的外贸协会——行商。《粤海关志》记述：“设关之初，番舶入市者，仅二十余柁，至则劳以牛酒，令牙行主之，沿明之习，命曰十三行。”封建市场中出现了专门为买卖双方介绍交易、评定商品质

量、价格的居间行商即牙行。十三行的形成就是由广东官府指定十三家较有实力的牙行经纪人与外商交易并代海关征缴关税。1686 年，广东十三行正式设立，虽然在不同的历史时期，洋行数目并不是由 13 家固定不变，而是从 4 家到 26 家变动不定，但“十三行”成为这个商人群体约定俗成的称谓。

“十三行”本质上是封建政府特许设立的带有官商性质的对外贸易的垄断机构。它既是一个经济体，垄断由广州进出口货物的承销权和定价权，又是具有一定外交权的政府管理部门，负责贸易税收、商船进出口的管理和服务，管束外商和外国船员，贯彻政府政策法令，办理中外交涉等事宜。十三行行商垄断的对外贸易，控制了大部分重要的进出口货物的销售，如茶叶、丝绸、瓷器、大黄、白铅等。广州“一口通商”后，十三行曾一度分为三部分：外洋行，专门负责来粤外商进出口贸易；本港行，负责暹罗贡舶及南洋贸易；福潮行，经营福建、潮州内地贸易。清政府规定外商只能与公行行商交易，不能借贷银两与内地行栈商人，不能雇用中国仆役等法规。外商基本贸易活动主要由行商承揽，不准和中国的商人直接交易。

到 1757 年，即乾隆下令“一口通商”之年，“十三行”达到鼎盛时期，市场遍及亚洲、欧洲、美洲的主要国家和地区。此后的近 85 年间，广州十三行成为清朝唯一合法的外贸特区，垄断中国与世界的整个对外贸易。十三行行商将其获利的一部分，以进贡和捐献的形式，转入清帝和地方官僚手里，向清朝政府提供了 40% 的关税收入，使粤海关成为名副其实的“金山珠海，天子南库”。明末清初诗人屈大均《广州竹枝词》形容：“洋船争出是官商，十字门开向二洋。五丝八丝广缎好，银钱堆满十三行。”

广州十三行

广州的商馆

“粤东十三家洋行，家家金珠论斗量。”十三行产生了诸多有名的洋行，其中以潘启官、卢观恒、伍秉鉴、叶上林创办的同文行、广利行、怡和行、义成行最为著名。

然而由于受清政府和地方政府、粤海关的层层盘剥，半官半商的十三行行商实际上沦为清朝统治者用来和外商贸易的工具，以此满足他们政治经济上的诸多诉求。行商的这种没有经济自由的傀儡官商身份使他们处处受到束缚和过多的牵制，背负着外贸、管理、外交的职责，周旋于官府、外商、华商之间，疲于应对，不堪重负。乾隆中后期，由于东印度公司等外商和中国散商对行商垄断定价权的抵制，导致十三行丧失了议价的主导权，无法在对外贸易中获取高额利润。保商制度让他们陷入向外商借贷的恶性循环中无法摆脱，行商们无可避免地一步步走向衰亡。1840年的鸦片战争，使广东对外贸易被不平等条约控制，英、日、德等西方列强所操纵的外商洋行取代了行商制度，完全控制和垄断了进出口贸易的具体业务。“五口通商”取代了“一口通商”，全国对外贸易中心逐渐移至上海。至清末，作为广东外贸中心的广州港的进出口货值更降至10.04%。

19世纪世界首富怡和商行伍秉鉴

广州十三行商人办学助教、编书刻帖，促进了岭南教育事业的发展和先进文化思想的传播，有助于岭南文献的传承和岭南文化的发展。十三行作为外贸

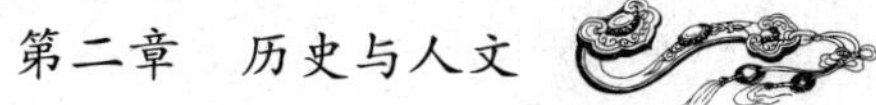

活动的主体促进了中外文化的交汇与碰撞，在天文、医学、绘画、军事上都有客观的推动作用。

三、岭南名人辈出

广东名人辈出，汉朝杨孚以《南裔异物志》问鼎中国第一部地区性的物产专著；唐朝张九龄以“后出词人之冠”而独步中原；六祖慧能“直指人心，见性成佛”开创佛教的中国化，与孔子、老子并列为“东方三圣人”。

自宋以降，岭南“自蛮夷一变为神州”，余靖、崔与之开启广东务实求真的为学为政之风；心学大师陈献章道传孔孟三千载，独树一帜，有“岭南一人”之誉；屈大均、陈恭尹和梁佩兰在清代初年诗作拔萃，赢得“尚得昔贤雄直气，岭南犹似胜江南”美称。

近代的广东领风气之先，叱咤风云的思想家、政治家如雨后春笋。洪秀全、丁日昌、容闳、张弼士、郑观应、黄遵宪、邓世昌、康有为、詹天佑、孙中山、梁启超、廖仲恺、高剑父……一个个闪光的名字推动着中国近现代的历史进程。下面举一些名人的具体事例。

（一）冼夫人

谯国夫人冼氏，原名冼珍，生活于梁、陈、隋三个朝代，广东高凉（今广东高州）人，南越杰出的女领袖和军事家。明人陈鉴在《古今著名妇女人物》中称其“文谋武略，总管十州，历仕三朝，无有二心，擅古今女将第一”。被岭南老百姓称为“圣母”，海南人民敬称她为“南天一柱”、“圣祖母”。

冼氏世代为岭南十几万户的部族首领，跨据广东恩平、阳江一带山区。冼夫人生于梁武帝初年，自幼追随父兄经历过多次部族械斗，文韬武略习于一身，深得同族的器重和信赖。嫁与南梁宋康郡公高凉太守冯宝，辅佐冯宝平息了广东原住民与北方人士的冲突，使地方政府和部族间的关系缓和；引海南岛各族部落归附梁朝，并设立崖州，使海南岛再次成为古代中国中央王朝设立的正式政区。

南梁侯景之乱时，冼夫人率兵击破高州刺史；陈朝初，镇压广州刺史欧阳纥之乱，获册封为中郎将、石龙太夫人；陈灭后，冼夫人率子孙归附隋朝。隋文帝大表赞赏，追赠冯宝为广州总管、谯国公，册封冼夫人为谯国夫人。隋朝还允许谯国夫人开创幕府，自由任命长吏及下属官员，给予印章，可以调动南越族各部及岭南六州兵马。

番州总管赵讷横征暴敛使南越诸俚獠叛乱，冼夫人提出安抚之法，先令贪官伏法，而后亲自带着隋文帝诏书遍历十余州，劝谕俚獠各部，平息叛乱。冼夫人后率广东境内的大部分俚人（汉化不深的南越族人）陆续融入汉族，成为汉族的组成部分。周恩来总理曾赞誉冼夫人为“中国历史上第一位巾帼英雄”。

（二）洪秀全

洪秀全（1814—1864），原名洪仁坤，小名火秀，生于耕读世家，从小聪明自负，熟读四书五经，三次乡试不中。1837 年，因乡试落选重病昏迷，痊愈后，声称梦见天父耶和华着黑袍，于梦境赐宝剑并帮他改名为“洪秀全”。

洪秀全把自己大病时的梦境与广州应试时收到的基督徒发的《劝世良言》一书对比后认为自己受上帝之命下凡诛妖，于是改信基督教。此后，洪秀全自称耶稣之弟下凡人间替天行道，借鉴基督教教义撰写《百正歌》、《原道救世歌》、《原道醒世训》、《原道觉世训》等著作，创立了“拜上帝教”，奠定了太平天国的思想基础。1847 年 8 月洪秀全在广西桂平县建立拜上帝会总机关。1851 年 1 月 11 日，他率会众在广西桂平县金田村起义，随后建号太平天国。后颁布《太平礼制》、《天历》，奠定了太平天国的政权模式。1852 年太平军占领两湖。翌年，攻占南京，改称天京，并定都于此。

定都后，洪秀全不理朝政，生活奢靡，与东王杨秀清的矛盾日渐加深。

1856 年，太平天国内讧，北王韦昌辉、燕王秦日纲与东王杨秀清先后被诛杀，史称天京事变。1857 年石达开亦带领大军出走。太平天国开始走下坡路。1862 年，清政府与英法联军镇压太平天国。1864 年 6 月 1 日，洪秀全病逝，不久天京陷落，太平天国灭亡。

（三）孙中山

孙中山（1866—1925），名文，字载之，号日新，又号逸仙，广东香山县翠亨村人。其出身贫寒，对农民疾苦有着切肤之痛。1878 年，孙中山到檀香山投靠其兄孙眉，其后进入意奥兰尼书院并获夏威夷王国国王亲颁英文文法优胜奖。1883 年 7 月回国。因与同村好友陆皓东捣毁村里菩萨塑像，被迫出走香港。1886 年，孙中山入广州博济医院附设南华医学堂学医。次年转学香港西医书院。1892 年毕业后在广州、澳门行医并开设药房。此时的孙中山因批评国事、常谈革命被当时的广州人称为“四大寇”之一。

中法战争爆发后，香港、广州等地反帝斗争风起云涌，孙中山的革命思想日益坚定。在与一批反清革命志士，如三合会会员郑士良及陈少白、杨鹤龄、尤列等人的交往中，他逐渐产生了抛弃医人生涯，从事医国事业的想法。孙中山起初抱着改良政治的思想，他北上天津、北京，上书李鸿章万言书，渐次失败后，觉悟到北京“政治之龌龊，百倍于广州”，“和平之法无可复施”。

1894 年 11 月 24 日，孙中山在其兄孙眉的赞助下在檀香山创建了中国第一个资产阶级革命团体——兴中会，提出以“振兴中华，挽救危局”为宗旨，以“驱除鞑虏，恢复中华，创立合众政府”为革命理想。兴中会吸纳了何宽、刘祥、邓荫南、李昌、孙眉、杨文纳、杨德初等 130 余广东籍华侨中的先进分子。兴中会的成立，标志着中国资产阶级民主革命的开始。

1895 年 2 月 21 日，孙中山在香港中环士丹顿街 13 号成立香港兴中会总部，其后又在广州等地建立分会，入会者“较香港尤为踊跃”。

此时，日本侵略军深入辽东，攻陷威海卫，清政府的腐败无能、投降卖国，使国内人心激愤。1895 年 3 月 16 日，兴中会决定任孙中山为前敌指挥，杨衢云主持后方支援，以青天白日旗为军旗，于乙未（1895）年重阳节发动广州起义。

孙中山进入广州，以农学会为机关，准备起义。可是由于武器运输延迟，起义泄密，40 多人被捕，以陆皓东为首的多数成员英勇就义，起义失败。孙中山剪掉辫子，改穿西服避往日本，后转赴美国在华侨中发展兴中会及筹款。

1896 年秋，孙中山在伦敦被清廷捕快暗中非法拘留，拟秘密押送回国处决。消息曝光后，这一事件成为国际事件，孙中山经英国人康德黎营救脱险后名声大噪。1897 年，孙中山结识了宫崎寅藏、平山周、犬养毅等日本军政、帮会要人。1900 年孙中山借八国联军侵华之机联系两广总督李鸿章筹划南方诸省独立，无奈无疾而终。惠州起义失败后，孙中山在日本青山开办革命军事学校，提出“驱除鞑虏，恢复中华，创立民国，平均地权”的革命口号。

1905 年 8 月，兴中会与黄兴、宋教仁等人的华兴会，蔡元培、章炳麟与吴敬恒等人的爱国学社，张继的青年会等组织一起，在日本东京成立了中国同盟会。孙中山被推为同盟会总理，确定了“驱除鞑虏，恢复中华，建立民国，平均地权”的革命政纲。在其机关报《民报》的发刊词中，孙中山首次提出“三民主义”学说，将创立“中华民国”，制定“军法之治、约法之治、宪法之治”三道程序。

武昌起义后革命势力呈现多头马车的情形，革命军被北洋军接连击败后，孙中山决定与北洋军的统帅袁世凯和谈。最后孙与袁达成协议：袁世凯接任临时大总统，迫使清朝皇帝退位。

1912 年 2 月 12 日，清帝溥仪发布《退位诏书》，“中华民国”成立。4 月 1 日孙中山辞去临时大总统一职，退出政界，建设中国铁道。随后同盟会与统一共和党、国民共进会、国民公党合并，改组为国民党，宋教仁任代理理事长。1913 年 3 月，宋教仁被暗杀，孙中山发动二次革命，旋即失败。孙中山逃亡日本并建立中华革命党。1915 年 10 月 25 日孙中山与宋庆龄在日本结婚。1915 年 12 月 12 日，袁世凯称帝。1916 年 5 月，孙中山回到上海发表《讨袁宣言》，号召推翻袁世凯。1917 年 7 月张勋复辟，孙中山发动护法运动。1919 年 10 月，改中华革命党为中国国民党。1921 年 4 月，孙中山在广州就任大总统，开始第二次护法运动。

1923 年，孙中山与共产国际合作。1924 年 1 月，孙中山在广州召开中国国民党第一次全国代表大会，宣布实行“联俄、联共、扶助农工”的政策。3 月，黄埔军校成立，蒋介石任校长。9 月 4 日，孙中山在广州组建北伐讨贼军，以谭延闿为总司令，联合卢永祥、张作霖、段祺瑞，“共抗直系”，准备北伐。10 月 23 日，冯玉祥在北京发动北京政变推倒大总统曹锟，邀孙中山北上。1925 年 1 月 1 日，孙中山抵京后即开始病发，后经西医诊断为肝癌末期。3 月 12 日，孙中山病逝，弥留之际留下“和平……奋斗……救中国!”的遗言。

孙中山逝世后，豫军总司令樊钟秀于公祭日，致送巨型素花横额，当中大书“国父”二字，唁电挽幛，均称“国父”，一时应者云集。1930 年，国民政府通令全国，尊称孙中山为“中华民国”国父，“国父”这一称呼遂流传至今。

（四）梁启超

梁启超（1873—1929），人称任公，号饮冰子，别署饮冰室主人，广东新会熊子乡茶坑村人。3 岁学为文，9 岁能缀千言，12 岁中秀才，15 岁肄业于广州学海堂，17 岁中举，“熟读经史子集，颇具训诂词章之学”。光绪十六年（1890）秋，梁启超拜康有为为师，入万木草堂习经世致用之学，思想为之大变，后协助康有为创立维新变法理论。中日甲午战争时，梁启超协助康有为在京发动“公车上书”，请求拒和、迁都、变法，组织京师强学会，创办《万国公报》，宣传新学。1896 年赴上海，任黄遵宪筹办的《时务报》的总撰述，发表了著名的《变法通议》等文章，致力于维新宣传，主张中学为体、西学为用。1897 年 10 月受湖南巡抚陈宝箴之约，主办湖南时务学堂，并与谭嗣同等共创南学会，对湖南的学风士气、维新之势影响巨大。

谭嗣同等“戊戌六君子”殉难后，梁启超流亡海外，先后在日本、夏威夷、南洋、澳洲、美洲等地宣传君主立宪。在日本先后创办《清议报》、《新民丛报》、《新小说》等报刊，主张“兴民权”以“保君权”。此间，谭嗣同发表了不少影响力大的被称为“新民体”的文章，大大宣传了新学。1907 年 9 月梁启超在东京成立政闻社，相继出版《政论》杂志、《国风报》，继续推行维新思想。辛亥革命爆发后，梁启超回国并以进步党党魁身份跻身政坛。1913 年 10 月梁启超出任袁氏政府司法总长。

1915 年，在袁世凯组织复辟帝制时期，梁启超撰写《异哉所谓国体问题者》、《袁世凯之解剖》等文章抨击其专制倒退，参与倒袁运动。1916 年于肇庆成立护国军务院，与蔡锷等共同发动护国战争，反对袁氏称帝。袁世凯称帝失败后，梁启超出任段祺瑞政府财政总长，后与段祺瑞、冯国璋合作，扑灭张勋复辟丑剧。1917 年 11 月梁启超辞去财政总长一职，退出政坛，致力于文化教育事业。梁启超先后在天津南开大学、北京大学、清华学校等学府任教，并巡回讲演，写成了《清代学术概论》、《墨子学案》、《墨经校释》、《中国历史研究法》、《中国近三百年学术史》等著作。

【本章小结】

历史是体认人类社会的方式，是对过去的事件和行动的记录、诠释和研究。中西方史学的发展，现代史学的嬗变，给予我们思考、同情、关怀和人文的理想。历史让人文精神日常化，珍视人的尊严、价值、人格，在物质的狂热中回归理性的生活追求。岭南历史文化璀璨夺目，沟通中西，博采众长，人才辈出，塑造了包容、开放、重商、务实、进取的广东精神。

【学习与探究】

一、探究与思考

1. 阅读资料链接，请思考：胡主席在美国耶鲁大学的演讲为何不谈经济、不谈军事却用大半时间专门讲中国历史、人类文明历史启示？

思路：纵论历史，追根溯源，展示中国和谐文化，反击中国“威胁”论，和平崛起。

2. 广州等珠三角城市外来人口成为当地的重要组成部分，他们在创造财富的同时也带来了不同地域的文化特征，你如何理解移民对广东历史和现实的影响？

二、活动设计

1. 你也能做历史学家

口述历史是搜集历史的一种途径，由历史学家、学者、记者、学生等通过文字笔录、有声录音、影像录影等形式，记录历史见证人的回忆，保存历史资料源的方法。请以口述历史的记录者的身份采访身边的长者或某一事件的亲历者，制作成历史文献在课堂上交流。

2. 读书交流会

选择一本历史人文类书籍与同学们一起分享阅读的感受。

参考书目：《大学》、《中庸》、《论语》、《孟子》、《老子》、《庄子》、《史记》、《资治通鉴》、《曾国藩家书》、《万历十五年》、《中国上下五千年》、《中国人史纲》、《天朝的崩溃》。

3. 撰写历史小文章

将你家乡发生的重要历史事件，或自己在旅行过程中感兴趣的历史人物、历史时间、历史掌故写成一篇小文章。

参考题目：虎门销烟、黄花岗起义、黄埔军校、东江纵队、珠玑古巷、张弼士、郑观应、詹天佑、苏曼殊、阮玲玉、胡蝶、红线女。

三、专题研讨

中国的崛起与“威胁论”

纪录片《大国崛起》记录了葡萄牙、西班牙、荷兰、英国、法国、德国、俄国、日本、美国九个世界级大国兴衰的过程，并总结大国崛起的规律。请思考：中国如何才能真正崛起？

四、思维空间

山东省阳谷县、临清县和安徽的黄山市三地争西门庆故里；湖南、贵州争夺夜郎古国所在地；湖北嘉鱼、河南商丘、湖南岳阳、浙江义乌、安徽前山、庐江、南陵三县争夺三国二乔故里；福建的尤溪县、建阳市、武夷山市、江西婺源市争夺朱熹故里……名人故里争夺战硝烟四起。你如何理解这种现象？

五、欢乐课堂

看电影学历史说古道今，学生根据历史知识和观影感受自由发言，重点思考电影能否给我们真正的历史观？电影是如何处理历史与现实、艺术之间的关系的？

参考影片有中国历史题材电影：《墨攻》、《屈原》、《林则徐》、《火烧圆明园》、《复兴之路》、《走向共和》；英国历史题材电影：《勇敢的心》、《伊丽莎白》、《女王》；美国历史题材电影：《阿甘正传》、《乱世佳人》、《兄弟连》；日本历史题材电影：《风林火山》、《东京审判》、《七武士》；纪录片《世界历史》。

六、相关链接

（一）礼记大同篇（节选）

昔者仲尼与于蜡宾，事毕，出游于观之上，喟然而叹。仲尼之叹，盖叹鲁

也。言偃在侧，曰："君子何叹？"孔子曰："大道之行也，与三代之英，丘未之逮也，而有志焉。大道之行也，天下为公。选贤与能，讲信修睦，故人不独亲其亲，不独子其子，使老有所终，壮有所用，幼有所长，矜寡孤独废疾者，皆有所养。男有分，女有归。货恶其弃于地也，不必藏于己；力恶其不出于身也，不必己。是故谋闭而不兴，盗窃乱贼而不作，故外户而不闭，是谓大同。今大道既隐，天下为家，各亲其亲，各子其子，货力为己，大人世及以为礼。域郭沟池以为固，礼义以为纪；以正君臣，以笃父子，以睦兄弟，以和夫妇，以设制度，以立田里，以贤勇知，以功为己。故谋用是作，而兵由此起。禹、汤、文、武、成王、周公，由此其选也。此六君子者，未有不谨于礼者也。以著其义，以考其信，著有过，刑仁讲让，示民有常。如有不由此者，在势者去，众以为殃，是谓小康。"

（二）胡锦涛在美国耶鲁大学的演讲（节选）

中华文明是世界古代文明中始终没有中断、连续5 000多年发展至今的文明。中华民族在漫长历史发展中形成的独具特色的文化传统，深深影响了古代中国，也深深影响着当代中国。现时代中国强调的以人为本、与时俱进、社会和谐、和平发展，既有着中华文明的深厚根基，又体现了时代发展的进步精神。

——中华文明历来注重以民为本，尊重人的尊严和价值。早在千百年前，中国人就提出"民惟邦本，本固邦宁"、"天地之间，莫贵于人"，强调要利民、裕民、养民、惠民。今天，我们坚持以人为本，就是要坚持发展为了人民、发展依靠人民、发展成果由人民共享，关注人的价值、权益和自由，关注人的生活质量、发展潜能和幸福指数，最终是为了实现人的全面发展。保障人民的生存权和发展权仍是中国的首要任务。我们将大力推动经济社会发展，依法保障人民享有自由、民主和人权，实现社会公平和正义，使13亿中国人民过上幸福生活。

——中华文明历来注重自强不息，不断革故鼎新。"天行健，君子以自强不息。"这是中国的一句千年传世格言。中华民族所以能在5 000多年的历史进程中生生不息、发展壮大，历经挫折而不屈，屡遭坎坷而不馁，靠的就是这样一种发愤图强、坚忍不拔、与时俱进的精神。中国人民在改革开放中表现出来的进取精神，在建设国家中焕发出来的创造热情，在克服前进道路上的各种困难中表现出来的顽强毅力，正是这种自强不息精神的生动写照。

——中华文明历来注重社会和谐，强调团结互助。中国人早就提出了"和为贵"的思想，追求天人和谐、人际和谐、身心和谐，向往"人人相亲，人人平等，天下为公"的理想社会。今天，中国提出构建和谐社会，就是要建设一

个民主法治、公平正义、诚信友爱、充满活力、安定有序、人与自然和谐相处的社会，实现物质和精神、民主和法治、公平和效率、活力和秩序的有机统一。中国人民把维护民族团结作为自己义不容辞的职责，把维护国家主权和领土完整作为自己至高无上的使命。一切有利于民族团结和国家统一的行为，都会得到中国人民真诚的欢迎和拥护。一切有损于民族团结和国家统一的举动，都会遭到中国人民强烈的反对和抗争。

——中华文明历来注重亲仁善邻，讲求和睦相处。中华民族历来爱好和平。中国人在对外关系中始终秉承“强不执弱”、“富不侮贫”的精神，主张“协和万邦”。中国人提倡“海纳百川，有容乃大”，主张吸纳百家优长、兼集八方精义。今天，中国高举和平、发展、合作的旗帜，奉行独立自主的和平外交政策，坚定不移地走和平发展道路，既通过维护世界和平来发展自己，又通过自身的发展来促进世界和平。中国坚持实施互利共赢的对外开放战略，真诚愿意同各国广泛开展合作，真诚愿意兼收并蓄、博采各种文明之长，以合作谋和平、以合作促发展，推动建设一个持久和平、共同繁荣的和谐世界。

……

一个音符无法表达出优美的旋律，一种颜色难以描绘出多彩的画卷。世界是一座丰富多彩的艺术殿堂，各国人民创造的独特文化都是这座殿堂里的瑰宝。一个民族的文化，往往凝聚着这个民族对世界和生命的历史认知和现实感受，也往往积淀着这个民族最深层的精神追求和行为准则。人类历史发展的过程，就是各种文明不断交流、融合、创新的过程。人类历史上各种文明都以各自的独特方式为人类进步作出了贡献。

文明多样性是人类社会的客观现实，是当今世界的基本特征，也是人类进步的重要动力。历史经验表明，在人类文明交流的过程中，不仅需要克服自然的屏障和隔阂，而且需要超越思想的障碍和束缚，更需要克服形形色色的偏见和误解。意识形态、社会制度、发展模式的差异不应成为人类文明交流的障碍，更不能成为相互对抗的理由。我们应该积极维护世界多样性，推动不同文明的对话和交融，相互借鉴而不是相互排斥，使人类更加和睦幸福，让世界更加丰富多彩。

第三章　哲学与人文

学科感怀

苏格拉底说："没有经过检查的人生，是不值得活的。"哲学作为一门学问，就是探寻一切事物的真相，包括人生。人生缺少哲学就会盲目，哲学离开人生将是空洞。哲学是一门使人智慧、使人聪明的学问。

【知识目标】

使学生了解中外哲学思想发展的历史，了解哲学与人文精神的关系，了解广东地区的思想家和哲学家及广东人的人生哲学。

【能力目标】

帮助学生理解人生的意义，逐步树立科学的世界观和价值观，培养学生唯物主义的立场和观点。

第一节　哲学扫描

哲学作为"时代精神的精华"，在执著于捕捉真理、通晓事物本质的同时，总是蕴藏着各种对于人本身的关怀，而这也就是我们常说的哲学之人文性。

一、西方哲学主要思想及其代表人物

（一）古希腊罗马哲学及代表人物

古希腊哲学是整个西方哲学的诞生地，西方哲学史上各式各样的思想学说

都可以在古希腊哲学中找到自己的起源和萌芽。我们也可以说古希腊文化孕育了西方文化。但是总的说来，哲学首先关注的是世界本源的问题，也即开始追问世界从何而来。例如，古希腊“哲学之父”，被称为希腊七贤的米利都人泰勒斯就如此。现在我们无法找到泰勒斯的具体著述，只知道他是因公元前585年的日食而闻名，并提出了万物皆源于水的命题。尽管他的学说比较简单、朴素，但是却标志着人们开始第一次以独立的姿态追问世界的本源。他之后的哲学家们继续了这种追问和解答。他的学生阿那克西美尼提出了万物的基础是气，之后的哲学家们又相继提出了“水”、“气”、“火”、“四根”（火、气、水、土）等自然形态的物质作为世界的基础。而到公元前5世纪，古希腊哲学的兴趣开始发生了变化，逐渐的由关注自然转移到人本身的存在上。其中最能代表这种趋势的就是智者学派的代表人物普罗泰戈拉的一句名言：“人是万物的尺度。”（《西方哲学原著选读》上卷）他认为：人是万物存在的尺度，同样也是不存在的尺度；一切都同样的真，是非善恶都是相对于人的感觉而说的。由此，哲学的视野开始关注与人相关的各种事物。

古希腊哲学进入系统化的时期是在公元前4世纪，代表人物就是大哲学家柏拉图及其弟子亚里士多德。他们总结了以前各派的哲学思想，创立了自己的哲学体系，并一直影响着整个西方哲学的发展。

1. 苏格拉底

苏格拉底（公元前469—公元前399）出生于希腊雅典一个普通公民的家庭，父亲是雕刻匠，母亲是助产妇。据说苏格拉底生就扁平的鼻子，肥厚的嘴唇，凸出的眼睛，笨拙而矮小的身体。然而苏格拉底虽然长相较丑，但却非常有智慧，据说巴台农神庙里的祭司就说他是最有智慧的人。苏格拉底有两个极为著名的命题：一个是“知识即美德”，另一个是“认识你自己”。他认为人们之所以行恶，就在于并不真正知道什么是善，而那些认为自己通晓一切的人实际上并不知道什么，因此，人们必须认识自己、直视自己的无知。从这里可以看出苏格拉底并不像以前的哲学家那样不断地追问世界的本源，而是不断地反思人们的各种僵化和愚昧，促使人们进行独立的思考。因此他自称为“牛虻”。而他的方法就是对每一个问题进行不断的追问和反诘，通过不断地辩论和诘难，引导对方陷入自相矛盾的境地，最后让原以为聪明的人承认自己的无知。也正是这个原因，他得罪了很多人，以至于后来被推上审判席并被判处死刑。尽管他为自己进行辩护并获得了胜利，但是为了遵守自己的原则和城邦的法律，他毅然接受了死刑。据记载，在他即将被处死之前，他的学生准备营救他，但被他拒绝。而且在打发走妻子、家属后，他与几个朋友侃侃而谈，似乎忘记了就

要到来的处决。直到狱卒端了一杯毒汁进来，他才收住“话匣子”，接过杯子，一饮而尽。之后，他躺下来，微笑着对前来告别的朋友说，他曾吃过邻人的一只鸡，还没给钱，请替他偿还。说完，老人安详地闭上了双眼。这就是被称为历史上最伟大的“苏格拉底之死”。

2. 柏拉图

柏拉图

柏拉图大约生于公元前427年，是古希腊哲学家，也是全部西方哲学乃至整个西方文化最伟大的哲学家和思想家之一。柏拉图出身于雅典贵族，幼年接受了良好的教育，青年时师从苏格拉底，苏格拉底死后开始游历四方，推行自己的政治思想。他的著作很丰富，所涉及的内容也非常广泛，其中包括《理想国》、《申辩篇》、《美诺篇》、《法律篇》等，阐述了他的道德、政治和教育等理论。其最重要的哲学观念是“理念论”。他认为整个世界可以分为两个部分，即不变永恒的理念世界和变动不居的感性世界或现象世界。对此他用了一个寓言进行说明，也就是我们常说的“洞穴寓言”。他说人们就像生活在洞穴里的人一样，他们手脚都被捆绑，身体也无法转身，只能背对着洞口。他们面前有一堵白墙，他们身后燃烧着一堆火。在那面白墙上他们看到了自己以及身后到火堆之间事物的影子，由于他们看不到任何其他东西，这群囚犯会以为影子就是真实的东西。最后，一个人挣脱了枷锁，并且摸索出了洞口。他第一次看到了真实的事物。他返回洞穴并试图向其他人解释，那些影子其实只是虚幻的事物，并向他们指明光明的道路。但是对于那些囚犯来说，那个人似乎比他逃出去之前更加愚蠢，并向他宣称，除了墙上的影子之外，世界上没有其他东西了。通过这则寓言，柏拉图表明我们通过感官所得到的各种事物只是其背后真实理念的影子或摹本而已，真实的事物只是理念，因此理念是事物得以存在的根本原因。也就是说，他认为各种事物之所以存在只是由于分有各种“理念”。例如，“大”的事物之所以“大”，是因为分有了“大”的理念；“美”的事物之所以“美”，也是因为分有了“美”的理念。进而他认为不懂哲学的人能看到的只是那些影子，而哲学家则在真理的阳光下看到外部事物。也正是这个原因，柏拉图在体现其政治思想的著作《理想国》中就认为，最好的政治形式并不是民主，因为民主总是会犯错，例如，伟大的苏格拉底就是死在民主之下，让希腊人们对哲学犯下了罪过。最好的政治形式是开明的人做君主的君主制体制，而最开明的人就是“哲学家”，

因为只有哲学家才能把握真理和正义。因此，他认为只有“哲学王”统治的国家才是最理想的国家。

柏拉图聪明、睿智，在西方世界的影响非常之大，直到现在还流行着很多关于他的轶事，其中最为著名的就是关于爱情的故事。在西方爱情文明的发展过程中，现存最早的有关文献就是柏拉图的论述，以至于“柏拉图式的爱情”成了一个特有名词。据说柏拉图小的时候，曾经问他的老师，什么是爱情。老师没有回答他，只是让他去田里摘一棵最大最黄的麦子回来，要求是只能向前走，中途不许回头，并且只有一次机会。柏拉图听话地去了，过了很久，柏拉图拿着一棵不怎么样的麦子回来了。老师问他为什么，柏拉图说，他刚开始确实看到一棵很大很黄的麦子，可是不知道前面会不会有更好的，所以没有摘，等到走完了整个麦田才发现，最大最黄的那一棵已经错过了……这时，老师说：“这就是爱情。”第二年，柏拉图又问老师，什么是婚姻。老师还是没有回答他，仍然让他去摘麦子，提出同样的要求。柏拉图仍然听话地去了，不过这次很快就回来了，拿着一棵很大很黄的麦子。老师问他为什么，柏拉图说，他经过上次的教训，这次便不再刻意挑剔，看到一棵很不错，就摘了回来……这时，老师说：“这就是婚姻，很多人一辈子也学不会两个字——珍惜！”

3. 亚里士多德

亚里士多德（公元前 384—公元前 322），古希腊斯吉塔拉人，是世界古代史上最伟大的哲学家、科学家和教育家之一。亚里士多德是柏拉图的学生，马其顿国王亚历山大的老师，出生于色雷斯的斯吉塔拉，父亲是马其顿王的御医。公元前 366 年亚里士多德被送到雅典的柏拉图学园学习，此后 20 年间亚里士多德一直住在学园，直至老师柏拉图去世。因此他深受柏拉图的影响，但是这并不妨碍他独立思维的形成，由此他说了一句流传至今的名言：“吾爱吾师，吾更爱真理。”（出自亚里士多德《形而上学》）公元前 335 年，他在雅典办了一所叫吕克昂的学校，在这里亚里士多德和他学生们在林荫道上漫步讨论哲学，由于这一原因，他的学园被称作逍遥学派。亚里士多德一生勤奋治学，从事的学术研究涉及逻辑学、修辞学、物理学、生物学、教育学、心理学、政治学、经济学、美学等，写下了大量的著作，马克思曾称亚里士多德是古希腊哲学家中最博学的人物。他的作品据说有四百到一千部，主要有《工具论》、《形而上学》、《物理学》、《伦理学》、《政治学》、《诗学》等。他的思想对人类产生了深远的影响，他创立了形式逻辑学，丰富和发展了哲学的各个分支学科，很多现代学科都是从他才开始形成的，因此他对科学的发展做出了巨大的贡献。

在他的思想理论中，影响比较大的是他的形而上学思想和三段论式的逻辑

学。他把形而上学称为第一哲学，以此与物理学等其他学科相区别。亚里士多德认为“人生而求知”，“求知”是人的本性。而这里的“知”并不是我们现在所讲的具体知识，而是关于事物之所以存在的本质性知识，用他的话说就是关于探求“事物之所以为事物”的根本原因。例如，就事物的存在来说，他提出了著名的“四因说”，认为任何事物的存在都包含着“目的因”、“形式因”、“动力因”、“质料因”四种因素，它们是事物得以存在的关键性因素。

而对于逻辑学来说，亚里士多德是形式逻辑的创始人，从他开始形式逻辑才发展成为一个逻辑系统。其最具代表性的形式就是“三段论”，一个经典的例子是：

大前提　　所有人都是要死的。
小前提　　苏格拉底是人。
结　论　　因此，苏格拉底是要死的。

前两个陈述是前提，它们作为第三个陈述的证据，第三个陈述是结论。这种逻辑形式直到 19 世纪，哲学家们还相信亚里士多德对三段论的解释构成了逻辑可以谈论的所有东西。只是在最近的一些年才出现了另外一些逻辑体系，取代了亚里士多德的解释。

从上面的陈述中我们也可以看出，亚里士多德对后世的影响非常之大，直到现在我们仍然沿用着亚里士多德所提出的一些理论，比如就概念形式而言，仍然采用他所提出的“概念 = 种 + 属差”的模式。因此亚里士多德和他的老师柏拉图以及苏格拉底并称“古希腊三贤”，成为之后西方文化的源头。

（二）近代西方哲学思想及代表人物

古希腊哲学直到古罗马灭亡之后才终止了发展，继而进入了被称为“西方黑暗时期”的中世纪。中世纪是西方世界被宗教严格把持的时期，这一阶段人们的所有活动，包括贵族帝王，都被宗教所控制，甚至对自然界的认识也必须用《圣经》来解释。因此，这一时期人们的理智和思维被严重地束缚起来。直到 14 世纪末期之后，这一境况才被打破，也即通过宗教改革和文艺复兴运动，西方世界开始进入近代的启蒙阶段。这一时期比较具有代表性的哲学家有培根、笛卡尔、康德和黑格尔。

1. 经验论的代表——弗朗西斯·培根

弗朗西斯·培根（1561—1626）是英国近代著名的唯物主义哲学家、思想家和科学家，被马克思称为“英国唯物主义和整个现代实验科学的真正始祖”，也是经验论的代表人物。他1561年生于贵族家庭，是掌玺大臣和大法官（王国最高法律官职）古拉斯·培根爵士的幼子。后于1618年也成了大法官。晚年脱离政治活动，专门从事科学和哲学研究。他最为著名的著作是《新工具论》。培根是近代唯物主义经验论的第一个代表，他把经验当作统一思维与存在的关键，认为经验是人类获得知识的唯一手段，是人类征服自然获得发展的重要媒介。因此，培根极力反对和批判古希腊尤其是亚里士多德的形而上学思维模式，主张应该重新清理人类知识，用一种新的方法来收集和解释事实，并确信自己已经发现了这种方法——归纳法。他认为人们的思维总是被假相所败坏，而危害最大的有四种假相，他以隐喻的方式称这四种假相为：种族假相、洞穴假相、市场假相以及剧场假相。种族假相是指我们总是会毫无怀疑地相信自己的感觉，把我们的希望、恐惧、偏见以及焦虑都带入所观察的事物中，影响了我们对事物的理解，进而总是对事物抱有某种主观性的偏见。洞穴假相是指人们没有经过训练的心灵总是有限的，被自己的习惯和意见所构成的洞穴所蒙蔽。市场假相是指人们日常交往中所使用语言本身的不精确性和模糊性，尤其是对那些诸如抽象的性质之类的词语的应用。而剧场假相是指严重束缚人们思想的系统化的哲学教条以及传说、迷信等，它们模仿一种不真实的布景而创造着虚幻的世界。培根认为这些错误的假相、教条、迷信和错误以各种不同的方式歪曲着知识，蒙蔽着真理，因此必须通过科学的方法予以剔除。

培根

培根所说的这种科学方法就是归纳法。他认为亚里士多德所提出的三段论式的理性演绎法并没有增加什么新的知识，其结论只不过早已包含在前提中，而且这会使包含在前提中的错误永久化。针对这种逻辑方式，他提出了包含着三个步骤的归纳法。他所提出的例子是发现热的本质。第一步是列一个我们能在其中看到热的所有例证的表，诸如“太阳的光”，他把这个表称为“本质与存在表”；第二步是完成另一个表，这个表包含那些和第一个表中的那些情况相似，但却并不具有热的项目，诸如月亮和星星的光，它们对接触者来说并不热，这个表被他称为差异表；第三步要做的是完成比较表，通过分析不同事物发出的热的不同程度来发现热的性质的进一步企图；第四步是排除的过程，也就是动手开始归纳的工作。通过这种排除过程，最后找到热的真正本质特征。

培根的理论虽然没有理性主义者那样的思辨性，但是却引起了人们关注自然科学知识的热潮，尤其是他的那句“知识就是力量”的名言，极大地推动了科学的发展。所以他为自然科学在近代的发展奠定了坚实的基础，为后来的经验主义的发展开辟了道路。

2. 唯理论的代表——笛卡尔（1596—1650）

勒内·笛卡儿1596年3月31日生于法国土伦省莱耳市的一个贵族之家，笛卡儿的父亲是布列塔尼地方议会的议员，同时也是地方法院的法官。笛卡儿在豪华的生活中无忧无虑地度过了童年。笛卡尔是唯理论的代表人物，欧洲近代哲学的奠基人之一，黑格尔称他为“现代哲学之父”。他博学多识，在物理学、生理学等方面都有独到的见解，尤其是在数学方面。他在数学方面的一个极为引人瞩目的成就是创建了解析几何，由此打开了现代数学的大门，成为近代数学的鼻祖。关于他这方面的天赋，有一个小故事可以为这点做个例证。1618年的一天，在荷兰的希雷达城，许多人围在城门边叽叽喳喳地议论着。原来城墙上贴着一张纸，上面写着一道数学难题，向群众征询答案。一个用法语讲话的年轻军官，认真地看着、听着，似乎对这道题很感兴趣、却又不太完全了解。他请求旁边的一位衣冠楚楚的人将这道用荷兰文写的难题译成拉丁文或法文。谁知那人态度傲慢，表现得很不耐烦，他不相信这个青年军官能解这道难题。出于礼貌，他还是口译了出来，只是言语间露出一点讥讽的意味。不料，两天之后，那个军官竟把正确的答案送到他的面前，这使那人大吃一惊，不禁对青年军官刮目相看。于是两人攀谈起来，十分投机。经了解，才知这个青年军官名叫勒内·笛卡尔，而那为他翻译的人就是著名学者贝克曼。

笛卡尔

在知识的起源问题上，笛卡尔持的是唯理论的观点，即他认为人类的一切知识都来源于先天的理性，也就是我们常说的“天赋观念”，并认为只有经过理性思维的事物才是人们唯一可以信赖的东西。他进行思考的方法是普遍怀疑。他认为我们可以对周围的一切进行怀疑，包括数学和周围的事物，对此他举出了一个例子：在我们做梦时，我们以为自己身在一个真实的世界中，然而其实这只是一种幻觉而已。但是怀疑一切之后发现唯有一种东西不能怀疑——思维。因为无论我怀疑什么，我都是在思维着，这是一个无法怀疑的事实，因此他最后得出结论“我思故我在”。（出自笛卡尔《第一哲学沉思集》）而且他认为上帝是至善全能的，因此而赋予我的理性思维所发现的一切事物都是可靠的，而且越是简单清晰的事物越是真实的。由此他提出从最为简单明晰的事物出发就可以建构一个真实可靠的知识体系。

然而笛卡尔的知识体系虽然严谨且充满着逻辑推演，但是由于他过分倚重于精神性的思维，因此，虽然他通过普遍怀疑的方式推出了思维的存在，但是却无法推出身体的存在。因为从精神性的思维无论如何也无法跨越物质性的身体，由此就留下了困扰整个西方近代认识论的身心二元论的问题。

3. 德国古典哲学代表——康德、黑格尔

在以培根为代表的经验论和笛卡尔为代表的唯理论之后，西方哲学进入了以德国古典哲学为主流的时代。这个时期最为著名的代表人物就是康德、黑格尔。

（1）康德

康德（1724—1804）是西方哲学史上一位比较传奇的人物。他一生都生活在东普鲁士的格尼斯堡，而且生活非常具有规律性，以至于当他每天下午 4 点半走出他的屋子，在他家附近的小路上来回走上 8 次时，他的邻居们都可以以此来调校他们的钟表了。尽管他的这种生活方式在我们现代人看来极为单调、僵化，但是却给予他写出一系列惊人著作的精力，例如，他历经 10 年写成的三大批判：《纯粹理性批判》、《实践理性批判》、《判断力批判》成为整个西方哲学史中的里程碑式著作。

康德

康德在思想上继承和发展唯理论和经验论关于知识起源的问题，用“感性”、“知性”、“理性”三个不断上升的认知环节构成了他的整个认识论体系。他主张知识既要有感觉经验的内容，又要有普遍性、必然性的概念形式，也就是他所说的“概念无经验则空，经验无概念则盲”。我们通过感性经验所得到的只是杂乱无章的感性材料，而理性则为这些杂乱的材料提供了各种概念、形式和秩序，进而形成了我们所说的知识。除了在认识论方面的巨大成就外，他还极为关注人们的自由和道德的问题，并写成了《实践理性批判》等延续后世的不朽著作，成为西方道德问题研究的经典。而他的那一直为人们所传诵的名句也证明了这一点，“有两样东西，我们愈经常愈持久地加以思索，它们就愈使心灵充满有加无已的景仰和敬畏：这就是我们头顶的星空和心中的道德律令”。

（2）黑格尔

乔治·威廉·弗里德里希·黑格尔1770年生于德国斯图加特的一个官吏家庭，生活于德国最辉煌的理智时期。这一年，贝多芬刚刚出生，大诗人歌德这一年刚好20岁，而康德时年46岁，还没有创作出他的经典哲学著作。因此，他所生活的这一时期几乎是德国文化发展最为灿烂的时期。除此之外他还经历了法国大革命和欧洲封建势力的复辟等大事件，这些都为其思想的发展提供了丰富的资源。

黑格尔是集德国唯心主义之大成的哲学家。他创立了西方哲学史上最庞大的客观唯心主义体系，第一个系统、自觉地阐述了辩证法的一般运动形式，对马克思哲学以及后来的哲学都产生了深远的影响。他一生著述很多，包括哲学、法学、历史学、逻辑学、自然科学等很多领域，几乎是百科全书式的人物。但是其著作深奥难懂，几乎是哲学史上最让人难以理解的哲学家。

黑格尔最为著名的是他的绝对精神理论和辩证法。一方面，他认为整个世界都是具有精神性的，人有精神性、物有精神性，宇宙也有精神性，世界的一切都统一于这种绝对精神中。从这种观点出发，他认为多样性的东西，彼此分离对立的东西，都不是最真实的，只有普遍性、统一性才是最真实的。具体普遍、对立统一、否定之否定是黑格尔全部辩证法的核心。另一方面，黑格尔作为一个客观唯心主义者，又认为只有精神性的东西才具有普遍性、统一性，单纯物质性的东西不可能有普遍性、统一性，因而也没有真实的存在。脱离精神无真实件和脱离统一无真实性，这两条原则是紧密结合在一起的，所以，最真实的无所不包的整体既是“绝对精神”，又是对立的统一。黑格尔把绝对精神看作世界的本原，事物的更替、发展、永恒的生命过程，就是绝对精神本身。黑格尔哲学的任务和目的，就是要展示通过自然、社会和思维体现出来的绝对精神，揭示它的发展过程及其规律性，实际上是在探讨思维与存在的辩证关系，在唯心主义基础上揭示二者的辩证统一。

辩证法在黑格尔这里开始体系化、系统化。他的辩证法是由正题、反题与合题组成的。比如我们说：“‘存在’是A，”这是“正题”。但是存在A就暗含着存在与A相关的B。既然除“绝对”而外任何东西都不真实存在，而我们现在又保证存在B，所以我们不得不断言“绝对是B”，这是“反题”。但是这和“绝对”是A的看法有同样的缺陷，于是我们被迫采取这个看法：“绝对”是A和B构成的全体，这是“合题”。但是到此并没结束，因为整个世界是发展变化的，因此正题、反题、合题也随着这种变化不断地发生着，并促进世界螺旋上升式地进一步发展。他的这一思想对马克思主义哲学影响很大，马克思在剔除其唯心主义因素之后，发展出了唯物主义辩证法，成为马克思主义哲学的重要构成部分。

4. 西方现代哲学

黑格尔之后，从19世纪40年代起，西方哲学史进入了现代哲学的发展时期。面对社会的各种矛盾和自然界新的现象以及科学上的新发现，人们迫切需要理论的解释和哲学的概括。到了19世纪40年代，黑格尔学派已经解体，德国古典哲学已失去了它原有的光彩。但是，这一古典哲学仍然被后来的哲学家们所继承、利用、改造和发展。19世纪30—60年代形成了以赫尔岑、车尔尼雪夫斯基为主要代表的俄国革命民主主义者的哲学。马克思和恩格斯批判地吸取了黑格尔哲学的合理内核和费尔巴哈哲学的基本内核，在以往哲学成果的基础上实现了哲学史上的伟大变革，创立了辩证唯物主义和历史唯物主义。19世纪40年代和后半叶，是马克思主义哲学的形成以及它在欧洲的传播和发展时期。20世纪，马克思主义哲学在世界各国得到了广泛的传播和迅速的发展。在马克思主义哲学形成和发展的同时，西方资本主义国家也逐渐产生了其他的哲学派别，如实证主义、唯意志论、存在主义、结构主义等，这些哲学流派总称为“西方现代哲学”。这是西方哲学史中现代哲学发展的另一个侧面。

二、中国哲学思想的主要流派及代表人物

在以古希腊为源头的西方哲学发展、演化的同时，中国哲学也在以不同的方式发展、演化着。但是直到20世纪初期，中国才出现第一部真正西方哲学史意义上的中国哲学史，这就是胡适以新方法撰写的第一部《中国哲学史》，之后才有了冯友兰等所书写的《中国哲学史》。

中国哲学的特质与西方不同，它主要关注与人的生存相关的“人事”，以一种天人合一的思想方式来解释世界和人生，因此从某种意义上来说，中国哲学更具人文主义的特征。

（一）道家自然观

道家否定天是世界的最高主宰，认为天、地乃至上帝都是由“道”产生的，道是一种无形、无名、混而为一、无法用言语表述的存在。其重要的代表人物就是老子和庄子。

1. 老子

老子（约公元前571—公元前471），又称老聃、李耳，春秋时期楚国苦县

厉乡曲仁里人，是我国古代伟大的哲学家和思想家，道家学派创始人。他比孔子年长20岁，孔子在年轻时曾经向他学习过周礼。老子只有一部著作，也就是我们非常熟悉的《道德经》（又称《老子》）。这部书虽然很短，但是内容丰富，并且影响深远。

在《道德经》中，老子以包含着“有”“无”之辩的“道”来解释宇宙万物的生成和演变。他的“道”既有客观自然规律，同时又具有“独立不改，周行而不殆”的永恒意义。在《老子》书中包含了大量朴素辩证法的观点，如认为一切事物均具有正反两面，“反者道之动”，并能由对立而转化，“正复为奇，善复为妖”，“祸兮福之所倚，福兮祸之所伏”等。另外，他的“道”的概念基本上也符合《易经》中的太极阴阳原理，例如，他说“道生一，一生二，二生三，三生万物。万物负阴而抱阳，冲气以为和”。此外，这本书的核心思想是要追求一种“无为而太极”的“无为”思想。他认为既然“道”是无形的规律，那么得道之人就应该默默地促成事物的发展，做到无形，也即极为接近“道”的状态，他把这种作为的人称为“玄德”之人。

事物需要和谐发展，而且矛盾双方都是必须存在的，因此，老子的“无为”是在矛盾双方都不易觉察的情况下，促成事物数量少的一方向多的一方转化，始终以多数为标准，也就是“圣人无常心，以百姓之心为心”。不让矛盾双方注意到“道”的立场，这是很高深的智慧，也是一种无形的“德”，是事物中矛盾着的双方不产生激烈对抗的最高理念。《道德经》这本书虽然很短，但却把中国式的真理道德从自然界演绎到人类社会，从人类又演绎到人性本身，其影响一直延续到现代。

2. 庄子

庄子（约公元前369—公元前286），战国中期哲学家。庄氏，名周，字子休（也作子沐），汉族，宋国蒙（今河南商丘）人，做过宋国蒙地方的漆园吏。庄子是我国先秦（战国）时期伟大的思想家、哲学家和文学家。庄子著有《庄子》一书，共三十三篇，分“内篇”、“外篇”和“杂篇”三个部分（“内篇”七篇，“外篇”十五篇，“杂篇”十一篇）。庄子的想象力很强，文笔变化多端，具有浓厚的浪漫主义色彩，并采用寓言故事形式，富有幽默讽刺的意味，对后世文学语言有很大的影响。

庄子

庄子继承了老子的“无为”式的道家学说。他认为“道”是超越时空的无限本体，它生于天地万物之间，无所不包，无所不在，表现在一切事物之中，然而它又是自然无为的，在本质上是虚无的。庄子主张顺从天道，而摒弃“人为”，摒弃人性中那些“伪”的杂质，从而与天地相通，这就是庄子所提倡的“德”。

作为道家学派始祖的老庄哲学是在中国的哲学思想中唯一能与儒家和后来的佛家学说分庭抗礼的古代伟大学说，它在中国思想发展史上具有和儒家、佛家相当的地位。

（二）儒家思想概览

儒家学说是中国传统文化中最为重要的一部分，无论是对于封建统治者还是老百姓，都有着举足轻重的影响。其重要的代表人物是孔子和孟子，合称“孔孟”。

1. 孔子

孔子（公元前551—公元前479），名丘，字仲尼，鲁国陬邑（今山东省曲阜市南辛镇）人，春秋末期的思想家和教育家，儒家的创始人。孔子集华夏上古文化之大成，在世时已被誉为“天纵之圣”、“天之木铎”，是当时社会上最博学者之一，并且被后世统治者尊为“孔圣人”、“至圣”、“至圣先师”、“万世师表”。孔子和儒家思想对中国和朝鲜半岛、日本、越南等地区有深远的影响，这些地区在今天又被我们称为儒家文化圈。

孔子

孔子所处的春秋时代，正值西周社会以血缘氏族为基础的政治制度崩溃瓦解时期，而基于文化认同的“诸夏”民族共同体正在形成。这是中国人的文化自觉最初发生的年代，古典成为时尚，一些人开始思考天道、人生和世界秩序等方面的问题，原先由贵族所垄断的文化教育也正逐渐流入民间。孔子正是这时代精神的代表人物与集大成者，遂开战国诸子百家之先河。《易传》、《春秋》、《孝经》、《论语》是了解孔子思想的主要著作。孔子的主要哲学思想是“仁”。“仁”是孔子的核心理念，也是他与学生们讨论最多的一个话题，其内涵极为丰富。“仁”字有三义，皆与“人”有关。孔子以“仁”来照明：人之性，人之道，人之成。

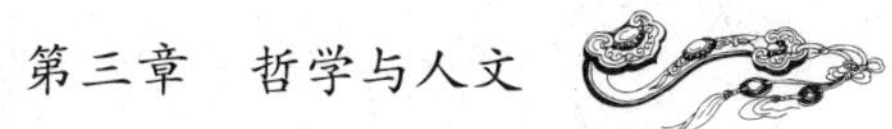

（1）人之性

以人之性而言，只要真诚，就会觉察内在向善的力量是源源不绝的，好像希腊神话中的普罗米修斯，无论老鹰如何啄食，他的肝脏总是生生不已。《周易》云“天行健，君子以自强不息”，正是来自此——人性的自发力量。

（2）人之道

以人之道而言，《中庸》说的“择善而固执之”，正是人生的正途。有关人之道，在《论语》中，弟子问仁之处，孔子的回答就是因材施教，指出如何择善的方法。同时，更要进一步就孔子的价值观来说明人生的上进阶梯，是要努力走向至善之境。

（3）人之成

人之成即是人生目的之完成。孔子声称：“志士仁人，无求生以害，有杀身以成仁。”杀身即死亡，生命的毁灭，为何居然被视为“完成了‘仁’的理想”？因为人生难免一死，而死亡并非结束，而是达到了目的。这样的生死观，即孔子对“仁”有他个人的信仰，所以无惧于世间的患难与死亡。

孔子揭示“仁”这一理念的用意就是要启发每一个人觉察自己内心有一种“自我要求”的力量，亦即要求自己主动自发地“行善避恶”。即使礼乐不再生效，人们也可以因为自我要求而遵循社会规范与保持人际和谐。道德价值必定出于主体的自觉，人文精神才随之觉醒。

儒家的人性论让我们对于很多事情的苦与乐，不会只看表面，而可以设法从内在去判断。也就是说，我的苦与乐不会被别人左右，而是由我自己决定。这种力量永无止境，只要活在世界上一天，就有一种由内而发的自我要求，要求自己遵守法律、遵守礼仪、与别人和睦相处、奉公守法、做自己该做的事。这种对人性的看法，使得个人在追求自我实现时，能够与整个社会良性互动，并且符合群体的福祉。

2. 孟子

孟子（公元前372—公元前289），名轲，字子舆（待考，一说字子车或子居）。战国时期鲁国人，鲁国庆父后裔。中国古代著名思想家、教育家，战国时期儒家代表人物。著有《孟子》一书。孟子继承并发扬了孔子的思想，成为仅次于孔子的一代儒家宗师，有“亚圣”之称，与孔子合称为“孔孟”。

孟子的哲学思想以唯物主义的成分居多，他认为客观世界有其自己的规律，是人所不能违反的。孟子明确地看到，一切事物发展和变化有其一定的进程。他在书中讲了一个故事作为比喻：“宁人有闵其苗之不长而揠之者，芒芒然归，谓其人曰：‘今日病矣！予助苗长矣！’其子趋而往视之，苗则槁矣。天下之不助苗长者寡矣！以为无益而舍之者不耘苗者也。助之长者揠苗者也，非徒无益，而又害之。”（《公孙丑》上）认识世界是为了改造世界，最重要的一环在于掌握客观规律。孟子拿夏禹治水，根据水势就下、可导而不可遏的规律，来说明人认识世界、改造世界都须如此。

孟子

此外，孟子还非常重视修养。在心性修养方面，孟子从“性善论”这一根本思想出发，认为实行“仁政”的最重要的动力，完全仰仗于君子大发“仁心”。这种“良知”、“良能”，“操之所存，舍之所亡”，贵在一个“养”字。孟子以子思的“思诚之道”为依据，提出了“尽心”、“知性”、“知天”等观点，从而形成了一套含有主观唯心主义成分的思想体系。

（三）墨家的认识论

墨子

墨子哲学思想的主要贡献在认识论方面。他把直接感觉经验作为认识的唯一来源，认为判断事物的有与无，不能单凭个人的臆想，而要以大家所看到的和听到的作为依据。墨子提出了检验认识真伪的标准，把“事”、“实”、“利”综合起来，以间接经验、直接经验和社会效果为准绳，努力排除个人的主观成见。在名实关系上，主张以实正名，名副其实。但墨子强调感觉经验的真实性的认识论也有很大的局限性，他曾以有人“尝见鬼神之物，闻鬼神之声”为理由，得出“鬼神之有”的结论。但墨子并没有忽视理性认识的作用，墨家学派创建了中国第一个逻辑思想体系。

第二节 哲学与人文精神

一、人文精神的涵义

所谓人文精神，是对人类生存意义和价值的关怀，是一种以人为本，以人为对象、为主体的思想。它以对人生价值的理解为前提，以追求真善美的价值理想为核心，以人自身的发展为终极目标，它是人类文化生活的内在灵魂。从某种意义上说，人之所以是万物之灵，就在于它有人文，有自己独特的精神文化。

（一）基本内涵

在西文中，“人文精神”一词应该是 humanism，通常译作人文主义、人本主义、人道主义。它可以作狭义和广义两种解释。狭义的人文主义是指文艺复兴时期的一种思潮，其核心思想为：一是关心人，以人为本，重视人的价值，反对神学对人性的压抑；二是张扬人的理性，反对神学对理性的贬低；三是主张灵肉和谐、立足于尘世生活的超越性精神追求，反对神学的灵肉对立、用天国生活否定尘世生活。广义的人文主义指欧洲始于古希腊的一种文化传统。按照传统的理解，人文精神的基本内涵可以确定为三个层次：一是人性，对人的幸福和尊严的追求，是广义的人道主义精神；二是理性，对真理的追求，是广义的科学精神；三是超越性，对生活意义的追求。

人文主义简单地说，就是关心人，尤其是关心人的精神生活；尊重人的价值，尤其是尊重人作为精神存在的价值。所以人文精神的基本涵义就是：尊重人的价值，尊重精神的价值。

（二）人文精神的核心

人文精神是对人生价值和意义的观照。人文精神的核心是人们关于“人应当如何生活”、“人之为人的价值标准”等一系列命题的自我意识，这决定着人文世界的发展方向。因此，在不同的时代，人文精神的特点和重点是不同的，它是在特定时代背景下人们的价值观、人性观、时代精神的集中反映。

1. 以人为本

人文精神的核心就是“以人为本”。也就是说，要把人放在最重要的位置上，要尊重人的价值。人文精神是一种普遍的人类自我关怀，表现为对人的尊严、价值、命运的维护、追求和关切；对人类遗留下来的各种精神文化现象的高度珍视；对一种全面发展的理想人格的肯定和塑造。从某种意义上说，人之所以是万物之灵，就在于它有人文，有自己独特的精神文化。人文精神不仅是精神文明的主要内容，而且影响到物质文明建设。它是构成一个民族、一个地区文化个性的核心内容，是衡量一个民族、一个地区的文明程度的重要尺度。

2. 文艺复兴时期的人文精神

人文精神获得世界的意义，是在文艺复兴时期。但这个时期的人文精神，依然继承了人文精神在西方文化中的发展传统。此时的人文主义还是停留在外比照之后的补救，而不是人自身的自觉自立。重视个性的自我，忽略了人普遍的理性，其中特别重视人的气质性。因此，此时的人文主义实际是对人的才情等气质之性的肯定。所以，文艺复兴时期有很多在才情上表现其创造力的科学家、艺术家。

3. 现代人文思想

现代人文思想至少包括以下三个方面的内容：

(1)“人本观念”

“人本观念”即“人本位”。人是社会的中心，人是衡量社会的尺度，是衡量一切的标准。从以君王为标准，到以人为标准，或者说，从“君本位”到“人本位”是人类社会的一次伟大革命，是人类价值观的一次伟大转变，是约翰·洛克寻求社会规律的第一个伟大发现。约翰·洛克用了《政府论》的整个上篇，打破了桎梏人类几千年的传统观念“君权神授”，建立了“人本位”的伟大学说。从此，确立了现代人文思想的核心内容。

洛克打破“君本位”，建立“人本位”的锐利武器，就是理性。洛克比牛顿大十来岁，但他是牛顿的好朋友，莫逆之交，他深受牛顿的思想影响。牛顿是近代科学的集大成者，近代科学的诞生，给人类提供了一个崭新的观念：规律意识和理性思维。洛克想：自然界如此有规律、有秩序，人类社会是不是也有它自身的规律呢？“人本位”就是他研究人类社会规律的第一个伟大发现。由此可见，洛克在科学和人文之间架起了一座桥梁。科学为人文提供了理性的武器，而人文又为科学提供了发展的方向：科学始终造福于人类，而不是给人类造成伤害。

（2）“个人观念”

“个人观念”即承认和尊重个人的哲学观念，是针对“君王主义”或“君本位”而言的，也是针对专制主义而言的。对于专制主义而言，个人是神圣的，是伟大的，是不容侵犯的。“人权”包括三个相关联的基本思想：第一，人权就是指个人的权利。第二，人权是生命权、自由权和财产权三者不可分离的权利。第三，人权是不可代替的，也是不可代表的，属于个人自己的权利，而且是天赋的权利，生而有之的权利。

（3）“自由观念”

自由观念就是政府的唯一宗旨是保护个人创造财富和享受幸福的自由。人权是唯一天赋的、根本的权利。政府的权力是选民赋予的，其唯一宗旨，就是保护人的自由。“生命诚宝贵，爱情价更高。若为自由故，二者皆可抛。”（出自裴多菲《自由与爱情》）在人的权利中，自由是最宝贵的，也是头等重要的。

自由也指每个人的自由，只有尊重他人的自由，才能有自己的自由；争取自己的自由，决不损害他人的自由。识别、判断是否损害了他人的自由的方法是制定以保护人的自由为宗旨的规则。这就是现代法制的基本观念，规则是保护人的自由的。个人违背规则也就是损害了他人的自由，就需要付出代价，受到惩罚；个人遵守规则就是尊重他人的自由，也是尊重自己的自由。所以，自由主义，决不像有些人歪曲的那样，为所欲为，无法无天。

可见，“自由观念”既是反对专制主义的有力武器，也同样是社会良好道德的哲学基础。

二、哲学与人文精神

人文精神看似虚无抽象，实际上通过宣传教育，能渗透到有形之用中去，使无形之用化为无限之用。而作为人文学科的哲学则正是以与人相关之事为考察对象，理所当然地蕴涵着强烈的人文关怀。哲学与人文精神之间有着极为密切的关联。因为从某种意义上来说，哲学的研究对象就是人及其与周围世界的各种关系。实际上也正是在哲学对人的存在状态的批判性反思中，人文精神才得以产生，并逐渐发展起来。

自古希腊大哲学家普罗泰戈拉的名言“人是万物的尺度”开始，哲学的视野就由对神话世界观的批判引向社会政治领域，哲学的主题由自然问题转向和人相关的各种问题。这个时期，人的问题仅集中在对于人的认识以及道德和价值的本体论探讨上。例如，苏格拉底的“认识你自己”和“知识即美德”就是

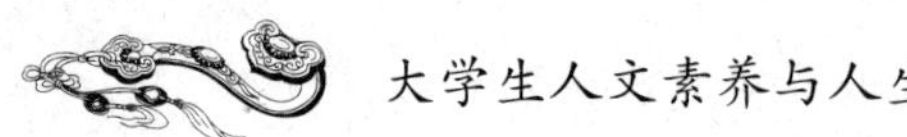

很好的代表。而到近代文艺复兴运动和启蒙运动之后，人的问题就几乎成为哲学中的核心问题。如德国古典哲学家康德就认为，哲学所关注的所有问题完全可以用三句话表现出来，即“人能够知道什么?”“人能够做什么?”“人能够希望什么?”而这三个问题合起来就是对“人是什么?”的解答。15 世纪文艺复兴运动提倡弘扬人的理性和自由，17—18 世纪启蒙运动进一步启蒙人的主体性精神，现代西方“人本主义”思潮各哲学流派对人的整体性反思，后现代主义思潮对人的各种生存境遇的批判、怀疑、否定、解构，都是哲学对人本身的一种深切的关怀。

事实上仅从欧洲文明的产生和发展来看，也可以明显地展示出哲学与人文之间的密切关系。欧洲文化主要有两个来源：一个是古希腊文化；另一个是希伯来文化，也就是后来的基督教文化。古希腊文化代表的是理性的文化传统，希伯来文化代表的是宗教信仰传统。中世纪时期，人的一切行为价值都要从上帝或基督的角度来进行解释，人被完全束缚在教会的势力之下，没有任何独立的自由和权力。近代之初，随着人们与宗教之间的斗争不断加强，自然科学逐渐地获得发展。随着矛盾冲突的进一步激化，终于在 15 世纪爆发了著名的文艺复兴运动。而文艺复兴运动的核心主题就是极力推崇人的自由和尊严，高度弘扬人的理性和创造性，也就是我们现在所说的“人文精神”。

而抛开西方哲学的历史和内容，单就中国哲学来说也是如此。中国大哲学家张岱年说：“中国哲学所思所议，三分之二都是关于人生问题的。世界上关于人生哲学的思想，实以中国为最富。其所触及的问题既多，其所达到的境界亦深。”（张岱年《中国哲学大纲》）远古时期通过观察自然、发现人自身德性来安顿人生。而到春秋战国时期，老庄、孔孟虽然在思想方式和内容表述上差异很大，但大都侧重于和人息息相关的道德伦理和社会价值。因此，弘扬人文精神，努力提高人的人文素质，哲学起到了不可替代的作用。

人文精神是对人类存在的一种终极关怀，表现为对人的价值、尊严、自由的关切、追求和维护，人之所以为人的一个最突出的特征就在于人能够超越单纯的物质性追求而进行一种精神性的价值追求，进而实现主体性的自由。而这些从某种角度来说恰恰是哲学的关注对象，也正是由于哲学的那种深入思考，人文精神才能更加合理，更加符合人性。

三、人文精神中的哲学趋向

人文精神自产生起就已经打上了哲学的某些烙印。正如马克思所说“哲学

是时代精神的精华”，它能够客观而又准确地把握人文精神的时代走向。

第一，哲学思维具有一种超越具体事务的反思性和批判性的特征，而这种特征恰恰是开启人之心智、人之良知以及人之审美判断力的钥匙。哲学自古希腊第一位哲学家泰勒斯开始，就不断地探究着宇宙万物的本源性问题，不断地追问着终极实在是什么，事物存在的根本原因是什么，什么是永恒的真理，什么是世界的终极目的，人的终极性价值是什么。这些问题看似与我们的生活相去甚远，但这却是人们对自身的存在的一种终极性的思考和关怀，是人对自我意识的一种觉醒。“人文”的根本性观念就是从人类的角度来思考人，思考人的存在根基，进而关照和人相关的各种超越性问题：人的本性、人的本源、人和大自然的关系、人和神的关系、人和人的关系等，其最终的结果就是要形成某种具有普遍性和持续性的“精神指向”。而哲学以形而上的特征直指人的生存本质，直探人的精神世界和心灵世界的核心。事实上，也正是由于“人文”内涵中具有深刻的哲学意蕴，人文精神才能够不断地获得存在的价值和发展的生命力，才会具有涤荡人之理念、净化人之心灵的“大用”，也才会具有超越历史、时代和文化的永久的魅力。

第二，哲学总是具有一种战斗性的精神，因此，哲学的探究方式和关怀方式充满审慎的批判和反思。因为批判，哲学不盲从，不随大流；也因为批判，哲学让人不随遇而安，使人独立。哲学总是不满足于现实，但这种不满却充满着对未来的美好希望和构想。因为哲学面对的是包括人在内的整个世界，因此必须超越了每个具体的事物，必须利用思辨的方法概念地把握这个世界。正如冯友兰先生说的那样，哲学思考的对象是精神，是对思维的思维，因此哲学的思考是“反思”，是在反思中理解人及人的境遇、人与世界的终极本质。哲学总是全方位地揭示人与世界的关系，总是以一种发展的眼光审视着世界中的一切，只有这样才能满足哲学终极性的探索。大思想家帕斯卡尔在其名著《思想录》中说：“思想造就人之伟大。”如果没有思想，人就会沦为野蛮的动物。哲学的本质就是催促人们进行思考，形成一种独立的思维方式，一种审视世界的独立精神。

第三，哲学的抽象性和超越性使人能够真正地认识自己，对自己当下的各种境遇保持一种深刻的洞察力、一种卓识的远见。人全面认识自己，就是要全面认识自己与世界的各种关系。这些关系大致可分为三种：人与自然、人与他人、人与自我的关系。人与自然的关系始终存在着自由与必然的矛盾。比如：过去人们为了自己能够获得更多的财富，能够满足自己统治自然的欲望，不惜一切代价和手段，毫无节制地向自然进行索取、掠夺。虽然在一定时间内让我

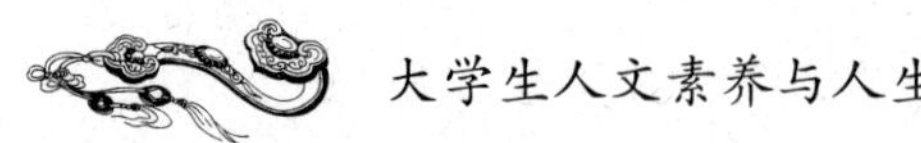

们的物质欲望满足了，似乎获得了我们所想要的自由，但是随之而来的却是更加沉重的负面效应、更加沉重的生活枷锁——环境污染、生态破坏。所以今天我们又不得不为了摆脱这种困境而检讨自己的行为，反思自己的欲望。而这就要求我们必须从哲学的视角，必须从一种更加超越性的层面来认识自己行为，认识自己的目的和欲望，从而告诫我们自己不能简单地只顾眼前利益而忽视未来发展，不能只顾物质享受而忽视高尚的价值追求。所以生活世界是最值得、也是最需要哲学家沉思的。因为批判的哲学更容易发现生活世界中的欠缺，冯友兰先生说哲学的思索是“关系到‘安身立命’之大事，也可以说是关系到灵魂的大事”。

当代哲学泰斗高青海先生认为，人的生命可分为第一生命、第二生命。第一生命是自然生命，第二生命是创造生活，实现人生价值更高的人类生命。而哲学所针对的就是人的第二生命。在哲学式的追问中，人会确信自己的力量，会发现自己的主体性地位，认识到自己的有限与无奈，找到自己的价值和尊严，明白自己的最终追求和最终目的，找到自己的精神家园。德国大哲学家海德格尔说：“在自己的精神家园中，人会‘诗意地栖居着’。”

第四，哲学的超越性能使人们不为世俗功利所蒙蔽，审美具有非功利性的可能。人文素质教育中，美育是不可缺少的一环。生活是美好的，然而长时间的物质追求却总是让人们忽视这种美好的存在。而哲学的超越性和批判性却能够引导人们去发现周围的美，督促人们进行审美追求，进而培养人的审美判断力。哲学对审美判断力的培养作用体现在以下两个方面：首先，哲学把“真善美”的统一作为人生之最终目的。因此美是哲学的一大主题。哲学对于美的态度不是描述，而是不断地直接追问，追问其根本，追问其永恒。尽管哲学或美学史上有许多美的本质的规定，而且没有统一，但却引发了人们对于美的自觉而不懈的追求。其次，审美判断力不是天然形成的，而是有一个自觉化的形成过程。这种判断力的形成不仅包含着人的学识涵养、经验阅历，更重要的是还要形成人自身修养的高尚的精神境界。

由此，哲学的内容与活动都是与对人的关怀分不开的，哲学不是人文关怀的手段，哲学与哲学活动本身就是人文关怀。

第三节　广东人的人生哲学及历代思想家、哲学家

一、广东人的人生哲学

人文精神不仅是精神文明的主要内容，而且影响到物质文明建设。它是构成一个民族、一个地区文化个性的核心内容，是衡量一个民族、一个地区的文明程度的重要尺度。所以一个国家有一种民族精神，一个地区也有一种地域性的地区精神。而这种地区精神不仅是当地人们生活的一种精神风貌，更是这一地区所特有的人文关怀的具体体现。它不仅包含当地居民的文化发展历程，更包含着他们对未来发展的一种充满着智慧性的态度。而这种特殊性在广东地区则更加明显而突出。广东人的人生哲学大致可以归结为以下三个方面。

（一）善于吸收外来文化的开放风气

从古老的民间传说开始，就具有一种与众不同的开放心态，至今南海神庙中还立有波罗国使者达奚司空的塑像，西来初地还有达摩祖师的遗迹。著名的岭南画派，就是在继承国画传统技法的基础上，借鉴了西洋画的技术而形成；饮誉世界的粤菜风味，不但吸取了国内八大菜系的技艺，还吸取了西菜烹饪之精要。特别是改革开放以来，广东人更发挥了这方面的潜质，在全国率先敞开大门，在对外经济、文化的交往中扮演了引人注目的角色。

（二）努力超越“传统导向”的进取精神

岭南地区虽然远离中国的中原地区，但是在思想上却并没有远离中国传统的主流文化，尤其是自明代广东名儒陈献章以来，其不仅继承了中国优秀的传统文化思想，而且推陈出新，做出了很多新的创建。而且这种创建精神一直延续至今，俨然已经演化为一种超越“传统导向”的进取性精神。这一点从广东所涌现的一大批历史名人的事迹中就可见一斑。如岭南画派祖师高剑父、民主革命家孙中山、思想启蒙运动的先驱梁启超等。这些灿烂的群星代表了岭南文化的思想，他们的言行与业绩，亦可见岭南文化的特异风格。

（三）实利重商的文化倾向

广东得天独厚的地理条件，使它在唐宋时代已经成为我国重要的对外贸易区，以珠江三角洲、韩江三角洲为中心向外辐射。特别是清中叶以后，随着国际市场对茶叶、丝绸需求量的增加，刺激了当地商品经济的发展，除广州、佛山两大商埠外，潮汕商人的足迹“上沂津门，下通台厦”，远至新加坡、暹罗一带，形成了当时商业系统著名的“潮州帮”（潮商）、“广东帮”。商品经济的发展铸造了岭南文化讲求实利实惠，偏重商业的倾向。

二、广东历代重要哲学家、思想家简介

（一）六祖惠能

惠能（638—713），俗姓卢氏，河北燕山人（现今的涿州），生于岭南新州（今广东新兴县）。佛教禅宗祖师，得黄梅五祖弘忍传授衣钵，继承东山法门，为禅宗第六祖，世称慧能为禅宗六祖，是中国历史上有重大影响的佛教高僧之一。由于惠能常在曹溪宝林寺（今广东韶关南华寺）弘扬禅宗，主张“顿悟”，因此，其思想深刻地影响了华南诸宗派，后来形成“南宗”一派。陈寅恪称赞六祖：“特提出直指人心、见性成佛之旨，一扫僧徒繁琐章句之学，摧陷廓清，发聋振聩，固我国佛教史上一大事也!”（陈寅恪《论韩愈》）不仅如此，而且在英国伦敦大不列颠国家图书馆广场，矗立着世界十大思想家的塑像，其中就有代表东方思想的先哲孔子、老子和慧能，被并列为“东方三圣人”。由此可见慧能大师的哲学思想的影响之大、之深远。

惠能的禅法以定慧为本。他又认为觉性本有，烦恼本无。直接契证觉性，便是顿悟。他说自心既不可攀缘善恶，也不可沉空守寂，即须广学多闻，识自本心，达诸佛理。因此，他并不以静坐敛心才算是禅，就是一切时中行、住、坐、卧、动里，也可体会禅的境界。惠能又说“先立无念为宗”，“佛法在世间，不离世间觉”。所谓无念，即虽有见闻觉知，而心常空寂之意。“自心归依自性，是皈依真佛。自皈依者，除却自性中不善心、嫉妒心、谄曲心、吾我心、诳妄心、轻人心、慢他心、邪见心、贡高心及一切时中不善之行，常自见己过，不说他人好恶，是自皈依。常须下心，普行恭敬，即是见性通达，更无滞碍，是自皈依。”（出自六祖《坛经》）

（二）陈白沙

陈白沙（1428—1500），原名陈献章，字公甫，别号石斋，广东江门白沙乡人。陈白沙是明代著名的思想家、教育家、书法家、诗人，被称为“一代大儒”、“岭南一人”。他受到推荐，被朝廷封授翰林院检讨而返乡，设馆教学，培养人才。他在宋明理学史上是一个承先启后、转变风气的重要人物。他主张“自然为宗，忘己为大，无欲为主”，并以“心即理也”的观点，弘扬自己的理学学说，因而创立了哲学领域的“岭南学派”，亦称“江门学派”。他的诗作有两千多篇，他的书法自成一家，贯以自创的“茅龙”笔写字。如今，陈白沙祠、白沙公园、白沙墓、陈白沙父母墓、钓鱼台等成了江门市的历史胜迹。

（三）梁启超

梁启超（1873—1929），字卓如，号任公，广东江门新会茶坑村人。中国近代维新派代表人物，近代中国的思想启蒙者，深度参与了中国从旧社会向现代社会变革的伟大社会活动家，民初清华大学国学院四大教授之一，著名新闻报刊活动家。他自幼聪明好学，积极进取。他在康有为主办的万木草堂就学四年，接受康有为的变法维新思想。1895 年春天，他随康有为进京会试，协助康有为发动“公车上书”。他任《时务报》主笔时，发表了《变法通议》等文章。光绪皇帝宣布变法后，赐梁启超为六品官衔。他逃亡日本后，提出“君主立宪”主张，介绍西方的政治、经济学说。辛亥革命胜利后，他回国任司法总长。袁世凯企图复辟帝制，他予以公开揭露，与蔡锷策划反袁的护国战争。晚年，他弃政从文，曾任清华研究导师、北京图书馆馆长。他生前著书 1 400 多万字，辑为《饮冰室合集》。

梁启超明确提出兴民权是变法的根本，是强国的保证。他否定了君权的神圣性，宣传变官制；肯定人民爱国救亡的合理性，提倡办学会。他以进化论作为变法维新的理论基础，由进化演绎出“变”，从“变”推导出“动”。他提出运动的结果是“日新”，把革故鼎新作为社会进步的前提条件，并提出“穷则变，变则通，通则久”的观点。

梁启超认为，所谓国君，就是人们办事时推举的一个小头目，如果不好，随时可以更换。就像一个饭铺里的总管，总管好，大家拥护，不好则弃之换新，绝对不存在神圣不可侵犯或万世长存的道理。从变法的需要出发，梁启超对以皇权为核心的封建官僚制度进行了猛烈的批评。

梁启超虽然曾是康有为的学生、信徒、助手，但他们还是分道扬镳了；梁启超与孙中山合作过，也对立过；他拥护过袁世凯，也反对过袁世凯。对此，梁启超说：“这绝不是什么意气之争，或争权夺利的问题，而是我的中心思想和一贯主张决定的。我的中心思想是什么呢？就是爱国。我的一贯主张是什么呢？就是救国。”“知我罪我，让天下后世评说，我梁启超就是这样一个人而已。”

梁启超具有强烈的民族危机意识，在个体与群体的关系上，强调群体价值的重要性。他在流亡日本后大力倡导民族主义，对形成民族主义思潮起了积极的推动作用。梁启超是戊戌变法领导人之一，是我国19世纪、20世纪之交资产阶级维新派的著名改革家。他主张赋税的征收必须以便民为原则，实行轻税、平税政策，而反对与民争利的“固民所急而税”的传统观点。指出“西人于民生日用必要之物，必豁免其税以便民。中国则乘民之急而重征之，如盐政之类是也。亦有西人良法美意，为便民而起，而中国视为助帑之计，行之而骚扰滋甚者，如今之邮政之类是也。”他提出应仿效英国实行平税政策，便民利民而后求富强。这是一种把经济发展放在首位，财政税收放在其基础之上的观点，对当时中国资本主义工商业的发展具有积极意义。

【本章小结】

黑格尔说过，一个国家如果没有了哲学，就好比一座神庙，尽管装饰得富丽堂皇，却没有神灵。哲学不仅是一个民族的精神所在，也是个人一切行为的出发点。哲学，是人的永恒事业。只有有了人，才有哲学，哲学是属人的，哲学是为人的。教人以文，才可化成天下。人要爱人，即以慈爱之心，仁义之心对人。人，是哲学的永恒题目。只有有了哲学，人才真正成为人。

【学习与探究】

一、探究与思考

1. 只有那些永远躺在坑里从不仰望天空的人，才不会掉进坑里

秋日的夜晚，古希腊哲学家泰勒斯在草地上观察星星。他仰望星空，不料前面有一个深坑，一脚踏空，掉了下去。水虽然仅没及胸部，离地面却有二三米，上不去，只好高呼救命，一个路人将他救出。他对那人说：“明天会下雨！”那人笑着摇头走了，并将泰勒斯的预言当做笑话讲给别人听。第二天，果真下了雨，人们对他在气象方面的知识如此丰富赞叹不已，有人却不以为然，说泰勒斯知道天上的事情，却看不见脚下的东西。

两千年后，德国大哲学家黑格尔听到这个故事，想了想，说了一句名言：“只有那些永远躺在坑里从不仰望高空的人，才不会掉进坑里。”

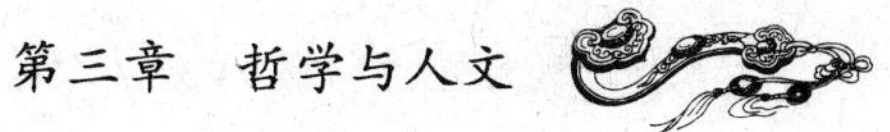

谈一谈，这个故事给你什么启示?

2. 沮丧的妒忌者

亚里士多德在雅典吕克昂学院从事教学、研究、著述期间，常与学生们一道探讨人生的真谛。

有一次，一位学生问他:“先生，请告诉我，为什么心怀嫉妒的人总是心情沮丧呢?”

亚里士多德回答:“因为折磨他的不仅有他自身的挫折，还有别人的成功。”

你嫉妒过别人吗? 你认为我们应该怎样看待别人的成功?

二、互动平台

各抒己见：结合自己家乡的风俗习惯，谈一谈自己家乡的人文思想。

活动设计：寻找广东文化名人，撰写一篇采访稿。要求：采访稿要独立完成，不能虚构，要有充分的广度和深度。

三、专题研讨

1. 怎样理解中国哲学对现代文明的意义?

2. 哲学与人文的关系及其对人生的意义。

四、思维空间

人生的幸福

有一天，罗素的一位年轻朋友来看他。走进门后，只见罗素正双眼直视房屋外边的花园，陷入了沉思。这位朋友问他:“您在苦思冥想什么?”

罗素回答说:“每当我和一位大科学家谈话，我就肯定自己此生的幸福已经没有希望。但每当我和我的花园谈天，我就深信人生充满了阳光。”

谈谈你对罗素这种观点的见解。

五、阅读链接

1. “韦编三绝”

春秋时的书，主要是以竹子为材料制造的，把竹子破成一根根竹签，称为竹“简”，用火烘干后在上面写字。竹简有一定的长度和宽度，一根竹简只能写一行字，多则几十个，少则八九个。一部书要用许多竹简，这些竹简必须用牢固的绳子之类的东西编连起来才能阅读。像《易》这样的书，当然是由许许多多竹简编连起来的，因此有相当的重量。

孔丘花了很大的精力，把《易》全部读了一遍，基本上了解了它的内容。不久又读第二遍，掌握了它的基本要点。接着，他又读第三遍，对其中的精神、实质有了透彻的理解。在这以后，为了深入研究这部书，又为了给弟子讲解，他不知翻阅了多少遍。这样读来读去，把串联竹简的牛皮带子都磨断了几次，不得不多次换上新的再使用。

即使读到了这样的地步，孔子还谦虚地说："假如让我多活几年，我就可以完全掌握《易》的文与质了。"

"韦编三绝"是孔子勤读《易》书的一则典故。《史记·孔子世家》载："孔子晚而喜《易》，序《彖》、《系》、《象》、《说卦》、《文言》。读《易》，韦编三绝。曰：'假我数年，若是，我于《易》则彬彬矣。'"

2. 自己的价值

英国哲学家、诗人贝恩斯（1823—1887）在泰晤士河上看见一个富翁被人从河里救了起来。那个冒着生命危险营救富翁的穷人，竟只得到一个铜元的报酬。围观的人被这富翁的吝啬激怒了，要把他再扔到河里去。这时，贝恩斯立即上前阻止，说："放了这位先生吧，他十分了解自己的价值!"

3. 孟母断织

孟子小的时候，有一次放学回家，他的母亲正在织布，见他回来，便问道："学习怎么样了?"孟子（漫不经心地）回答说："跟过去一样。"孟母见他无所谓的样子，十分恼火，就用剪刀把织好的布剪断。孟子见状，害怕极了，就问他母亲："为什么要发这样大的火?"孟母说："你荒废学业，如同我剪断这布一样。有德行的人学习是为了树立名声，学习才能增长知识。所以平时能平安无事，做起事来就可以避开祸害。如果现在荒废了学业，就不免于做下贱的劳役，而且难于避免祸患。"孟子听后吓了一跳，自此，从早到晚勤学不止，把孔子当做老师，终于成了天下有名的大儒。

4. 越谦和越接近高尚

黑格尔是学识渊博的德国大哲学家，也是极谦和的人。

对黑格尔来说，谦和已经成为一种习惯。有次朋友们聚会，一位朋友问他："您一贯谦和的习惯是怎么养成的呢?"

他没有直接回答，而是讲了小时候的一件事。有一天上午，父亲邀他一同到林间漫步，他高兴地答应了。父亲在一个弯道处停了下来，专心地听了一会儿，问黑格尔："孩子，除了小鸟的歌唱之外，你还听到了什么声音?"

他仔细地听了一会儿，自信地回答："我听到了马车的声音。"父亲说："对，是一辆空马车。"

黑格尔惊讶地问父亲："我们都没看见，您怎么知道是一辆空马车呢?"

父亲答道："从声音就能分辨出是不是空马车，因为马车越空，噪音就

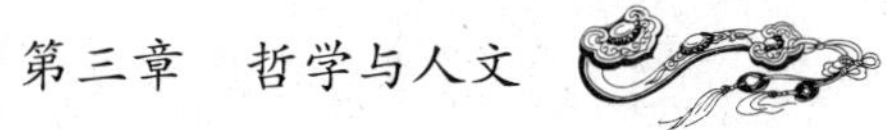

越大。”

从此以后，黑格尔将父亲的话牢记在心。每当要出现粗暴地打断别人说话苗头的时候，每当要出现自以为是、贬低别人苗头的时候，他都会想到父亲的提醒：“马车越空，噪音就越大。”

5. 六祖慧能的故事

慧能家境贫寒，三岁丧父，迁居南海。稍长，卖柴养母。因听人诵读《金刚经》有悟，决心学佛出家。慧能于公元 672 年到湖北黄梅参拜弘忍大师学法。慧能初见弘忍，弘忍便问他：“你是哪里人？来这里求取什么？”慧能回答：“弟子是岭南人，来到这里不求其他，只求‘作佛’。”弘忍听了仍随口说：“你是岭南人，哪里能‘作佛’！”慧能回答：“人有南北之分，‘佛性’并无南北之分。”这才使弘忍微微吃惊。慧能的回答使弘忍不便回绝，就安排他随众劳动，在碓房舂米。慧能乐于从命，终日舂米，干得欢快。当时弘忍的徒众有 700 人，在慧能入寺八个月之后，弘忍命各人呈上一首偈语，这实际上是一场考试，他要选择继承人。但慧能没资格参加，因为他只是干杂事的。神秀是众僧中的上座和尚，他在半夜三更时分，独自掌灯，在佛堂的南廊写下一偈：“身是菩提树，心如明镜台。时时勤拂拭，莫使有尘埃。”

清晨时，弘忍见到此偈后漠然不语，慧能闻声来到廊下，他要求也做一偈，得到许可，于是他高声念道：“菩提本无树，明镜亦非台。本来无一物，何处惹尘埃。”弘忍看到是慧能，就叫他退下，第二天弘忍把慧能叫去，为慧能讲经，又把世代相传的法衣交给他，正式传他为禅宗六祖，并为他的安全着想，亲自送他到江州的渡口，吩咐他非到必要的时机，不要把自己是禅宗六祖的身份讲出来，免得有禅宗的僧人来争夺。

慧能得到祖传衣钵后返回广东。为躲藏“物色之者”加害，他在四会一带的猎人中藏匿了整整 15 年，直到唐高宗仪凤元年（公元 676）才公开露面。这年的正月初八，慧能来到广州法胜寺（今光孝寺）。一天，风扬起寺庙的旗幡，两个和尚在争论到底是“风动”还是“幡动”。慧能说：“既非风动，亦非幡动，仁者心动耳。”慧能的说法，令众僧大为惊叹，引起了印宗法师的关注和尊敬。不久，印宗法师为慧能剃了度，后又召集高僧名师为慧能举行了隆重的受戒仪式。次年春，慧能离开法胜寺，北上到南华寺开山传法，前来送行的有一千多人。在南华寺，六祖慧能传教说法长达 37 年之久。其间，韶州刺史韦璩也常请他到城里的开元寺（后更名为大梵寺）讲经。慧能的言行后被其弟子法海汇编成书，这就是被奉为禅宗宗经的《六祖法宝坛经》。在佛教中，只有佛祖释迦牟尼的说法行为记录能被称做“经”，而一个宗派祖师言行录也被称做

“经”的，慧能是绝无仅有的一个。

6. 咸鱼翻身

梁启超九岁那年，他的祖父梁维清带着他乘坐木船，由水路经江门前往广州参加考试。当时满船的人都是准备应试的赶考书生。一日，在船上吃午饭，刚好吃的是白米饭和蒸咸鱼，有一个考生就提议以咸鱼为题吟诗或作对。其实用咸鱼入诗入对，是一个非常难的题目，因为咸鱼虽然是广东人饭桌上的名菜，但毕竟登不了大雅之堂。俗话说："进鲍鱼之肆，久而不闻其臭"，但说的仍然是臭，并且是与"入芝兰之室"相对的。话题一出，当时满船的考生都一下子被难倒了，大家纷纷抓耳挠腮，苦苦思考。

梁启超稍停片刻，便当众吟诵："太公垂钓后，胶鬲举盐初。"在座的人听了，都不约而同地愣了一下，然后大家都拍手叫好，不约而同地称赞他的诗做得十分切题，风格典雅，诗意浓郁，而且适当地运用典故，不落俗套，是十分难得的好句。

到后来有人讨论到梁启超的时候，就有这样戏言："广东咸鱼从此得翻身了，入风流儒雅的一类了。"这个可能都是从梁启超作咸鱼诗中得到的。

第四章　艺术与人文

学科感怀

艺术保存了人类最深刻的人文精神，艺术在一个情感和想象的空间里，给整个宇宙带来最终的自由与和谐。

爱因斯坦曾说，在科学领域和艺术领域里对真、善、美的不断追求，照亮了他的生活道路，对艺术的爱好，丰富和培育了他的感知力、想象力和创造力。我们就是要通过艺术教育来培养大学生们美好的情感和心灵，从而实现其完美人格的塑造。

【知识目标】

通过本章的学习，掌握绘画、音乐、舞蹈、戏剧、影视艺术的基本知识，领会这些艺术在提高大学生文化素质和人生品味中所起的作用。

【能力目标】

通过本章的学习，学会欣赏古今中外绘画、音乐、舞蹈、戏剧及影视等领域的经典作品。

第一节　艺术扫描

课件演示：

①欣赏小提琴协奏曲《梁祝》；②欣赏舞蹈《千手观音》；③欣赏话剧《雷雨》片断；④欣赏徐悲鸿美术作品；⑤欣赏电视剧《士兵突击》片断；⑥欣赏《黄河大合唱》；⑦欣赏电影《金陵十三钗》、《泰坦尼克号》片断。

课件演示设计：穿插在讲课中。

一、什么是艺术

一般来说，艺术是人的知识、情感、理想、意念综合心理活动的有机产物，是人们现实生活和精神世界的形象表现，是人们为了满足自己对主观缺憾的慰藉需求和情感器官的行为需求而创造出的一种文化现象，艺术是人们进行情感和思想交流的一种文化形式。

对于艺术，可以从以下三个层面来认识。第一是从精神层面，把艺术看作是文化的一个领域或文化价值的一种形态，把它与宗教、哲学、伦理等并列。第二是从活动过程的层面来认识艺术，认为艺术就是艺术家的自我表现、创造活动，或对现实的模仿活动。第三是从活动结果层面，认为艺术就是艺术品，强调艺术的客观存在。

艺术最终以艺术品的形式出现，这种艺术品既有艺术家对客观世界的认识和反映，也有艺术家本人的情感、理想和价值观等主体性因素，它是一种精神产品。

艺术与其他意识形态的区别在于它的审美价值，这是它最主要、最基本的特征。艺术家通过艺术创作来表现和传达自己的审美感受和审美理想，欣赏者通过艺术欣赏来获得美感，并满足自己的审美需要。

除审美价值外，艺术还具有其他社会功能，如认识功能、教育功能和娱乐功能等。其中艺术的社会功能可使人们通过艺术活动来认识自然、认识社会、了解历史、了解人生，它不同于科学的认识功能。

艺术的教育功能是人们通过艺术活动，受到真、善、美的熏陶和感染，潜移默化地引起思想感情、人生态度、价值观念等的变化，它不同于道德教育。

艺术的娱乐功能是人们通过艺术活动来满足审美需要，获得精神享受和审美愉悦，它不同于生理反应。

二、艺术作品的内容

艺术作品内容的构成因素有两个：一是艺术家在艺术作品中所再现的社会生活，一般称为艺术作品的题材；二是艺术家对所再现的社会生活的认识与评价及由此产生的思想感情，一般称之为艺术作品的主题。

三、艺术作品的形式

艺术作品的形式就是作品内容的组织结构和表现手段。艺术作品的形式包括：艺术作品的组织结构和艺术作品的艺术语言。

四、艺术作品内容与形式的关系

（一）艺术作品内容与形式的关系

在艺术创作过程中，艺术作品的内容决定形式的产生。艺术家在创作过程中根据需要或为某事触动而产生了创作欲望，确定了作品的内容，然后根据内容需要去寻找合适的表现形式。

如达·芬奇《最后的晚餐》为了突出即将受难的耶稣，在画面中用了对称的构图，将众人分为两个小组，把他们安排在耶稣的两侧，使耶稣成为中心人物，显然，这幅画的构图是由它的内容所决定的。

（二）形式反作用于内容

形式不是消极、被动的，它可以积极能动地反作用于内容。

如齐白石的《墨虾图》，在构图处理上让人感到虽不画水但却有水的奇妙，使人进入“气韵生动，以形写神”的境界。

（三）艺术作品的内容与形式是相互依存密不可分的

任何一个具体的艺术作品都是内容与形式的统一，内容与形式是相互依存密不可分的。任何形式都表现着内容，任何内容都通过形式显现。

如徐悲鸿的《群马图》表现出了中国画静中有动的内涵，在笔墨表现上讲究中国画的“墨分五色”，达到了明暗变化的效果，他笔下的马充满了勃勃生机，体现了艺术作品内容与形式的统一性。

（四）割裂艺术作品内容与形式的关系所导致的错误

任何优秀的艺术作品都具有内容与形式的完美统一。在内容与形式的关系上，存在着形式主义和虚无主义两种观点，这两种观点都是对艺术作品中内容与形式孤立而又片面的看法，都会给艺术作品的创作造成一定的影响。

五、艺术的类型

艺术的类型可分为三类：

表演艺术——音乐、舞蹈、杂技、相声、魔术等。

造型艺术——绘画、雕塑、建筑、工艺、书法等。

语言艺术——小说、诗歌、散文、戏剧文学、影视文学等。

（一）绘画

绘画是运用线条、形体、色彩、明暗、笔触等造型语言在二度平面上塑造艺术形象，以表达人的思想感情的艺术。

绘画区别于雕塑、建筑等其他造型艺术的特征是其实体的平面性，即画家是在平面材料上（如画布、画纸、墙面等）进行创作。通过描绘，画家创造了一个视觉空间，即画面上的形象构成了与现实生活有一定联系的，但却是视觉上的，也即虚幻的空间。

绘画的种类很多，根据绘画所使用的工具材料分类，可分为素描、油画、水彩画、水粉画、水墨画、版画、壁画等；根据绘画所表现的内容或对象分类，可分为历史画、风俗画、肖像画、风景画（山水画）、花鸟画、静物画等；根据国家或民族的文化传统分类，可分为中国画、日本画等。

1. 油画

油画是以油为调和剂调合颜料，在经过制作的不吸油的平面上描绘而成的绘画。油画是西方的主要画种。

2. 中国画

中国画是中国传统绘画的统称，它包括中国传统绘画的各种类别，但通常是指以水为调合剂，以墨为主要颜料的一类，又可称为水墨画或彩墨画。

中国画的工具材料为笔、墨、纸、砚和绢素。中国画的一大特色是使用毛笔，比起油画笔，毛笔具有特殊的效能，它能自由地勾画出线条。中国画以线条为主要造型手段，通过线条粗细、顿挫、方圆、疾徐、转折等变化，表现物象的形体和质感。

在水墨一体的中国画中，墨色代替了彩色，通过墨的皴擦点染、干湿浓淡等变化，塑造形象，烘染气氛。

3. 素描

素描又称单色画。广义是指以任意一种材料作单色的描绘，狭义是指用铅笔、钢笔、木炭笔等在纸上绘出的形象。它一般是画家的写生之作，是一种绘画基础训练作品，也可指画家构思大幅创作的草图。

不同的工具材料固然制约了不同的绘画面貌，但绘画创作的共同规律又决定了工具材料的运用只是为了更好地实现作品的艺术效果。无论使用何种工具材料，绘画创作总离不开形体、线条、明暗、色调等艺术语言。

4. 欣赏绘画艺术的方法

绘画的视觉空间特征决定了绘画欣赏的方式是看，因而提高绘画欣赏力的唯一方法也是看。

绘画语言中的形、光、色、结构等要素都是具有审美感染力的表象符号，不同的艺术家运用它们的方式不同，就产生出具有个性的艺术作品。因此，对于欣赏者而言，面对风格各异的作品，欲获得欣赏的愉悦，达到欣赏的层次，需要掌握一定的知识与方法。

第一，对绘画作品要以理解的态度加以品评。

不论哪种流派、风格，不论是你喜欢或不喜欢，在欣赏之前要首先确立自己理解的态度。所谓理解，即设法了解作品产生的原因和背景，作者想要表达的内容以及作品结构、形式特征等。只有对这些理解了，能和作品在感情上交流了，欣赏者才可能作出比较准确的批评和鉴赏。

第二，了解绘画发展脉络，把握代表作品特征。

绘画世界是立体的，从纵向看，是绘画的演变与发展。比如，西方绘画经历了古代（古希腊和罗马）、中世纪（公元5世纪到14世纪）、文艺复兴时期（15、16世纪）、17、18世纪和近现代等大的历史阶段。

各个历史时期的艺术理想和艺术表现风格都不相同。一般把文艺复兴时期到19世纪初的西方绘画称为古典绘画，它的造型基本上是写实的，作品很完整，其美学倾向是典雅与和谐。但在整个古典绘画中，又有风格的演变。

第三，培养对艺术形式的感觉。

欣赏的实质不是表面的观看，而是感觉。面对作品，其艺术特征触动、撩拨、撞击、刺激着人的感官神经，形成审美的心理活动。

线条是绘画诸要素中最生动的部分，是画家从自然真实中抽取出的一种具有抽象意味的语言。形体在绘画中不仅指具体物象的形貌，还指这种形貌所暗示的情感倾向特征。色彩是绘画中最富情感性质的要素。与色彩相关的是色调，特别在油画中，色调是构成主题思想与意境的重要因素。动感也是绘画中的重要因素，它既指通过构图和造型形成的某种感觉效果，又指涵盖其他因素形成的画面整体精神。

所有这些要素在一幅幅画中组成有机整体，有时艺术家侧重强调某种要素。因此，培养和提高欣赏能力的重要方法是多看。

第四，尊重自我感受，尊重自己的直觉与联想。

欣赏绘画是一种见仁见智的创造性活动。由于欣赏主体的年龄、经历、修养与趣味各异，同样看一幅画，获得的感受结果自然也相异，这是正常的。

古往今来，绘画作品是人类历史的形象记录，在欣赏绘画时，一幅幅作品把人引入历史文化的深邃空间，领略一个个历史时代的风采。而绘画艺术形式打动视觉感官，扣动人的心弦，使人感受到了欣赏过程就是一次次美的巡礼与情感的升华。

（二）音乐

1. 音乐的特征

音乐不仅是以声音表达情感的艺术，也是在时间过程中展示的诉诸听觉的一门艺术。

①音响的艺术：音乐艺术的实体是乐曲，乐曲由旋律、节奏、调式、曲式、和声、复调等要素构成。

②抒情的艺术：音乐特别专注于表现情感，它不再现现实生活中的物质形式，而只表现从其中体验到的情感。它表现的情感是抽象的、直接的。同时，它表达情感的特殊方式，还可带来欣赏的特殊性。

2. 音乐的类型

按照使用工具的不同，分为器乐和声乐两大类。器乐中又分为管弦乐、铜管乐和打击乐。

按体裁不同，可分为独奏、齐奏、重奏、交响曲、协奏曲、奏鸣曲、组曲和独唱、重唱、合唱、歌剧等。

①独奏：是由一个人演奏的器乐作品，如笛子独奏《牧民新歌》。

②交响曲：是充分发挥各种乐器功能的大型乐曲，如贝多芬的《英雄交响曲》。

③协奏曲：是一件或几件乐器的独奏与管弦乐队的演奏并加以相互配合的大型乐曲，一般以独奏乐器而定名，如钢琴协奏曲、小提琴协奏曲等。

④奏鸣曲：是由三个或四个乐章构成的大型乐曲，可由钢琴独奏，也可以由一件其他乐器与钢琴合奏，如贝多芬的《悲怆奏鸣曲》。

⑤重唱：是每个声部由一人演唱的多声部声乐形式，有二重唱、三重唱、四重唱等，如黑鸭子组合。

⑥合唱：是一种大型声乐形式，如《七子之歌》、《我的祖国》等。

⑦歌剧：是以戏剧形式来展示的音乐艺术，如《江姐》、《洪湖赤卫队》等。

（三）舞蹈

1. 舞蹈的特征

舞蹈是在一定的空间与时间中展示的视觉艺术，以有韵律的人体动作（律动）为主要表现手段，其主要特征：动作性、抒情性、与音乐的密切关系。

①动作性，舞蹈是用动作说话的艺术，动作有一定标准。

第一，舞蹈动作必须具备规范性和技巧性，如健美舞等。

第二，必须有内涵。舞蹈演员的一招一式、一动一静，都与所扮演的人物内心活动相对应，如杨丽萍的《雀之恋》等。

第三，讲究形式美，动作经过高度美化和规范化，具有严格的程式，讲究节奏和韵律，如邰丽华的《千手观音》等。

第四，注重风格，如西班牙舞的风格特点是潇洒热烈，新疆维吾尔族舞蹈是热情奔放等。

②抒情性，舞蹈长于抒情。如杨丽萍的孔雀舞，在温婉的音乐当中，杨丽萍缓缓走出，她的长裙洁白胜雪，远远地，仿佛就是一只美丽动人的孔雀，高贵而优雅，舞蹈抒发了傣族人民对美好幸福生活的追求。

③与音乐的密切关系。舞蹈与音乐关系密切，共生共存，主要有以下三个原因：

一是舞蹈与音乐之间存在着共同点：节奏、抒情性，都是在实践过程中展示。如民族舞、现代舞、古典舞、芭蕾舞等。

二是舞蹈需要音乐的激发与强化，离开音乐，舞蹈难以充分表达感情，如街舞、交际舞等。

三是舞蹈创作要对照音乐来进行。由于舞蹈与音乐有着共同的节奏、韵律和情感内容，而且是同步展示的，两者必须高度地协调一致。

2. 舞蹈的类型

①按体裁可分为独舞、双人舞、群舞和舞剧。

独舞：也称单人舞，即由一人表演的舞蹈。

双人舞：两人表演的舞蹈。

群舞：人数不等的多人舞。

舞剧：有戏剧情节的最大型的舞蹈艺术样式，具有较强的综合性。

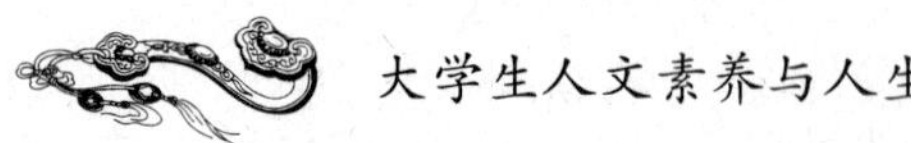

②按美学特征可分为芭蕾舞、中国古典舞、民间舞和现代舞等。

芭蕾舞：原是西方最主要的舞蹈类型，近代以来传遍了世界，如《天鹅湖》。

中国古典舞：是具有深厚传统和鲜明民族特色的中国主要的舞蹈类型，讲究手、眼、身、法、步的应用和精、气、神的张扬。

民间舞：泛指各个国家、民族和地区长期流传于民间的舞蹈样式，如东北秧歌等。

现代舞：20 世纪初期在欧洲兴起的现代主义艺术的舞蹈样式。

（四）戏剧

戏剧是由演员扮演人物、当众展示故事情节的艺术门类。戏剧有四个要素：演员、导演、剧本和舞台美术。

1. 戏剧的特征

①戏剧行动：行动是最基本的表现形式与手段，必须符合戏剧艺术特定的要求。

②戏剧冲突：戏剧情节内容的特点是冲突。

戏剧包括一切具有戏剧特征的艺术种类和样式。除了话剧之外，还有戏曲、歌剧、舞剧和音乐剧等。戏剧表演的歌舞化，是戏剧艺术最突出的一个特征。

2. 戏剧的类型

一般分为悲剧、喜剧和正剧三大类。在现代，以题材为标准，可分为历史剧、现代剧、神话剧、童话剧等；从演出形式来分，有剧场戏剧、街头剧、广场剧等。

①悲剧：起源于古希腊，一般表现正义斗争在一定条件下不可避免地遭受挫折或失败，以及美好理想的破灭，斥恶扬善，给人以激励和启迪，如《雷雨》等。

②喜剧：源于古希腊的狂欢歌舞和滑稽戏，喜剧必须具有可笑性。

喜剧的类型：有对社会腐朽势力进行揭露的讽刺喜剧；有幽默喜剧，如话剧《夜店》，以黑色幽默展示社会奇观；有给人以轻松愉快和美好的感觉的欢乐喜剧；有以喜剧的形式和手法，嘲笑和否定腐朽势力，赞美进步势力和高尚人格的正喜剧；有以追求喜剧效果，手法高度夸张，人物漫画化，情节离奇怪诞，使人不断开怀大笑的闹剧。

③正剧：是出现较晚的戏剧类型，它运用了喜剧、悲剧的有利因素，加强了表现生活的能力，适应了戏剧发展的需要。

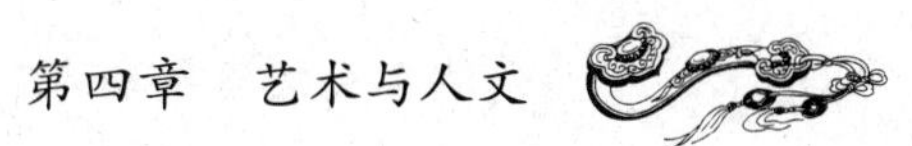

（五）电影与电视

1. 电影与电视的特征

①运动的画面语言，电影与电视主要依靠画面来表现，由画面构成的艺术语言是第一要素，如好莱坞大片等。

②声画结合，如张艺谋的《英雄》、《十面埋伏》等。

③时空转换的自由性，如根据四大名著改编的电视剧等。

④追求逼真，如冯小刚的《唐山大地震》、《集结号》等。

电影与电视基本特征一致，观赏条件不同，艺术上有一些差异，电影的篇幅有较严格的限制，结构紧凑、描述简练、画面大，有利于呈现场面、渲染气氛。

2. 电影与电视的类型

电影的主要类型：故事片、美术片、科学教育片、新闻纪录片四大片种。

电视的主要类型：包括电影的类型，比电影更广，有电视剧、音乐电视、电视散文、电视诗歌、电视文献片等。

电视剧的类型：连续剧、系列剧、单本剧、短剧和小品等。

电视文献片：是电视艺术中的报告文学，内容涉及历史、人文、风光、政治、经济等。

第二节　艺术与人文精神

课件演示：

①凡·高绘画作品欣赏；②法国野兽主义画家马蒂斯绘画作品欣赏；③中国少数民族舞欣赏；④古希腊雕塑欣赏；⑤戏曲电影《牡丹亭》欣赏（昆曲）；⑥《贝多芬第九交响乐》欣赏。

课件演示设计：穿插在讲课过程中。

艺术是人类审美理想和对生活把握的一种方式，它是一种人文精神的体现，具有认识作用和教育作用。艺术教育作为一种思想和情感教育，它对于构筑和弘扬时代的人文精神具有重要意义。

人与艺术的最高境界是“天人合一”，这是理解艺术的主要视角。让我们走进艺术大观园，看看那些景中之景，赏赏那些花中之花，体察先哲心灵的多思与多情，以此来提升我们的艺术品位和修养。

一、艺术的功能与艺术教育

（一）艺术的作用与功能

1. 审美认知作用

主要是指人们通过艺术鉴赏活动，可以更加深刻地认识自然、认识社会、认识历史、认识人生。

首先，艺术对于社会、历史、人生具有审美认知功能。由于艺术活动具有反映与创造统一、再现与表现统一、主体与客体统一等特点，往往能够更加深刻地揭示社会、历史、人生的真谛和内涵，具有反映社会生活的深度和广度，并且能通过生动感人的艺术形象，给人们带来难以忘怀的生活体验与丰富知识。

其次，对于自然现象，艺术也同样具有审美认知作用，艺术可以帮助人们增长多方面的知识。

2. 审美教育作用

主要是指人们通过艺术欣赏活动，受到真、善、美的熏陶和感染，思想上受到启迪，实践上找到榜样，认识上得到提高，在潜移默化的作用下，引起人们在思想、感情、理想、追求等方面发生变化，引导人们正确理解和认识生活，树立正确的人生观和世界观。艺术的审美教育作用，在很大程度上是通过艺术作品，使读者、观众和听众感受与领悟到博大深厚的人文精神。

艺术审美教育作用的第一个特点是以情感人、以情动人。以情感人、以情动人的方式，是艺术教育与其他教育之间最鲜明的区别。艺术作品总是灌注着艺术家的思想情感，他们通过生动感人的艺术作品，作用于欣赏者的感情，使人受到强烈的感染和熏陶。所以，艺术的教育作用绝不是枯燥的道德说教，更不是板着面孔的道德训诫，而是以情感人、以情动人，通过艺术作品强烈的感染性，使欣赏者自觉自愿地接受教育。

艺术审美教育作用的第二个特点是潜移默化。艺术作品对人的教育，常常是在没有强迫的情况下，使欣赏者自觉自愿、不知不觉地受到感染，使心灵得到净化，对人的思想情感和精神面貌起到潜移默化的教育作用。

以爱国主义诗词为例，从屈原《离骚》中“路漫漫其修远兮，吾将上下而求索”，到北朝民歌《木兰诗》中“万里赴戎机，关山度若飞”；从唐代诗人高适《燕歌行》中“汉家烟尘在东北，汉将辞家破残贼”，到杜甫《春望》“国

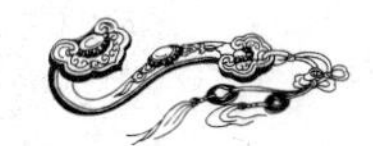

破山河在，城春草木深”；从南宋诗人陆游《示儿》“王师北定中原日，家祭无忘告乃翁”，到文天祥《正气歌》“当其贯日月，生死安足论”，这些诗歌中所表达出的强烈感染力和冲击力，的确是其他社会意识形态所达不到的。应当说，在艺术作品这种长期潜移默化作用下所形成的思想情操，常常具有更强的稳固性和延续性，常常成为人生观、世界观中最核心的组成部分。

3. 审美娱乐作用

艺术的审美娱乐作用，主要是指通过艺术欣赏活动，使人们的审美需要得到满足，获得精神享受和审美愉悦。通过阅读作品或观赏演出，使身心得到愉快和休息。

物质产品是为了满足人们生存的需要，精神产品则是为了满足人们心灵的需要。艺术作为一种特殊的精神产品，正是因为它能给人们带来审美的愉悦和心理的快感。

古罗马美学家贺拉斯提出艺术应当寓教于乐，既劝谕读者，又使他喜爱，才能符合众望。在中国先秦时期的艺术理论著作《乐记》中，也有类似的思想，提出了“乐者，乐也”的主张，认为艺术应当使人们得到快乐。

艺术审美娱乐功能的另一个作用，是使人们通过艺术欣赏得到休息，从而以充沛的精力去投入新的工作。

西方现当代心理学的许多流派，都十分重视艺术对欣赏者深层心理的宣泄作用和净化作用，认为艺术可以使人们在现实生活中受到压抑或无法宣泄、无法实现的情绪、愿望、期待、理想，通过艺术创造的想象世界或梦幻世界得到完成和满足。

（二）艺术教育

艺术教育是美育的核心，其根本目标是培养全面发展的人。艺术教育承担着开启人的感知力、理解力、想象力、创造力，使人的内心情感和谐发展的重任。

1. 美育与艺术教育

席勒在《美育书简》中，首次提出了“美育”这一概念，系统阐述了他的美育思想。席勒不限于仅仅从道德教育特殊方式的角度来看待美育，而是从自然与人、感性与理性等基本哲学命题出发，从改变近代人的存在方式，使人重新获得自由、和谐、全面的发展，实现人性的复归这一更加广阔的领域来论述美育。

我国最早公开将美育与德育、智育相提并论，而提倡美育的是清末学者王国维和中国近代教育家蔡元培，尤其是蔡元培，大力倡导美育，把美育定为其新式教育方针的内容之一，并且提出了一系列美育实施设想，对美育的本质、内容、作用和实施美育的途径做了比较系统的研究和阐述。蔡元培还提出了“以美育代宗教”的主张，认为这是人类文化发展的必然趋势。他把西方康德、席勒的思想和中国古代美育传统糅合到一起，形成了自己的美育思想。

美育的核心是艺术教育。由于艺术具有审美认知、审美教育、审美娱乐等独特的功能和作用，并具有以情感人、潜移默化、寓教于乐等特点，使得艺术成为审美教育的主要内容和方式。艺术美作为美的集中表现形态，它对于提高美的创造能力，培养人的审美理想，促进人的全面发展等方面，有着极其重要的意义。

2. 艺术教育在当代社会生活中的重要意义

在现代社会中，艺术教育有两种不同的含义和内容。从狭义上讲，艺术教育被理解为对于培养艺术家或专业艺术人才所进行的各种理论和实践教育，如各种专业艺术院校正是如此，戏剧学院培养出编剧、导演和演员，音乐学院培养出作曲家、歌唱演员和器乐演奏家等。从广义上讲，艺术教育作为美育的核心内容，它的根本目标是培养全面发展的人，而不是为了培养专业艺术工作者。同时，它对人们道德的完善和智力的开发也将产生深远的影响，它可以丰富人的想象力，发展人的感知力，加深人的理解力，增强人的创造力，培养全面发展的人。

艺术教育对于培育和构筑以及弘扬人文精神具有重要意义。艺术作为人类对现实生活把握和评价的一种方式，它包含着强烈的思想情感内容，因而具有认识作用和教育意义。艺术教育的功能不是耳提面命或强迫式的灌输，而是通过以情动人，使欣赏者在不知不觉中受到教育和鼓舞。由于艺术作品渗透着艺术家的审美理想与审美评价，因而它包含着对生活中真、善、美、丑的态度倾向，使人们在审美欣赏中会不知不觉地与自己的生活相互对照比附，从而唤起自身的是非感、道德感与美丑感。

3. 艺术教育的任务和目标

艺术教育的根本任务和目标，就是培养全面发展的人才，主要体现在以下三个方面：

一是普及艺术的基本知识，提高人的艺术修养；二是健全审美心理结构，充分发挥人的想象力和创造力；三是陶冶人的情感，培养完美的人格。

综上所述，艺术的社会功能有许多种，但其中最主要的是审美认知作用、审美教育作用和审美娱乐作用三种。

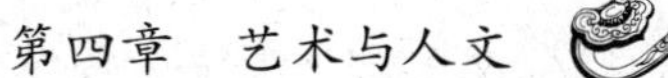

艺术教育是美育的核心，也是素质教育的重要组成部分，在当代社会生活中，艺术教育具有特别重要的意义与作用。其根本任务和目标，就是培养全面发展的人才。

（三）艺术教育与人文精神

艺术教育对于培养人的思想感情、陶冶情操、完善性格、丰富知识、增长才干等有着重要作用。

早在2 000多年前，古希腊哲学家、美学家柏拉图，亚里士多德和中国春秋战国时期的孔子就已经有了关于艺术教育有助于完善人的思想品格、陶冶情操的论述。柏拉图认为，通过艺术教育可以潜移默化地浸润心灵，使人的心灵美化、性格高尚。亚里士多德指出，人人都要欣赏艺术，艺术不仅使人愉快，还给人以知识。孔子曾提出“四教”，即“文、行、忠、信”。其中“文”包括书、礼、乐、游艺、射骑等。孔子认为，艺术（音乐）教育是塑造一个完人的关键环节。从古至今，中西方均认识到艺术教育是培养完美人格的重要手段。

艺术教育的确曾在人类文明史上发挥过重要作用，尤其是对于人文精神的培养更是有着不可忽视的作用。西方资本主义在发展的初期，他们把艺术教育与政治、伦理道德相结合，注重通过艺术来宣传人性、人权，反对封建阶级神权专治，把艺术作为人类的教科书。

如法国启蒙运动的倡导者狄德罗（1713—1784）就曾强调艺术的政治和道德意义以及艺术的教育作用。认为艺术既可以以人类德性上的缺点和可笑的方面为主题，对邪恶作出判决，使暴君丧胆；又可以以人类的美德为主题，赞颂人的美好的方面，通过艺术来帮助引导人们讲道德，远离罪恶。

法国最杰出的浪漫主义画家德拉克洛瓦的著名油画《自由领导着人民》，取材于1830年法国历史上有名的七月革命。当该画在巴黎公开展出时，曾引起社会的强烈反响，使新的统治者感到恐慌和不安。又如，1792年法国大革命时期，法国人民抗击普奥侵略者的进攻，他们高唱《马赛曲》英勇杀敌，取得了保卫战的胜利。法兰西共和国建立以后，《马赛曲》被定为法国国歌。因而，《马赛曲》被法国人民视作争取自由、保卫祖国的英雄战歌。后来，法国浪漫主义雕刻家吕德以《马赛曲》为题名，创作了一块著名的浮雕，被镶嵌在巴黎凯旋门正门右前方，以此来宣传资产阶级共和与爱国主义思想，成为象征人民民族革命的纪念碑。

毕加索创作的巨型装饰绘画《格尔尼卡》，是对德国纳粹空军的控诉。画面阴郁，情景恐怖，充满着悲剧气氛。作者对战争暴行进行了控诉，并对人们的灾难表示同情。当这幅作品公开展出以后，世界上爱好和平的人民奔走相告，人们感到画家在严酷的政治现实面前的觉醒，表现了反法西斯暴行，伸张正义，维护人道主义和爱国主义精神。

在我国历史上，艺术教育也曾发挥着重要作用。伟大的文学家鲁迅早年弃医从文，率先通过文艺来改变中国国民精神，向社会呐喊，让灾难深重的中国人民思想觉醒。人民音乐家冼星海、聂耳等人，在战争年代，他们用音乐鼓舞备受屈辱和灾难深重的中国人民，其作品充满了战斗性、时代性和民族精神，像冼星海的《救国军歌》、《到敌人后方去》、《黄河大合唱》，聂耳的《义勇军进行曲》等，这些充满着爱国激情的作品曾激励着千千万万的仁人志士投入到抗战救亡中去。

艺术就在于它体现了一种人文思想和精神内涵才具有教育意义。优秀的艺术作品是真善美的综合体现，并以具体可感的艺术形象感染人、启发人和教育人。

热爱艺术是每个人的天性，艺术教育作为一种情感教育，最容易与人的思想感情融会贯通，它比伦理说教更有力量。无论是在当今中国还是在西方国家，都把艺术教育作为教育的重要内容。

《黄河大合唱》这首歌曲就是一曲民族魂，它能激起我们的人格力量和民族精神。它发自民族灵魂深处，在战争年代，它是唤醒亿万中国民众起来抗战救亡的号角，是中国乐坛上前所未有的一首英雄的史诗，它给灾难深重的中国人民以巨大的精神鼓舞。在今天的改革开放时期，它仍然具有深远的历史意义和现实意义。

艺术对于人生犹如一种净化剂或催化剂。高雅的艺术可以激起人的情感、振奋人的精神。当我们听到歌曲《我爱你中国》时会情感激荡，灵魂得到净化和陶冶，从而就会增强对祖国的热爱和眷恋之情。当运动员在国际性体育比赛中夺魁，登上领奖台，望着五星红旗听到雄壮激昂的国歌声，就会不由自主地流出激动的泪水，因为象征着祖国之魂的乐曲震撼了他们的精神，叩动了他们的心弦，激发了他们的情感，使他们与祖国紧紧地联系在一起，这种力量是无穷的。

优秀的艺术作品都是人类审美理想和纯正情感的反映，也是人文精神的体现。要充分认识艺术教育的重要作用，以高雅艺术取代低俗艺术，让优秀的文化艺术占领人们的思想意识形态领域。大力宣扬和广泛普及高雅艺术，通过文化艺术和思想教育来实现人格完善、精神高尚，最终构筑起具有时代特点的精神支柱——人文精神。

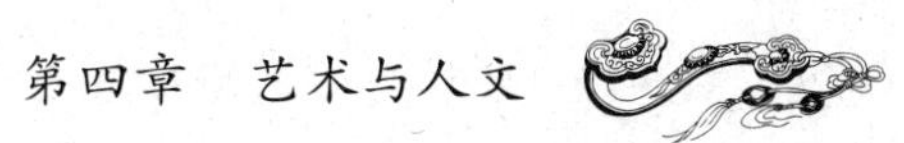

二、艺术欣赏

艺术欣赏是对艺术作品的“接受”，即以艺术形象为基础，结合欣赏者自身的生活经验，通过感受、体验、理解、想象、领悟、再创造等综合心理活动，使人们以艺术形象为审美对象的活动。

（一）艺术欣赏的特点

艺术欣赏是人们以艺术形象作为对象的审美活动，这种审美活动既包括对象，也包括主体。对象是指艺术作品中的艺术形象，主体是指欣赏者。艺术欣赏中，它是对艺术形象的一种接受，这种接受不是被动地接受，不是照镜子似的被动反映。而是欣赏者通过对艺术作品的感知、体验、理解、想象再创造等一系列心理活动来完成的。即在艺术欣赏中，艺术形象是基础，不可能离开形象，然后通过感受、体验、领悟来丰富艺术形象的精神内涵。

这个过程既是对作品艺术美的一种发现，也是欣赏者的一种再创造的过程。

如郑板桥画兰花，从构思到传达都有其独创性，表现了郑板桥的一种审美理想，也表现了其精湛的技巧。这幅画无根无叶，在天上随风飘舞。

昨来天女下云峰，带得花枝洒碧空。世上凡根与凡叶，岂能安顿在其中。

这首题画诗表现了郑板桥的孤高性格和对清朝腐朽统治的不满。而这幅画艺术技巧方面亦很精湛。兰花在空中飞舞，富有韵律。有向左、向右、向上、向下，有浓有淡、有密有疏，看起来很生动，作品表现了艺术家的创造力。

欣赏过程中不仅要发现这种美，而且还需要欣赏者自己的想象和创造。看了这幅画后，欣赏者可以从画面上想象兰花像古代妇女那样长袖飘舞，而诗则是地平线，烘托天上飞舞的兰花。欣赏者可以根据自己的生活体验进行再创造。

（二）在学习中提高艺术欣赏的能力

在艺术欣赏的实践中提高欣赏能力。要提高艺术欣赏能力，就得多看、多听、多研究、多实践。

多看、多听、多研究、多实践，有比较就有鉴别。艺术欣赏能力的提高，感觉敏锐与否，是通过反复的实践而决定的。刘勰《文心雕龙》中说：“观千剑而后识器，操千曲而后晓声”，也就是说观察了许许多多的剑，就可以知道哪一种剑好，哪一种剑不好；接触了很多很多的乐曲，你才能鉴别出音乐的好与坏。

《最后的晚餐》表现了文艺复兴时期的人文主义思想，一种善与恶的斗争。耶稣是善的化身，在达·芬奇的作品中表现得很成功。耶稣站在中间说："你们当中有一个人出卖了我"，画面中左右12个人，每个人的表情都不一样，有的震惊、有的哀伤、有的疑惑、有的惶恐。这幅画整体布局左右对称，但对称中有变化。背景中，耶稣在窗户前面，明暗对比鲜明，把主要人物烘托得非常清晰，它是通过对人物性格的刻画，表达人的某种思想、感情。也有其他一些作品，表现"最后的晚餐"，但人物平列，面部漠然，为了区别好人与坏人，好人头上有光圈，坏人则没有，这是典型的贴标签。

这是美与丑的比较，还有一种是不同风格的比较，这就需要多看。

如建筑方面，泰山的亭子与泰山一样，厚重雄浑，几大块石头，柱子一架，就表现出一种很雄浑的气势；而江南园林的亭子，柱子很轻巧，屋檐飞檐富有流动感，与江南优美的园林相协调；四川青城天下幽，植被茂密，这里的亭子质朴，甚至连柱子都未经过加工，带着树皮的柱子与周围自然环境连成一片。有了这些比较，感觉每一处风景都有其特点。

（三）把握各种不同艺术的特点及相互关系

不同的艺术门类运用不同的艺术语言，如雕塑使用的艺术语言是形体；绘画使用的艺术语言是色彩和线条；舞蹈是人体动作；音乐是节奏和旋律。要欣赏某一门类的艺术作品，就要了解它所使用的艺术语言。

孔雀舞是我国云南傣族地区流行的一种民间舞蹈，十分优美。杨丽萍的《雀之灵》、《雀之恋》通过人体动作的各种变化，如人体的旋转、俯仰、屈伸，特别是通过手臂、手腕、手指的轻快柔和的节奏，生动地刻画了孔雀的优美形象，表达了舞蹈家欢畅、愉快的感情和对美好生活的向往。

艺术化的人体动作是舞蹈语言的核心元素，只有了解了舞蹈语言，才有助于我们更好地欣赏舞蹈。

同时要了解艺术门类之间的联系，各种艺术除了具有自己的特点外，还有其共性，互相渗透，互相作用。如诗歌和绘画，"诗中有画，画中有诗"；如建筑和音乐，"建筑是凝固的音乐，音乐是流动的建筑"；如舞蹈和雕塑，"雕塑是静止的舞蹈，舞蹈是流动的雕塑"。

通过欣赏者的想象，可以突破艺术门类的局限，在限制中获得更多的精神享受。

（四）注意艺术家的创作个性和时代特点

在艺术审美的过程中，包含了艺术家的独创，因为艺术的美都是艺术家创造出来的，每个艺术家都有他自己的审美理想、审美追求，这种独特的东西会体现在艺术创作之中。一件艺术作品没有个性，根本谈不上美。

齐白石刻了一枚章“存我”，说的就是保存自己的特点，他说“用我家笔墨写我家山水”。潘天寿讲“艺术要有独创，要有风格，否则艺术就没有生命”。在艺术中最忌讳雷同。

因此，在欣赏时，就是要发现艺术家在作品中的独创，发现不同于其他艺术家的特点。如钱绍武的《李大钊》雕像，作品把李大钊烈士坚定的性格及正义感表现了出来。雕像肩部非常宽平，头部正直，看上去给人一种坚定的印象。如同天安门的形象，城楼在中间，两边建筑向东西舒展开，给人一种非常坚定的印象。另一雕像是北大校园由傅天仇所雕的李大钊，因为是在校园里，就是一副学者和革命者的形象，显得质朴坚毅，置于一片松林之中。

不同的艺术家由于他的个性不同，虽表现同一对象，处理同一题材，但艺术效果却不一样。如画马，不同的画家表现了不同的个性。徐悲鸿画的马，刚健、奔放，一般不画马鞍，特别是奔马，很豪放。李公麟画的马，都是宫廷里的马，静止、丰满、原始，是另一种类型。这些显示出画家不同的个性。

在艺术欣赏中，不仅有艺术家的个性，还有不同时代的特色。欣赏一件艺术作品，就要深刻了解这件艺术作品，要把作品放在特定的历史环境中去考察。这样不仅是欣赏了这件具体的艺术作品，而且也了解了那个时代的审美影响。

如商周青铜器“莲鹤方壶”，上面有一个展翅欲飞的仙鹤，初看，青铜器做得精致，仙鹤制作也很生动，这只是停留在一般的了解上。若把它放在特定的历史条件下，则可以揭示出所包含的深刻内涵，它表明了春秋之际，造型艺术要从装饰艺术当中独立出来的倾向，尤其是顶上展翅欲飞的仙鹤，象征着一个新的精神，一个自由解放的时代。

（五）在欣赏中要对艺术形象进行整体把握

艺术的美在于它的整体，因为艺术的美是整体的和谐。在现实当中，许多分散的东西，经过艺术家的创造性劳动，把它们变成有机的整体，成为一个有生命的整体。

如汉代艺术作品《说书俑》，这个说书俑的身材比较矮小、肥胖，看上去像个喜剧演员。外貌很有吸引力，眉舒目展，眉开眼笑；一边击鼓，一边说唱；

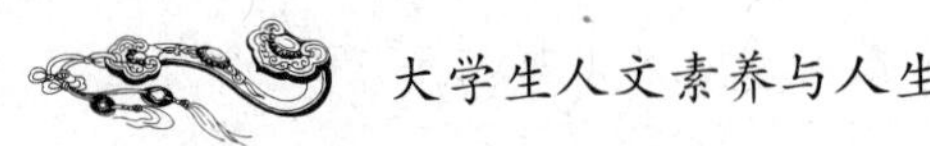

肩膀微微耸起，脖颈微微收缩。作品表现的有神采，很生动，给人留下深刻印象，这是一种整体的感受。

又如中国古代建筑——故宫，这是一个宏伟的建筑群，欣赏故宫，就要考虑从整体上来把握。从整体上看，故宫像一首乐曲，有序曲、有高潮、有尾声。正阳门到天安门是序曲；经过端门、午门，一直到太和殿，形体逐渐加大，空间逐渐加宽，到了太和殿形成高潮；太和殿以后，形体逐渐缩小，空间逐渐收敛，直到景山，而景山高耸的万春亭，是对故宫建筑群的、气势磅礴的总结。

从整体上看，故宫像乐曲，所以对太和殿的欣赏不能孤立地去欣赏。太和殿处在故宫整个建筑群的深、宽、高的集中点。正阳门到太和殿有空间深度；到了太和殿的前面，这里有开阔的近 3 万平方米的空间，这是宽；太和殿在这一建筑群中又是高大的建筑，处于核心地位，很突出。

这说明，对于建筑的欣赏，一定要从整体上加以把握，任何一个局部都要放在整体中欣赏，当然局部本身也有相对独立性，有其自身的审美价值。

如靳尚谊的油画《古画前的少女》，这幅画很有情趣，画中的少女形象健康、纯净、明媚，是一位现代姑娘。面部表情、手的姿态、乃至服饰，都使整幅画显得很和谐。后面背景的群山，取宋代古画。选山水本身，是东方色彩，而且山峦有气势，与少女健康的形象协调一致。如果后面用山峰就不是很合适了，这种山峦起伏，与画面人物形象，特别是东方少女的情趣很协调，的确美在于整体。

而钱绍武的书法作品“疾风知劲草”，则给人一种刚健、坚韧的感觉，神采即在于此。作品整体包含着一种变化，在变化中达到一种整体的和谐。第一个字“疾”，稳重；第二个字“风”，则运动感很强，左右回还，表现了一种强烈的动势；“知”字就较收缩，收敛；“劲”字放开，特别一撇，运用了书法中的“布白”，使人感觉非常粗犷、有力量；最后“草”字另起一行，最后一竖，用“逆锋”写下来，有一种坚韧不拔的、狂风吹不倒的感觉。如果这一竖写软了，整幅字就失败了。而这一竖写得刚劲，字的整体既有变化，同时整体上也很和谐，重点又很突出，这也说明艺术作品的美在于整体。

把握整体，就是看艺术家怎样把生活中的美，创造成艺术美，这个整体既包含把现实生活中各式各样的美、分散的美集中起来，同时又把艺术家的心灵美融化进去，从整体中使我们感受到艺术的美，从而体验艺术家的创造性劳动。

实际上，有些作品就局部而言是美的，但放在整体中就变丑了，很不协调。也有这种情况，看局部不是很好，但从整体观察，这个局部配合整体很好，而且显示了奇特的魅力。

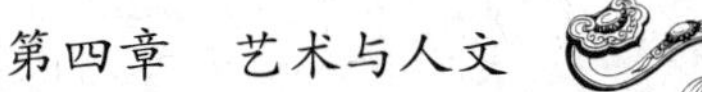

丰子恺谈欣赏时说，看吴昌硕作品，看某一个字，初看效果不好，后来从整体中看，回过头再看局部，就感觉局部在整体中很美妙，看其他部分，在整体中互相有机联系，处理的也很好。所以他讲，欣赏时特别要注意整体。这种整体把握，在各种艺术中，都可以找到。

第三节　广东音乐、绘画、戏剧及影视

课件演示：

①《广东民乐》欣赏；②毛宁《弯弯的月亮》欣赏；③杨钰莹《风含情水含笑》欣赏；④红线女粤剧演唱欣赏；⑤电视剧《情满珠江》欣赏；⑥电视剧《外来媳妇本地郎》欣赏；⑦电影《雅马哈鱼档》欣赏；⑧关山月绘画作品欣赏。

课件演示设计：穿插在讲课过程中。

艺术是人类思想情感的造型化，我们透过艺术欣赏可以了解人类文明发展史，了解我们所处的时代及地域的文化，可以开拓我们的生活空间及精神视野。

一、广东音乐

（一）广东音乐概述

广东音乐是流行于以广州为中心的珠江三角洲及广府方言区的中国传统丝竹乐种，是岭南民间优秀传统文化瑰宝。以其轻、柔、华、细、浓的风格和清新流畅、悠扬动听的岭南特色备受喜爱和欢迎，遍及中国大江南北，流行世界各地。

广东音乐有400余年的历史，自明清以来，广东音乐经历了萌发期、发展期、成熟期，现有曲名和乐谱达500多首。

广东音乐开放性地选择、吸收了外来音乐文化及国内其他民间艺术的有益成分，并加以改造，形成了拥有一批杰出作曲家、演奏家和代表性乐器及曲目的独特民间音乐品种，因其音色清脆明亮、曲调流畅优美、节奏清晰明快，被国外誉为“透明音乐”，在国内外的影响力远远超过我国其他民间音乐形式。

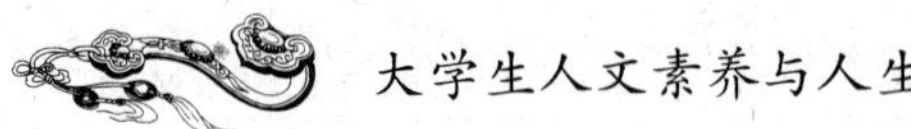

广东音乐与粤剧、岭南画派被誉为岭南三大艺术瑰宝，广东的三张名片。

在海外，凡有华人的地方就有广东音乐。广东音乐被他们称为乡音，是海外华人与祖国家乡联系情感的一条纽带，对海外华人学习中国传统文化，了解祖国历史起到重要作用。

广东音乐文化底蕴深厚，内涵丰富，经过数百年的传承、发展，自成体系，风格独特，深深植根于岭南民间。现已积累了数百首曲目，如《旱天雷》、《雨打芭蕉》、《双声恨》、《步步高》、《饿马摇铃》、《连环扣》、《赛龙夺锦》、《平湖秋月》、《孔雀开屏》、《娱乐升平》、《金蛇狂舞》、《鱼游春水》、《春郊试马》、《山乡春早》、《喜开镰》等。

其中《步步高》最广为流传，在2008北京奥运会开幕式各国代表队入场仪式上，《步步高》入选其背景音乐。它带有明显广东地方民间音乐特色，旋律轻快激昂，节奏明快，一张一弛，音乐富有动力，给人以奋发上进的感觉。中央电视台春节《过年七天乐》等节目也把它作为背景音乐。

广东音乐是一种标题音乐，结构上以简驭繁。它以器乐、音域以及表现手法的丰富多变写景、抒情、状物，因而地方色彩浓郁，有特殊的艺术魅力。广东音乐擅长于生活小境的描摹，对传统的生活情趣十分关注。

目前，广东音乐所用的乐器有高胡、扬琴、秦琴、洞箫、大阮、中胡等，其中以高胡为主奏乐器。

《雨打芭蕉》是早期优秀乐曲之一。乐曲以流畅明快的旋律，表现了南国生活的愉悦情绪。曲调运用顿音、加花等技巧，描写打在芭蕉上淅沥的雨声，芭蕉在雨中婆娑摇曳的形态以及人们旱热逢雨的欢乐。

《平湖秋月》是广东音乐名家吕文成的代表作。乐曲表现了作者对西湖秀丽景色的感受，曲调既采用了浙江的民间音乐，又有广东音乐的风格，它是中国器乐作品中最出色的旋律之一。

《龙飞凤舞》，龙凤呈祥，是中国人民心目中对美好事物的象征。乐曲的主题音调采用切分节奏，富有极强的推动性，顿挫有致，辗转腾挪，小锣的清爽音色，唢呐的声声鸣唱，弹拨乐器的整齐节奏，共同营造了欢乐的气氛。

作为岭南文化的杰出代表，广东音乐文化底蕴深厚，内涵丰富，经过数百年的传承发展，自成体系，风格独特，深深植根于岭南民间。

国家非常重视非物质文化遗产的保护，2006年5月20日，广东音乐经国务院批准列入第一批国家级非物质文化遗产名录。

（二）广东音乐家

1. 吕文成

（1898—1981），广东音乐作曲家，演奏家，广东中山人。吕文成终生从事广东各种音乐的作曲、演奏及演唱。20 世纪 20 年代前后生活在上海时便已蜚声乐坛，后旅居香港。

吕文成一生创作了两百多首音乐作品，其中不少广东音乐曲调成为百听不厌、脍炙人口、流传不衰的佳作，如《平湖秋月》、《渔歌晚唱》、《岐山凤》、《银河会》、《步步高》等广为流行。他的创作，结构严谨，曲调清新，旋律优美流畅、委婉动听，节奏生动活泼、热情奔放，富有鲜明的个性和风格。

吕文成先生热爱祖国，热爱民族音乐，坚持走发展民族音乐的道路，既重视传统，又大胆吸收外国音乐精华。其作品数量之多，质量之高，影响之大，在广东音乐史上可谓是空前的，不愧是中国乐坛上的一位杰出的民族音乐家，他的名字，将永远载入广东音乐的史册。

2. 冼星海

（1905—1945），曾用名黄训、孔宇，祖籍广东番禺，出生于澳门，中国近代作曲家、钢琴家，于 1939 年创作的《黄河大合唱》是冼星海最重要和影响最大的一部音乐作品。

这部作品由诗人光未然作词，写成于抗日战争时期。它以黄河为背景，热情地赞颂了中华民族不屈不挠、能够战胜任何艰难险阻的坚强意志和斗争精神，突出表现了中国人民勤劳朴实、酷爱自由、胸怀宽广的崇高品德，愤怒地控诉了敌寇的入侵给黄河两岸人民所造成的深重灾难，最后以激昂的旋律奏出了中国人民在共产党领导下，为反抗日寇的侵略、保卫黄河、保卫全中国而英勇战斗的时代最强音。整个作品自始至终都以扣人心弦的艺术感染力鼓舞着人们为真理和正义而战斗，对未来和胜利充满着信心。《黄河大合唱》是一部反映中国人民为求民族解放、争取民族独立和民主自由而斗争的优秀作品。

冼星海名言：

我有我的人格、良心，不是钱能买的。我的音乐，要献给祖国，献给劳动人民大众，为挽救民族危机服务。

每个人在他生活中都经历过不幸和痛苦。有些人在苦难中只想到自己，他就悲观、消极，发出绝望的哀号；有些人在苦难中还想到别人，想到集体，想到祖先和子孙，想到祖国和全人类，他就得到乐观和自信。

中华民族的解放胜利，就是要每一个国民贡献他纯洁的爱国之心。

冼星海的人格品质，概括起来有以下三方面：

刚毅坚韧，自强不息。冼星海生活的年代，正是中华民族内忧外患、积弱积贫的年代，国家民族的不幸使每个中国家庭的生活更加艰难。他在粮食不足、营养不良、抱病的情况下，自我激励，写出了举世闻名的《黄河大合唱》。

志存高远。冼星海虽然出身贫寒，但志存高远，他的人生理想是创作出中国的交响乐，使中国成为世界音乐强国。

求真务实。这主要体现在他的治学作风上：一是他对中国大众文化的现实需要方向上的正确判断和把握，开创了中国大众的革命音乐的创作道路；二是他探索出了中西结合的有鲜明民族特色、为人民所能接受的民族音乐创作之路。

3. 马思聪

(1912—1987)，小提琴家、作曲家、音乐教育家，广东海丰人，先后任中山大学教授、中华交响乐团指挥、贵阳艺术馆馆长等职。1945 年抗战胜利后，先后担任台湾交响乐团指挥、广州艺术音乐系主任、香港中华音乐院院长等。1950 年后任中央音乐学院首任院长，并兼任中国音乐家协会副主席，《音乐创作》主编等职。

因“文革”迫害，1966 年后长期旅居美国。作为一位作曲家，马思聪的创作涉及小提琴音乐、交响音乐、协奏曲、大合唱、钢琴音乐、歌剧、舞剧等多个领域，以他的小提琴作品在中国近代音乐史上影响最突出。主要代表作有小提琴曲《内蒙组曲》、《西藏音诗》、《第一回旋曲》、《牧歌》等。小提琴曲《内蒙组曲》是马思聪的成名之作，其中的《思乡曲》和《塞外舞曲》已成为饮誉中外的中国小提琴优秀代表作。他说：“一个作曲家特别是一个中国作曲家，除了个人风格特色外，极端重要的是拥有浓厚的民族特色。”

4. 郑秋枫

1931 年出生，著名作曲家，辽宁人，现任广东音乐家协会名誉主席，中国音乐家协会理事。1967 年起从事音乐创作，曾任广州军区战士歌舞团首席提琴、指挥、创作室主任、副团长、团长、总艺术指导、广东省音乐家协会第四届副主席、第五届主席等职。

多年来他以饱满的激情创作了大量歌颂党、歌颂祖国、歌颂美好生活的音乐作品。许多作品在全国获奖，他以独特的旋律风格拥有了中国音乐创作的一席之地。1987 年被列为中国十大音乐家之一，曾多次举办个人作品音乐会。2010 年获广东省首届文艺终生成就奖。代表作品：《我爱你，中国》、《帕米尔，我的家乡多么美》、《蓝精灵之歌》、舞剧《五朵红云》音乐、电影《海外赤子》音乐、《美丽的孔雀河》、《我爱梅园梅》等。

二、广东流行音乐

（一）广东流行音乐概述

广东流行音乐是广东改革开放三十多年的重要文化成果之一，是一个极具商业价值和艺术价值的文化品牌。三十多年来，广东的流行乐坛一直是中国流行音乐的风向标，它充分体现了广东这一改革开放前沿阵地的音乐文化精神。

1977 年 5 月 1 日，广东出现了全国第一支流行乐队——紫罗兰轻音乐队，揭开了中国流行音乐的序幕。1978 年第一个音乐茶座率先在广州出现，此后数不清的音乐茶座及歌舞厅如雨后春笋般冒出来，成为广东流行音乐史上的一个重大事件，并成为一代人的共同记忆。1979 年成立的广州太平洋影音公司，是最早的流行音乐产业之一；继而出现第一个原创流行歌曲大赛，广州“红棉杯新人新歌新风大赛”十大金曲及十大歌星评选活动；第一个原创流行歌曲排行榜；广东省人民广播电台“健牌”歌曲大赛；第一首电视广告歌；第一个流行音乐学会；第一个引进歌手签约制度，最早实行歌手包装等。广东流行乐坛创下的多个第一，使广东成为中国流行乐坛与北京相并列的南北两大创作、制作基地之一，为现代中国流行音乐的起步和发展奠定了坚实的基础、立下了汗马功劳。陈小奇、李海鹰、陈珞等音乐人以及歌手毛宁、杨钰莹、陈明、林依伦、李春波、甘苹、朱哲琴、火风、林萍、周冰倩、高林生、容中尔甲等无数颗闪亮的明星，从广东升起，照亮了中国流行音乐的天空。

广东作为海上丝绸之路发祥地、中国近现代革命策源地、中国改革开放前沿阵地，有着悠久的人文传统和丰富的文化资源。特别是在中国近代更是诞生过冼星海、马思聪等伟大的音乐家。20 世纪 70 年代末，广州得改革开放风气之先，曾经诞生了一批在国内外极具影响的音乐大家及其代表作品，以强烈的时代感、现实性、平民色彩，成就了中国流行音乐的半壁江山。作为这个时代的开创者之一，广东音乐人的作品无不充满了对这块热土的象征和时代记忆，他们的音乐作品正是从这里开始走向全国，并极大地影响了中国流行音乐的发展，极大地丰富了中国现代音乐艺术的宝库。

广东流行音乐，功勋卓著。30 多年来，广东流行乐坛涌现出的一大批卓越的广东音乐人和广东歌手，“岭南乐派”轻灵、清新、婉转、动听、平民化、易于传唱、流行味足的风格，大受市场欢迎。《涛声依旧》、《弯弯的月亮》、《真的好想你》、《信天游》、《我不想说》、《真实的故事》、《小芳》、《大哥你好

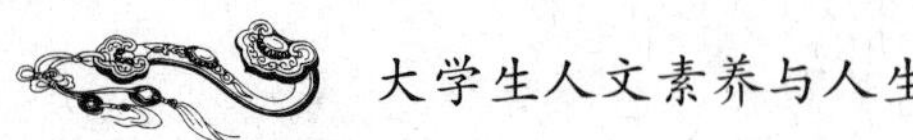

吗》、《我的爱对你说》、《晚秋》、《九月九的酒》、《爱情鸟》、《大花轿》、《你在他乡还好吗》、《又见彩虹》和《高原红》等一首首词曲俱佳的歌曲红遍大江南北，深深地留在观众的记忆之中。

21 世纪以来，广东流行音乐依然在许多方面保持着领先地位。

在新媒体时代，广东流行乐坛率先完成音乐文化的载体革命，再度引领中国流行音乐潮流。回首 2004 年至 2005 年大热的网络歌曲，绝大多数走红的网络歌手和网络歌曲都是来自广东制造和推广的：《老鼠爱大米》、《猪之歌》、《别说我的眼泪你无所谓》，以及委婉悠扬的《丁香花》也是从广东飘向全国。广东音乐人再次抓住时机，推出了《一万个理由》、《月亮之上》、《你到底爱谁》、《不要再来伤害我》、《那一夜》、《秋天不回来》、《求佛》、《回心转意》、《狼爱上羊》、《QQ 爱》等热门歌曲，以市场触觉敏锐著称的广东流行乐坛，又一次站在了中国流行音乐的潮头。

广东流行乐坛一直在为中国的流行音乐事业不断地提供新的作品、新的歌手、新的运营模式、新的制作技术、新的音乐产业创意文化观念、新的人才和实践经验。当初，是因为特殊的政策和地理优势成就了广东经济，造就了广东流行音乐，那么，广东流行音乐由此蓄积的深厚底蕴以及广东音乐人的敢为人先，正是广东流行音乐一直把握着中国流行音乐领航地位的原因所在。

（二）广东流行音乐作曲家

1. 陈小奇

我国著名词曲作家，著名音乐制作人及电视剧制片人。1982 年本科毕业于中山大学中文系。现任中国音乐家协会流行音乐学会副主席、中国音乐文学学会副主席、中国轻音乐学会副主席、广东省流行音乐学会会长等职。

1983 年开始歌曲创作，有近 2 000 首作品问世，约 200 首作品获奖。代表作品有：《涛声依旧》、《大哥你好吗》、《九九女儿红》、《我不想说》、《为我们今天喝彩》、《跨越巅峰》、《拥抱明天》、《大浪淘沙》、《灞桥柳》、《烟花三月》、《又见彩虹》等，其中《涛声依旧》自问世以来迅速风靡海外，并久唱不衰，成为大陆流行歌曲的经典作品。其作品典雅、空灵，具有深厚的文化底蕴。

2. 李海鹰

我国著名词曲作家，著名音乐制作人。1954 年生于广州。他从小喜欢音乐，很早就开始显露音乐才华。珠江边走出来的李海鹰，是我国当代最出色的作曲家之一。在内地流行音乐界，他是名副其实的“跨界音乐大师”。

他作词作曲的《弯弯的月亮》，曾经风靡了大半个中国，歌曲以其优美的

曲调和丰富的内涵感动了听众，被音乐界公认为中国流行音乐的代表作品。

他的创作横跨三个年代，脍炙人口的名曲达上百首，如《弯弯的月亮》、《七子之歌》、《走四方》、《过河》、《我不想说》等都是经典名曲。

他涉猎唱片、音乐会、影视音乐、音乐剧等各个领域。其音乐风格横跨流行、民族与古典，并且将跨界融合得天衣无缝。

三、绘画——岭南画派

（一）岭南画派概述

岭南画派是指由广东籍画家组成的一个画派。这一画派是在西方艺术思潮的冲击下，近代中国艺术革新运动中逐步形成的，它和粤剧、广东音乐被称为“岭南三秀”，是中国绘画史上一个重要的民族绘画流派。

岭南画派注重写生，融汇中西绘画之长，在改造中国画的同时，保持了传统中国画的笔墨特色，创制出有时代精神、地方特色、气氛酣畅热烈、笔墨劲爽豪放、色彩鲜艳明亮、水分淋漓、晕染柔和匀净的现代绘画新格局。

岭南画派创始人为高剑父、高奇峰、陈树人，简称“二高一陈”。

岭南画派具有以下四个特点：

一是主张创新，以岭南特有景物丰富题材；二是主张写实，引入西洋画派；三是博取诸家之长；四是发扬了国画的优良传统，在绘画技术上，一反勾勒法而用“没骨法”，用“撞水撞粉”法，以求其真。

岭南画派的产生和发展，体现了一种新的文化精神，这种新的文化精神包含了以下四个方面的内容：

一是革命精神，这是岭南画派产生和发展的思想基础；二是时代精神，这是岭南画派区别于旧国画流派的主要特征；三是兼容精神，这是岭南画派的艺术主张，是革新的重要途径；四是创新精神，这是岭南画派不断发展的动力。

这四种精神是互相联系的，它构成了岭南画派完整的体系，这也是这一画派历久不衰的重要原因。革命精神是岭南画派的思想基础。这种革命精神，是和岭南画派创始人的特殊经历和思想倾向分不开的。时代精神，表现在岭南画派在题材内容上的大胆革新，也是这一画派能够永葆青春的原因。兼容精神，即“折中中外，融合古今”，这是岭南画派最重要的主张，是它的艺术原则及革新途径。创新精神，这是岭南画派前进的动力及历久不衰的奥秘。只有创新，它才有生命力，而创新本身既是目标，也是这个画派发展的动力。

高剑父、陈树人、高奇峰被称为“岭南三杰”，他们师出同源，信奉同一艺术原则，但各有创新，风格不一样。

岭南画派第二代杰出画家是关山月、黎雄才、赵少昂等人，第三代为杨之光、陈金章、梁世雄、林墉等画家，他们的风格各异。

岭南画派之称，是按地区性命名的。高、陈诸先生对“岭南画派”这个称号，并不满意，因为它带有狭窄的地域性，容易使人误解为只是地区性的画家团体。更重要的是，它没能体现出吸收外来营养使传统艺术发扬光大的革新国画的理想。但长期以来人们习惯于接受“岭南派”这个名称，而且它已经产生了广泛的影响，所以这个名称也就被写进了现代美术史册。

（二）岭南画派代表画家

1. 高剑父

高剑父（1879—1951），广东番禺人，中国近现代画家、美术教育家、岭南画派创始人之一。1903 年赴澳门求学。1906 年游学日本，毕业于东京美术院。辛亥革命后，从事美术教育，创办春睡画院、南中美术院，历任广东省立工业学校、广州市立艺专、南中美术院校长，中山大学、中央大学艺术系教授，广东美术会会长。1949 年移居澳门。他与陈树人、高奇峰一起致力于中国画改革，后人称之为岭南画派。他擅画山水、花鸟、走兽，亦作人物画，兼长书法。早期作品有《弱肉强食》、《秋风》、《东战场的烈焰》等。著有《印度艺术》、《中国现代的绘画》、《艺术新路向》等。

高剑父一生提倡革新中国画，反对将传统绘画定于一尊；主张折中，即一方面折中于传统文人画与院体画之间，另一方面折中于中国传统绘画与东西方绘画之间；强调兼容并蓄，取长补短，存菁去芜。在创作上，他对人物、山水、花鸟均有很高造诣，其画笔墨苍劲奔放、充满激情。

高剑父在中国画传统技法基础上，融合日本和西洋画法，着重写生，善用色彩或水墨渲染，具有南方特色，开创了岭南画派。《东战场的烈焰》是画家抗日战争时期的作品。画家以西洋绘画中的光影处理和素描关系，融进中国的墨笔来表现祖国河山被日本帝国主义轰炸后的情景，满目疮痍，一片废墟，是画家的亲眼所见，也是画家的写生之作，画家是以无比悲愤的心情来创作这幅作品的，以唤起民众的觉醒和抗争精神。正如右下角印章所刻：“乱画哀乱世也。”表现出画家的爱国主义和人道主义的思想。

2. 高奇峰

高奇峰（1889—1933），广东番禺人，高剑父胞弟，留学日本，同盟会员，

被称“岭南画派”人。晚清画家，岭南画派创始人之一。岭南画派的美术创作，在题材上以翎毛、走兽、花卉、山水为主，其中高奇峰、高剑父两兄弟尤喜画鹰、狮和虎。高奇峰的绘画技艺、主张以及人生经历均受其兄高剑父影响，作品以翎毛、走兽、花卉最为擅长，在艺术上写生最为突出，善用色彩和水墨渲染，画风工整而刚劲、真实而诗意昂然。高剑父画风奇拔苍拙，高奇峰则是雄健与俊美兼而有之。出版有《三高遗作合集》等。

3. 陈树人

陈树人（1884—1948），广东番禺化龙镇人，岭南画派创始人之一。

陈树人自幼喜爱美术，早年师从著名画家居廉，是岭南画派大师。他早年留学日本，毕业于西京美术学校和东京立教大学。其画风清新、恬淡、空灵，独树一帜。其一生创作有《陈树人画集》、《陈树人近作》、《陈树人中国画选集》等。

岭南画派第二代传人的创作沿着创新的道路继续前行，在20世纪30年代脱颖而出。岭南画派第二代的主要人物有方人定、黄少强、赵少昂、黎雄才、关山月、杨善深等。其中赵、黎、关、杨四人被誉为当代岭南画派四大画家。

4. 赵少昂

赵少昂（1905—1998），广东番禺人，业余自学绘画。赵少昂擅长画花鸟、走兽，继承岭南画派的传统，主张革新中国画。他的画能融汇古今，并汲取外国绘画的表现形式，同时又注重师法造化。作品笔墨简练、生动，形神兼备，深受人们的欢迎。

5. 黎雄才

黎雄才（1910—2001），广东肇庆人，我国当代杰出的国画家、美术教育家，岭南画派卓有成就的代表人物。

自幼酷爱绘画，师从高剑父，入春睡画院学习，得高剑父资助留学日本，历时四载见闻益广，艺事大进。

代表作品有《寒夜啼猿》、《一览众山小》、《森林》、《武汉防汛图卷》、《万古之春》、《峨眉洗象池》等。出版有《黎雄才山水画谱》、《黎雄才画选》、《黎雄才画集》。

黎雄才历任广州美术学院副院长、中国美术家协会理事、美协广东分会副主席、广东省人民代表、全国政协委员等职。

6. 关山月

关山月（1912—2000），中国现代画家。曾入春睡画院学画。新中国成立后，他先后担任中南文艺学院教授兼中南文联美术部副部长、中南美术专科学

校教授兼副校长、广州美术学院教授兼副院长、中国美术家协会副主席、美协广东分会主席、广东画院院长等职。

他始终坚持深入生活，勤奋创作，其代表作有《新开发的公路》、《俏不争春》、《绿色长城》、《天山牧歌》、《碧浪涌南天》、《祁连牧居》、《长河颂》及与傅抱石合作的《江山如此多娇》、《香港回归梅报春》等。

关山月在艺术上坚持岭南画派的革新主张，追求画面的时代感和生活气息。他的山水画立意高远，境界恢宏；他的梅花，枝干如铁，繁花似火，雄浑厚重，清丽秀逸。他先后出版有《关山月画集》、《关山月、傅抱石东北写生选》、《关山月作品选》、《井冈山》等作品集。

四、广东戏剧——粤剧

粤剧，又称“广府大戏”，发源于佛山，其源流可追溯到明嘉靖年间。

由于广府人的先祖来自不同地域，所以粤剧的发展也受到弋阳腔、昆腔、汉剧、徽剧、秦腔等多个剧种的滋润与影响，取各家之长，自成风格，既与传统的戏曲文化一脉相承，又具有浓郁的岭南文化特色。

周总理曾说“昆曲是江南的兰花，粤剧是南国的红豆”，把粤剧与中国最古老的昆剧相提并论，给予高度评价和赞扬，由此，“南国红豆”成为粤剧的美称。粤剧是中国最先走向世界的剧种，也是世界上流传最广的地方剧种，可谓有华人的地方必有粤剧。如今，粤剧剧目已达一万一千多个，堪称世界之最。

花旦

小武生

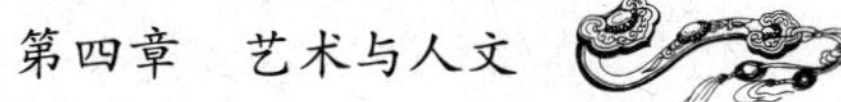

粤剧的传统剧目，有经过整理改编的《宝莲灯》、《平贵别窑》和《赵子龙催归》等。

粤剧代表人物——红线女

谈粤剧必谈红线女。海内外的广府人都知道，哪里有粤语，哪里就有红线女的“红派”曲腔。

红线女从艺60多年，在前人的基础上不断开拓、创新，她用独有的以声带情、炉火纯青的唱腔艺术塑造了一个个光彩夺目的舞台形象——王昭君、李香君、刘胡兰、焦桂英、崔莺娘等，在粤剧史上留下了绚丽篇章。红线女的艺术代表着当代粤剧旦角艺术的最高成就，被誉为岭南文化瑰宝。

五、广东影视

（一）广东电视剧

广东电视剧主要由广东本土电视台拍摄，它在广东声名鹊起始于20世纪80年代的《虾球传》，随后的一些情景喜剧如《外来媳妇本地郎》、《乘龙快婿》等在广东地区掀起了一个又一个的收视高潮。21世纪初是广东电视剧对广东影响最深刻的十年，它带来了电视剧创作的成熟手法，同时也促进了本土影视文化的传播。

1. 广东电视剧理念

注重市场、注重实效，看重收视率带来的经济效益，致力于打造贴近生活的轻喜剧，用浓郁的南方地域特色和独特的市井气息吸引观众。

2. 广东电视剧的发展历程

20世纪80年代，是广东电视剧的崛起年代。

广东电视台是从1978年开始制作电视剧的。继中央电视台录制了九集电视剧《敌营十八年》后，1982年广东电视台推出的全国第二部连续剧《虾球传》，红遍中国。对于其他省市的观众来说，《虾球传》不仅是一部情节生动的电视剧，也是大家了解岭南文化的一个窗口。

1987年，《公关小姐》诞生，此剧一经播出，引起强烈反响。剧中的主人公是一位来自香港的女公关经理，故事反映了香港文化与广州文化融合的历程，其中透露出广州人的自信与豁达，不怕学习，不怕接受新的观念，勇于尝试。

20世纪90年代，是广东电视剧的发展年代。

1990年以后，广东电视台陆续拍摄了《外来妹》、《情满珠江》、《过埠新

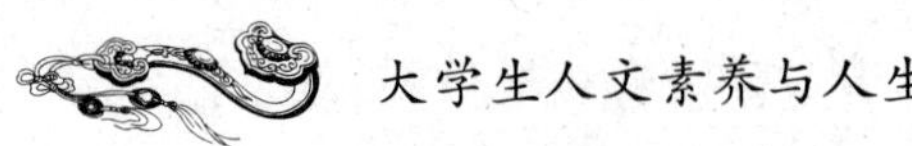

娘》、《英雄无悔》、《商界》、《和平年代》等一大批树立广东形象的经典名作。这些电视剧都曾轰动全国、获奖无数，让国人见识了作为改革开放前沿阵地的广东在新的时代背景下的崭新面貌。上世纪末，中国电视剧领域逐渐形成京、沪、粤三足鼎立的局面。

21 世纪初，是广东电视剧的鼎盛年代。

2000 年，一部被称为广东电视史上开山巨作的《外来媳妇本地郎》在广东开播。该剧的播出创造了一个“不可逾越的神话”，这是广东电视剧最值得称道的一部作品。

2002—2003 年间，广东电视台陆续拍摄了《柴米新人类》、《开心二十四味》和《老猫烧须》等系列电视剧，它们都曾风光一时。

2004 年以来，本地短剧开始呈现全面开花的态势，各种类型的短剧纷纷上马。如《大话黄飞鸿》、《乘龙怪婿》，后者的出现标志着广州的粤语情景短剧已经由时装正式进入到古装的竞争阶段。

随后，广东电视台相继拍摄了《都市万花筒》、《七十二家房客》、《广州人家》、《跟红顶白大三元》和《家大欢喜》等短剧。它们的播出创造了良好的口碑，也令广东本土影视文化得到很好的传播。

（二）广东电影

广东电影主要是由珠江电影制片公司拍摄的。它在广东声名鹊起始于 20 世纪 60 年代的《南海潮》，随后的一些影片如《秋喜》等在国内掀起了一浪又一浪的票房高潮。

1. 广东电影理念

注重市场、注重实效，看重收视率带来的经济效益。致力于打造故事片和科教片的同时，也致力于打造主旋律精品影片，用浓郁的南方地域特色和独特的市井气息吸引观众。

2. 广东电影的发展历程

20 世纪六七十年代，是广东电影的崛起年代。

早在 20 世纪六七十年代，广东较有代表性的影片有故事片《南海潮》、《七十二家房客》、《大浪淘沙》和《跟踪追击》等。这些影片不仅赢得了广东乃至全国的观众，确立了岭南电影在中国影坛上的地位，也形成了岭南电影独特的风格。在这些影片当中，《南海潮》以其深刻的社会内容和民族化、大众化的风格特色，得到广大观众的喜爱。其在 1963 年公演，成为当时最卖座的影片之一，并在 1964 年第四届大众电影百花奖评比中获得最多选票。

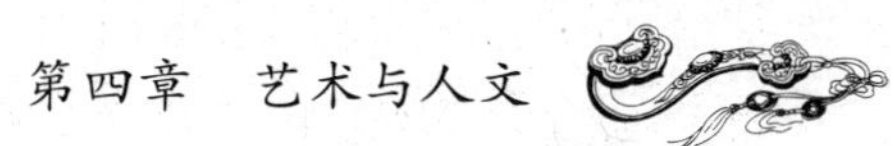

20 世纪 80、90 年代，是广东电影的发展年代。

1979 年以后，随着中国电影第二个高潮的到来，处于改革开放前沿阵地的广东，开创了南粤电影事业的高峰，先后拍摄了《春雨潇潇》、《与魔鬼打交道的人》、《乡情》、《逆光》、《廖仲恺》、《雅马哈鱼档》、《给咖啡加点糖》、《街市流行曲》和《孙中山》等影片。它们向全国观众传递出了岭南特有的文化气息，风靡大江南北，广受观众欢迎。

20 世纪 90 年代，是广东电影的衰退年代。

20 世纪 90 年代，中国电影开始步入低潮期，面对不景气的市场，广东电影开始把主要精力转移到主旋律精品影片的创作拍摄中，分别有 1996 年的《军嫂》、1997 年的《安居》、1998 年的《龙飞凤舞》和 1999 年的《赛龙夺锦》等影片。

21 世纪初，是广东电影的复苏年代。

2000 年以来，先后拍摄了《走出硝烟的女神》、《荔枝红了》、《等郎妹》、《野蛮的温柔》、《秋喜》和《所有梦想都开花》等影片。《秋喜》获得了第六届中美电影节开幕式的最佳年度“金天使奖”和最佳影片奖。

（三）影视文化对经济的影响

1. 成功的影视作品为旅游发展带来契机

影片在展示拍摄地美丽自然风光的同时，还能够挖掘拍摄地内在的文化魅力，树立鲜明的旅游形象，扩大拍摄地的知名度。借助影视作品的吸引力，影视作品外景基地或电影节举办地，每年都吸收着大批旅游者前来参观。

2. 广东影视文化对经济的影响

以《外来媳妇本地郎》为例，它创造了广东本土电视剧的最高收视纪录，打破了香港频道长期垄断本地收视市场的局面。据了解，该剧自播出以来收视率一直居高不下，多年来的平均收视一直保持在 20% 左右，最高时曾经达到 44%。而这些收视高潮，为广东带来了巨大的经济效益。

【本章小结】

本章介绍了绘画、音乐、舞蹈、戏剧、影视艺术的基本知识，以及领会这些艺术在提高大学生文化素质和人生品位中所起的作用。介绍了如何学会欣赏古今中外绘画、音乐、舞蹈、戏剧及影视等著名作品的方法。同时还介绍了广东绘画、音乐、戏剧、影视艺术的特点和成就。

【学习与探究】

一、学习与思考

1. 举例说明艺术的本质。

2. 请学生在欣赏音乐作品《春江花月夜》时，仔细体会中国传统乐器的音色及特性，同时结合张若虚的诗《春江花月夜》，来感受这个音乐作品所表现的情感。

3. 欣赏芭蕾舞剧《天鹅湖》，谈谈舞蹈是如何表达感情的。

4. 结合具体作品，谈谈你对音乐的认识。

5. 试对绘画的类别分别加以说明。

二、互动平台

1. 专题研讨广东通俗音乐的特点。

2. 选择自己喜欢的乐器进行演奏，以此来表达自己的情绪，不会演奏乐器的同学，可尝试简单的打击乐器，通过节奏变化来感受音乐情绪的变化。

3. 组织班级交谊舞会，体会交谊舞的魅力。

4. 播放一段精美影片，师生共同讨论其美感特征，或选择经典大片，亦可选择授课时期正在热播的影片。

5. 请借阅并欣赏以下画作：

傅抱石、关山月《江山如此多娇》；达·芬奇《蒙娜丽莎》、《最后的晚餐》；米开朗琪罗《创世纪》；莫奈《日出·印象》；凡·高《向日葵》；列宾《伏尔加河上的纤夫》；毕加索《亚威农少女》

三、链接阅读

（一）形与色的交响：油画作品欣赏

在西方美术中，数量最多、影响最大的种类当推油画。油画作品构成的艺术画卷，容纳着宗教与世俗、神话与现实极为丰富的艺术形象。

可以把15世纪到19世纪中叶的油画概称为古典油画，它们的共同点是：无论画面大小，都有一种很完美的情境。众多物象的场景经画家布局，形成秩序清楚、层次分明、有主有次的画面。主体突出，细节精微，造型与色彩往往呈现出典雅、统一的情趣，给人很悦目的感觉。大部分画家采用的多层画法，暗部颜色往往用稀薄的颜料多层均匀铺设而成，看上去隐约中有微妙变化；亮部则多用厚堆颜料，具有质感和量感，明暗之间的响亮与深邃，形成深入浅出的节奏与韵味。

意大利油画是欧洲油画发展的先声，文艺复兴使初生的油画生机勃发。

波堤切利（1445—1510）是早期文艺复兴画家中的代表。他和当时的画家力求恢复古典艺术对人本身肯定和讴歌的传统，以古典艺术形象作为美好、正义的象征。他的代表作《春》，创作于15世纪70年代，其意图在于引导人们把目光追溯到遥远的古代，在纯净的神话王国里寻求美好与永恒。

画中，春的女神抱着鲜花前行，花神与微风之神跟在后面，远处是牵手起舞的三女神，那代表一切生命之源的维纳斯站在中间，小爱神在天空飞射着爱之箭。草地上、树枝上、春神的衣裙上、花神的口唇上，到处布满鲜花。整个世界充满春的气息和爱的欢悦，这就是画家的理想与憧憬。

著名的意大利画家达·芬奇（1452—1519）代表作是《蒙娜丽莎》、《最后的晚餐》及《岩间圣母》。

与达·芬奇同代且齐名的拉斐尔一生主要画圣母，他笔下的圣母往往有椭圆形的脸庞、细长的弯眉和含情的双眼，在线条、色彩上都显出柔和的韵律。

17世纪的荷兰画家伦勃朗（1606—1669）的油画则体现出深沉的意境与舒缓的情调。

伦勃朗是以作肖像出名的画家，特别是以作自画像著称。他的百来幅自画像不仅是从少年到老年的形象记录，还是他前半生荣华、后半生贫困的现实写照，更是关于人的生命与意志的形象塑造。强调光与影的丰富、微妙的变化，是伦勃朗绘画的另一特色，他的许多作品被称为光与影的交响乐。

19世纪最有影响的是印象派，它的贡献主要是绘画技法上的变革。古典油画虽然完美，但其弱点是叙事性太强，理性太多，以主题内容为主要的欣赏方面；形式上，古典油画重造型甚于色彩，棕褐色调太多。

印象派画家的变革从色彩入手，他们认为一切物体只有在光线照耀下才为人所见，光线的变化就引起色彩的变化，画家要捕捉的应是瞬间的光影效果。他们还认为阴影中也有色彩，不应像古典油画那样画成黑重的暗部。

印象派的领袖莫奈（1840—1926），他的《日出·印象》画的是明雾未散、日光熹微的海边，水面与岸边屋影、帆影浑然难分，轻松的笔触造成了水光的反射与颤动。他对色彩极其敏感，技巧也已达到炉火纯青的境地，到晚年双目几近失明的状态下，也能凭感觉画出长达几十米的组画《睡莲》。

同一时间，在俄罗斯有一种与印象派相反的美术倾向。画家列宾（1844—1930）通过在伏尔加河岸的生活体验，感受纤夫的生活现状，画出了著名的《伏尔加河纤夫》，一群荷重的劳动者缓慢地走着，一曲低沉的号子在炎夏的闷热中与河水的悲吟交织在一起。

如果说印象派作品类似于无标题音乐，给人以轻松、诗意的愉悦；列宾及一大批描写现实的画家作品，则以主题深刻、文学性强取胜。这种艺术倾向可称为批判现实主义，对东欧各国乃至中国现代绘画都有深远的影响。

荷兰画家凡·高（1853—1890）是古典油画向现代油画过渡时期的画家之一。

在艺术语言中，他选择色彩表达自己对人生境遇的感觉，构筑他执著憧憬的生命世界。面对强烈的太阳，他的内心与之呼应，画出太阳射出的箭般光芒，画出金黄色的麦浪和向日葵。在他的画面上，没有任何平稳安静的气氛。

《星夜》画的是夜景，但充满着生命的躁动，画中的树木直指天际，夜空中的流云和星月吐纳着气息，类似急流中漩涡浪花的笔触互相追逐，以紧张的运动和旋律造就全幅的氛围。

凡·高的作品具有不可重复的个性，那种饱含生命力的形式无不打动、震撼着观众的心扉。

毕加索则是立体主义的代表画家，虽然他一生不断改变艺术风格，但他在立体主义时期的影响最大，《弹曼陀铃的女孩》只是他许多作品中的一件。画家把人物塑造成各种几何体的综合状态，令观者感到这是许多次从不同位置观察人物的结果。

（二）线与墨的灵性：中国画作品欣赏

1. 横展竖张巧卷轴

中国画一般是卷轴式的，即画家完成作品后还要经裱褙，用纸或绢绫等材料衬托、加边，上下或左右装上木轴，竖式大幅称立轴，横式长幅称为手卷，收时卷起，观时展挂。横卷如此，立轴亦然。

2. 线造万象墨生辉

用线条造型，使中国画风格侧重于表现而非再现，写意而非写实。线条因笔的运行而富有多种表现力，可以勾勒形体，也可皴擦出体积，如若干平行或穿插的长线组成披麻皴，能表现延绵层叠的山石；粗壮的侧锋短线组成斧劈皴，可表现峻峭的峰峦。

自然界本有丰富的色彩，但中国画以墨代色，称墨为墨色。

画家在实践中总结出“墨分五色”方法，即用浓淡变化的墨色造就画中的空间层次和物象特征，致使虽画牡丹，墨色能显牡丹之红；虽写绿荷，墨色能露满纸清气。

所以，线与墨就构成了中国画的基本语言。

3. 诗书画印合为一体

这是中国画完美的情境。有的作品仅有寥寥数笔，形象似简练粗率，但却在画幅中题了不少字；有的半幅是诗，半幅是画；更有许多历代名画在流传中被不断添上印章和题跋。

画中的诗文或是对景物的吟咏，或是对作画心境的记录，或是以画赠友的酬唱，总之，是画家对人生的看法与心态的披露。

中国画中的不同门类各有特点，因而，具体的欣赏可以从山水、花鸟、人物三大类展开。

松、梅、竹、菊在花鸟画中之所以成为永恒的题材，是因为画家赋予它们以高洁、晚香、坚强等人的品质。例如竹，其“清姿瘦节、虚心凌云”的精神如谦谦君子风仪；又如兰，其“幽香独处、不染世浊”的品性正符合艺术家的清高胸怀。

在所有画竹的画家中，数清代郑板桥（1693—1765）的数量最多，他自谓“四十年来画竹枝，日间挥写夜间思”，“板桥专画长竹，五十年不画它物”。

与其他画家视竹为个体生命的自重与自傲不同，郑板桥的竹有独到的内涵，即用竹的形象表达他复杂的官场意绪和对现实的关注之情。

吴昌硕（1844—1927）作画极重气势，在花木竹石布局中讲究虚实、疏密、聚散的韵律，他的画无论雅俗皆能欣赏。他72岁时作的《桃实图》，结构十分严谨，留白极有韵意。桃色与叶色微微相渗，叶色与杆色润渴相间……许多对立的因素被画家统一起来，散发出醇厚的气息。

齐白石（1864—1957）在技法上师承了吴昌硕，但到晚年形成大写意风格，把花鸟画又发展了一步。

齐白石的绘画题材已不局限于传统文人的“四君子”，他将生活现实中的普通物象收入画幅，虾、青蛙、竹耙、白菜、瓜果等在他的画中都散发出沁人心脾的乡野气息。

潘天寿以画荷著称，李苦禅以画鹰闻名，徐悲鸿的马是一种具有奋发向上精神的象征形象……花鸟画的题材内容正随时代不断扩充、发展。

（摘自百度百科）

第五章　心理学与人文

学科感怀

蓝天白云，鸟语花香，大自然赋予人们许多美丽的景色：甜蜜的爱情，浓郁的亲情，多彩的事业，快乐的工作等，构筑了我们温馨幸福的生活。然而，如果失去了健康的心理，这些美好都将黯然失色。随着人类社会的发展，人们进一步认识到心理健康对个人生活幸福、国家繁荣昌盛、社会和平稳定有着至关重要的作用，健康的心理与高品质的人文素质有着密切的联系。个体的身心健康，乃是人生幸福之源；全民身心健康，乃国家富强之本。

【知识目标】

通过本章的学习使学生了解心理学的基本理论知识，掌握心理学的研究对象、心理学的实质、心理学的任务、心理学的分类、心理学的研究方法以及心理学产生发展的历程；掌握当代大学生的价值观特点及正确价值观树立的途径；了解当代大学生积极情绪情感的特征及积极情绪情感的培养方法；掌握当代学生人际交往的特点及交往的原则方法；掌握广东高职院校学生的心理特征等知识。

【能力目标】

通过对本章内容的学习，能够有效地掌握并应用心理学的相关知识；高等院校在教育教学中通过人文关怀的教育理念帮助学生疏通心理障碍，保证学生身心健康发展。

第一节　心理学扫描

一、心理学研究的对象

心理学是研究人的心理活动及其发生、发展规律的科学。人的心理是以不同的形式能动地反映客观事物及其相互关系的活动。心理学是对心理现象的阐述并揭露其本质和规律的科学。提起心理现象，人们难免有一种神秘感。其实，一个正常的人，不管是在清醒状态，还是处于睡梦之中，不管是从事社会实践，还是自发的本能活动，都会产生这样或那样的心理现象。应该说，心理现象在我们生活中实实在在存在，是人们最熟悉、时常可感受到的精神现象，也是人类特别关心并不断加以探讨和解释的现象之一。

人的心理活动包括有紧密联系的两个方面：心理过程和个性。

（一）心理过程

人的心理过程就其性质与功能来说可以分为认识过程、情绪情感过程和意志过程三个方面。

1. 认识过程

认识过程是指人由表及里、由现象到本质地反映客观事物的特性与联系的心理活动。人的认识过程包括对客观事物的感觉、知觉、记忆、思维和想象等过程。比如，我们看见颜色、听到沙沙声、尝到滋味、闻到气味、摸到物体的软硬或冷热等，这就是感觉。在感觉的基础上，我们能够辨认出是盛开的菊花或是歌唱的百灵鸟；是鲜红的苹果或是崭新的书桌等，这就是知觉。感知反映的是客观事物的外在联系和外部特征。感知过的事物能够以经验的形式在头脑中留下痕迹，以后在一定条件下还可以再认或回忆起它的形象和特征。

例如，游览了杭州西湖，其美丽的景色会在大脑中留下深刻的印象；读了李白的《望庐山瀑布》后，遇到一定的情境，又自然地吟诵出来，这称为记忆。人不仅能直接地感知事物的表面特征，还能间接地、概括地反映事物的内在的、本质的特征。医生根据病人的脉搏、体温、舌苔等变化，可以推断其体内的疾患；教师根据学生的外部表现和言行，可以了解其内心世界，这些都是思维。人在头脑中不仅能够再现过去事物的形象，而且还能在此基础上创造新事物的形象。文学艺术家塑造的典型形象，我们在头脑中对未来生活和工作情景的规划等，这类心理活动的过程叫做想象。感觉、知觉、记忆、思维和想象同属于人的认识过程。

2. 情绪情感过程

情绪情感过程是指人对客观事物是否满足自身物质和精神上的需要而产生的主观体验的心理活动，它反映的是客观事物同人的需要之间的关系，包括喜、怒、哀、乐、爱、憎、惧等情绪和情感。例如，我们对祖国秀丽河山的赞美，对侵略者的愤恨，对本职工作的热爱，为取得的成绩而喜悦等，这些在认识基础上产生的喜、怒、哀、乐等态度体验，心理学上称为情感过程。

3. 意志过程

意志过程是指人为了满足某种需要，在一定动机的激励下，自觉确定目标，克服内部和外部困难并力求实现目标的心理活动。意志过程是人的意识能动性的表现，即人不仅能认识客观事物，而且还能根据对客观事物及其规律的认识自觉地改造世界。

人的认识过程、情绪情感过程和意志过程统称为心理过程。它们在人的心理活动中并不是单独存在的，而是相互联系、相互影响的统一的心理活动过程。人的言听计从过程是人的情绪情感和意志产生的基础，没有人的认识活动，人既不会产生喜、怒、哀、乐的情绪情感，也不可能有自觉的、坚强的意志。情绪情感和意志又反作用于认识过程，没有人的情绪情感的推动或者缺乏坚强的意志，人的认识活动就不可能发展和深入。可见，人的认识过程和意志过程总是伴随着一定的情绪情感活动，意志过程又总是以一定的认识活动为前提，而人的情绪情感和意志活动又促进了人的认识的发展。

人的认识过程、情绪情感过程和意志过程都有其发生、发展及其变化的过程，人的心理过程发生发展的规律是心理学研究的对象之一。

（二）个性

人的心理过程具有共同规律性的特征。例如，人们认识客观事物都是先由感觉、知觉进而到思维，即由对现象的估计到事物本质的揭露，这是人们认识过程的共性。情绪情感过程和意志过程的发生和发展也都存在着共同规律。但是，由于每一个人的先天素质和后天环境影响的不同，心理过程在每个人身上产生和发展时又总是带有个人的特征，从而形成了各人不同的个性。

个性是指一个人的整个心理面貌，它是个人心理活动稳定的心理倾向和心

理特征的总和。个性的心理结构主要包括个性倾向性和个性心理特征两个方面。

1. 个性倾向性

个性倾向性是指人所具有的意识倾向，它决定着人对现实的态度以及对认识活动对象的趋向和选择。

个性倾向性是人从事活动的基本动力，是推动人进行活动的系统，其中主要包括需要、动机、兴趣、理想、价值观和世界观。这些心理倾向在整个个性倾向中的地位，随着个人的成熟与发展的阶段而有所不同。例如，在儿童时期，兴趣是支配他们心理活动与行为的主要心理倾向；在青少年时期，理想上升到主导地位；在青年后期和成年期，人生观与世界观成为主导的心理倾向并支配着人的整个心理活动与行为。

人的个性倾向性是在社会实践中形成、发展和变化的，它反映了人与客观现实的相互关系，也反映了一个人的生活经历。当一个人的个性倾向性成为一种稳定而概括的心理特点时，就构成了一个人的个性心理特征。

2. 个性心理特征

个性心理特征是指一个人身上经常地、稳定地表现出来的心理特点。它主要包括能力、气质和性格，是多种心理特征的独特组合，集中反映了一个人心理面貌的类型差异。

例如，有的人有数学才能，有的人有写作才能，有的人有音乐才能，因此在各科成绩上就有高低之分，这是能力方面的差异。在行为方面，有的人活泼好动，有的人沉默寡言，有的人热情友善，有的人冷漠无情，这些都是气质和性格方面的差异。能力、气质和性格统称为个性心理特征。

在一定社会历史条件下，人们通过社会实践活动形成和发展起来的个性倾向性和个性心理特征，即人的个性实质，个性结构及个性形成、发展和变化的规律是心理学研究对象中的另一个重要内容。

人的心理过程和个性是彼此密切联系的。一方面，没有心理过程，个性是无法形成的。如果没有对客观事物的认识，没有对客观事物与人的需要之间的态度体验而产生的情绪和情感，没有对客观事物的积极改造的意志过程，个性就会成为无本之源。另一方面，已经形成的个性倾向性和个性心理特征又制约着心理过程，并在心理活动过程中得到体现，从而对心理过程产生重要的影响，使之带有个人独特的特点。因此，既没有不表现在心理过程中的个性倾向性和个性心理特征，也没有不带有个性倾向性和个性心理特征的心理过程。心理过程和个性是心理现象的两个不同方面，在了解一个人的心理全貌时，必须把两者结合起来进行考察。具体来说，心理学是研究人的心理过程发生、发展的规律，研究个性形成、发展和变化的规律，研究心理过程和个性两者之间相互关系的规律的科学。

二、心理学的实质

心理活动虽然人人都很熟悉，但是它何以发生，如何发展，并不是一个简单的问题，心理活动是宇宙间最复杂的现象之一，也是人从有史以来就企图认识的重大课题。对心理实质的理解历来存在着两种根本对立的观点。

（一）唯心主义的心理观

在远古时代，人们就已经注意到世界上存在着两种现象：物质现象（自然界和人等）和精神现象（人对客观事物的感受、记忆和思维等）。但是，由于受到当时生产力水平的限制，人们认为有寄寓在肉体之中、可以离开肉体独立存在的灵魂，由此产生了灵魂不死的观念。另外，人们认识和改造自然的能力又极其微弱，把无法解释和无力控制的自然力人格化，从而产生了万物有灵的观念，认为人和整个世界都是由一种无形体的、超自然的、永存不配的精神力量所主宰。这样就产生了形形色色的唯心主义哲学，并断言精神第一性，物质第二性，精神先于物质而存在，把宇宙间天地万物归结为精神本原。

唯心主义哲学分为两种基本观点：主观唯心主义和客观唯心主义。主观唯心主义虚构出某种脱离物质、脱离人的肉体的“自我”，并把“自我”当成唯一真空的存在和世界的本原。认为世界上的一切事物都是“我”的感觉、观念、意志等的产物，没有“我”就没有世界。

宋代的陆九渊就认为“万物森然于方寸之间，满心而发，充塞宇宙，无非此理”，“宇宙便是吾心，吾心即是宇宙”。明代的王守仁认为“人者，天地万物之心也；心者，天地万物之主也。心即是天，言心则天地万物皆举之矣”，“心外无物，心外无事，心外无理，心外无义，心外无善”。

在西方，18世纪英国主教贝克莱认为物质是“不存在的实质”，“感性实物”是“观念的集合”或“感觉的组合”，“对象和感觉是同一个东西”，“存在就是被感知”（贝克莱《视觉新论》）。到了19世纪30年代，主观唯心主义宣称物质与意识何者是第一性是无意义的问题，而以“经验”、“要素”、“心理的东西和物理的东西”等“中立”的名词来取代物质和意识的概念。

客观唯心主义是虚构某种脱离物质、脱离任何个人的“客观”精神，并把它当成万物的主宰者。汉代的董仲舒就认为，“天”是“百神之大君”、“万物

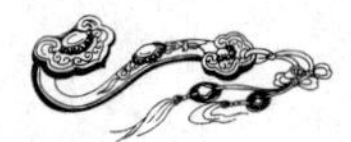

之祖”、“万物非天生”。宋代的朱熹认为，“理”是天地万物的创造主，认为“天下未有无理之气，亦未有无气之理”，“理在先，气在后”，“有是理便有是气，但理是本”。

在西方，古希腊的柏拉图认为，“理念”世界是唯一真实的存在，由具体事物构成的“感性世界”则是由“理念”派生出来的、不完善的“摹本”或“影子”。客观唯心主义的代表人物黑格尔认为“绝对精神”是宇宙的本原和基础，自然界、人类社会和思维现象都是“绝对精神”在自我实现、自我认识的发展过程中的外部表现。

主观唯心主义和客观唯心主义的区别只是唯心主义内部的区分，两者都把虚构的脱离物质的精神当作客观世界的本原，在这一根本点上是一致的。

（二）唯物主义的心理观

唯物主义认为，物质第一性，精神第二性，世界统一于物质，精神是物质的产物和反映。唯物主义承认外部世界，承认物质存在于人们的意识之外，人们的意识是对物质存在的反映。

我国古代唯物主义者认为心理活动是身体的一种机能。战国时期的荀子认为，先有物质的身体后有精神，精神依附于身体。人的好、恶、喜、怒、哀、乐等感情就藏在身体和精神之中。韩非认为人的感觉和思维必须依赖于感觉器官和思维器官。东汉时的王充认为人的精神就藏在形体里面。魏晋南北朝的范缜进一步指出“形者神之质也，神者形之用也”，“形存则神存，形谢则神灭”，就是说物质的身体是主体、实体，而精神只是对物质的身体起作用，是从属于物质的身体的。明末清初的王夫之说：“形也、神也、物也，三相遇而知觉乃发。”清代的戴震说：“味也声色，在物不在我，接于我之血色，能辨之而悦之。”总之，他们都认为物质与心理是不可分的。先有物质的身体后有心理活动，情感、智慧等心理活动是身体的机能。

在欧洲，以德谟克利特为代表的唯物主义者认为，人与整个自然界一样是物质的。灵魂是由原子组成的，只不过比组成肉体的原子更加精细而已。人的死亡不是指灵魂离开肉体，而是肉体原子和灵魂原子的自然分离。他认为，人的感觉和思维是一种不断放射出来的原子形成的“影像”，透过感觉器官而投身到灵魂的结果。他说：“如果没有影像来接触，就没有人能有感觉和思想。”他坚持了心理是物质派生的，感觉是由外物引起的唯物主义观点。柏拉图的学生亚里士多德在《灵魂论》的心理学专著里，把灵魂看作是生活的动力，是身体存在的形式。在《记忆》、《梦论》等著作中，肯定感觉是认识的基础，“感觉新局面不是感觉自身，而必须有某些外于感觉者，先于感觉而存在”。

法国哲学家笛卡尔从二元论的哲学观点出发，提出了身心交感论。他认为人的心与物（身体）只是相对独立的“实体”，两者是根本不同的，心的本质是思维，不占空间，身体是物质的，占有空间，心身两者互相交感，心影响身，身也影响心，两者交感于脑内的松果体，通过松果腺体的活动可以将物理的刺激传导而至灵魂（心）之内，然后将冲动由灵魂传导至身体。笛卡尔用“反射”概念来解释人体的活动，对心理学的发展产生了重要的影响，但是，笛卡尔的二元论观点，即认为存在着物质和精神两种独立实体，心理不是脑的功能，不是脑的产物，而是独立于脑活动之外的东西，这种观点，其本质是唯心主义的。

可见，马克思主义以前的唯物主义者并没有正确阐明人的心理现象。因为他们缺乏发展的、联系的辩证观点去探索人的心理活动，不理解人的心理活动对于社会实践的依赖关系，所以也就不能正确地阐释人的心理现象的实质。

三、心理学的任务

影响人的心理活动的因素很多，但概括起来主要有以下三类：①环境因素，即人所接触到的周围事物的变化；②心理因素，例如人的体温高低，饥或渴等；③心理因素，即自己的心理活动对心理的影响。心理学就是要探索这三类因素的变化对心理活动的影响。为此，有以下三项基本任务：

第一项任务是提示和描述人的心理现象。人的心理活动的本质和发展规律若不能被揭露，就不能被理解和控制，有时甚至会被看成是任意发生的、主观自决的、不受因果规律支配的。为此，心理学大量的工作是测量、描述和揭露人的行为以及心理如何调节和支配人的活动的规律。例如，心理学通过大量测量提示了人类遗忘的规律，这样就可以理解为什么有的人记得又快又牢固，而有的人则记忆效果差，并提出有助于记忆的方法，控制和避免有害于记忆的因素。

第二项任务是预测和控制人的心理活动。科学的重要作用在于预测和控制。人们掌握了心理活动的规律，就能根据客观现实的需要去预测和控制心理活动。例如，知道了某个学生的智力水平，就能够较准确地预测该学生的某些作业成绩。另外，了解了影响人的心理活动的因素，就能够尽量消除不利因素，创设有利情境，改变和控制个体的行为，使活动效率提高。

第三项任务是理解和说明人的心理活动。理解和说明人的心理活动，实际上就是找出产生所观察到的某些心理现象的原因。这个过程既包括了把已知事实组织起来以形成与事实相符的说明，也包括了就事件之间的关系提出需要证

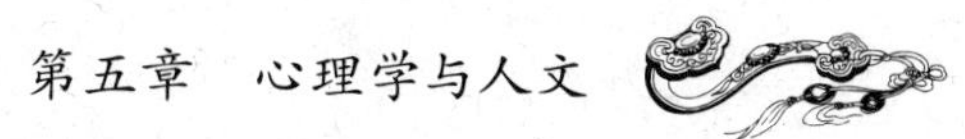

明的假设。

四、心理学的分类

现代心理学的发展，在理论上已经基本形成了作为一门科学的独立体系。在应用上与社会各实践领域紧密联系而形成了许多心理学分支学科。为此，可以把心理学大致划分为两种领域：心理学的基础理论领域和心理学的应用领域。

（一）心理学的基础理论领域

心理学基础理论领域主要是研究心理学的基础理论、基本原理和基本方法以及人的心理活动的一般规律的心理学分支，主要研究心理发生发展的基本规律，包括普通心理学、发展心理学、实验心理学、生理心理学、社会心理学、比较心理学、变态心理学等。

1. 普通心理学

普通心理学是学习心理学的入门学科，它概括地介绍心理学的基础理论和基本方法，阐述正常成人心理的一般规律，同时也概括地阐述各个分支学科的研究成果。包括感知心理学、记忆心理学、思维心理学、言语心理学、动机心理学、情绪心理学、意志心理学、个性心理学等。

2. 发展心理学

发展心理学主要探讨个体生命全过程中身心发展与年龄的关系，可分为婴幼儿心理学、儿童心理学、青年心理学、成年心理学和老年心理学。

3. 实验心理学

实验心理学是进行基础心理学研究的一门十分重要的学科。心理学之所以能从哲学中分离出来并成为一门独立的学科，就是因为引进了实验法。该学科以实验的方法研究心理和行为的规律，主要研究心理学领域中进行实验研究的原理、设计、方法、仪器、技术和资料处理等问题。

4. 生理心理学

生理心理学是研究心理现象的生理机制的科学。主要研究感觉、学习、记忆、动机和情绪等各种心理现象的神经机制以及内分泌腺对行为的调节机制等。

5. 社会心理学

社会心理学研究个体如何受团体的影响，以及团体中个体彼此之间的影响。主要研究社会认知、社会动机、社会态度、社会情感、团体心理以及时尚、风俗、舆论、流言等社会心理现象的特点及其发展规律。

6. 比较心理学

比较心理学是研究动物心理并与人类心理相比较，以探求人类心理如何演化而来的科学。

7. 变态心理学

变态心理学旨在研究行为异常的类别和原因，从而建立系统理论，作为心理诊断与治疗的依据。

（二）心理学的应用领域

现代心理学的发展趋势是越来越与社会生活中的各个领域相结合，从而产生了以应用为研究目的的心理学分支学科。

1. 教育心理学

教育心理学创建于20世纪初，是最早出现的应用心理学学科之一。教育心理学是研究学校教育情境中学与教的心理活动规律的学科。教育心理学主要是以教师与学生之间相互作用的行为为研究对象，涉及学生掌握知识和技能的心理特点及规律，影响教与学活动的心理因素、行为习惯和良好道德品质形成的规律以及教师心理活动等，目的是建立系统的教学理论来解决教学中的实际问题。

2. 管理心理学

管理心理学是研究各种管理活动中管理者和被管理者的心理现象和规律的科学。它主要研究管理者和被管理者的心理活动及其特点。其分支包括行政管理心理学、企业管理心理学、学校管理心理学等。

3. 消费心理学

消费心理学是研究消费者在消费活动中的心理现象和行为规律的学科。它涉及两个主要方面：消费行为的内部因素，如消费动机、消费信息和认知以及消费决策等；消费行为的外部因素，如广告宣传、商标命名、销售服务和企业形象等。

4. 工业心理学

工业心理学研究工业从业人员的行为，从而获得工作心理的原理原则，借以解决工业中的问题，提高生产效率。其中衍生出了工程心理学、组织心理学、人事心理学等分支学科。

5. 心理咨询学

心理咨询学是对来访者提出的心理障碍或要求给以矫正的学科。心理咨询学主要是运用心理学原理和技术，通过商谈程序，提示心理障碍产生的原因和

行为问题的症结，寻找摆脱困境的条件、途径和对策，使来访者改变原有态度和行为，增强自信心，以达到对社会生活的良好适应。

6. 法律心理学

法律心理学是研究人们在法律活动中与法律直接相关联的心理活动及其规律的学科。法律心理学主要是运用心理学原理，探究司法程序中犯罪动机、犯罪证据真实性、司法犯罪者和违法者的教育改造以及各类司法人员的心理活动特点等。

7. 心理测量学

心理测量学是研究对人的心理差异的测量理论和编制心理测验的原理原则和方法的学科。心理测量学分为心理测验和心理统计两部分。涉及通过人的行为表现的某些心理特征作出数量化的解释的心理测验，和依靠统计分析的数据作出测验结果，即确定一个人的某种心理水平和特征在总群体中的相对位置。

8. 临床学心理学

临床学心理学是研究行为异常与心理疾患发生的原因、发病机制、症状与诊断、预防与治疗的学科。临床心理学涉及心理变态疾病，如精神分裂症以及单纯由心理因素引起的神经症，如神经性焦虑或忧郁症和由心理因素引起的身体疾病，如高血压等。目前，临床心理学从治疗的角度，研究病因、诊断和预防，以帮助人调适社会生活，提高身心健康水平而形成一门新兴的健康心理学分支学科。

现代心理学的基础理论和应用领域方面并不仅限于以上所列的这些学科。事实上，随着心理科学的发展，众多心理学分支学科已自成体系，它们共同为人类所面临的自身心理课题而不断探索和研究。

五、心理学的研究方法

（一）心理学研究的基本原则

要科学地研究人的心理现象，提示心理的实质、规律、机制就必须以辩证唯物主义和历史唯物主义为指导思想。因此，心理学研究须遵循以下两个基本原则：

1. 客观性原则

客观性原则是指研究者要尊重客观事实，按照事物的本来面貌来反映事物。对心理学研究者来说，就是要从心理活动产生所依存的客观条件及其表现和作用来提示心理活动发生发展的规律性。由于心理活动纷繁复杂，因此，在心理学研究中很容易产生猜测、武断和片面的缺点，应该注重遵循这一原则。任何结论都必须在对所得的全部事实材料和数据，甚至包括在相互矛盾的事实中进行全面分析的基础上作出，而不能任凭研究者的主观臆测来肯定或否定某种结论。

2. 发展性原则

发展性原则是指把人的心理活动看作一个动态的变化发展过程的研究原则。例如，研究个体在不同年龄阶段上的心理发生发展规律，就要根据从初生到老年期的每个阶段所具有的不同的心理特点和形成条件。既要阐明已经形成的心理品质，也要阐明那些正在形成或刚表现出来的心理特点，并要预测可能会出现的心理现象，以创造有利条件让其顺利发展。

（二）心理学研究的基本方法

心理学研究的基本方法有观察法、实验法、调查法和测验法等，它们都涉及对所要解决的问题进行研究设计，采用合适的搜集资料的方法，按照一定研究程序进行统计检验的基本过程。

1. 观察法

观察法是指在自然情景中或预先设置的情境中对人的行为进行观察记录，然后分析以期获得其心理活动变化和发展规律的方法。

在运用观察法进行心理学研究时，观察者和被观察者之间的关系有两种方式：一种是参与观察者，即观察者是被观察者活动中的一个成员；另一种是非参与观察者，即观察者不参加被观察者的活动。无论采取哪种方式，原则上是不使被观察者发觉自己的活动被他们观察，否则就会影响他们的行为表现。

观察法是对被观察者的行为进行直接的了解，因而能得到第一手资料。但是这些所得的资料必须具有准确性和代表性，因此，如何避免观察的主观臆测和偏颇是观察法使用时的关键。另外，观察始终应该是有目的、有计划地对人在活动中表现出来的心理特点进行观察和记录，以利于科学地解释行为产生的原因。

观察法的优点是保持了被观察对象的心理活动的自然流露和客观性，获得的资料比较真实。它的不足之处是观察者处在被动的地位，只能消极地等待被观察者的某些行为表现，因此可能是一种较缓慢的进程。

2. 实验法

实验法是心理学研究的主要方法之一。实验法不但要探求所研究的问题

"是什么"，而且还要进一步探究问题的原因"为什么"，因此在科学研究中的应用最广泛。

实验法是指人为地有目的地控制和改变某种条件，使被试者产生所要研究的某种心理现象，然后进行分析研究，以得出这一心理现象发生的原因或起作用的规律性的结果。实验者在进行实验研究时，必须考虑到三项变量：第一，自变量，即实验者安排的刺激情境或实验情境；第二，因变量，即反应变量，它是实验者预定要观察、记录的变量，是实验者要研究的真正对象；第三，控制变量，即实验变量之外的其他可能影响实验结果的变量。虽然实验者的目的不是研究它们，但是为了避免它们对结果产生影响，而需要设法予以控制。总之，采用实验法研究个体行为时，主要目的是在控制的情境下探究自变量和因变量之间的内存关系。

实验法有两种：自然实验法和实验室实验法。

（1）自然实验法

自然实验法是指在实际生活情境中，由实验者创设或改变某些条件，以引起被试验者某些心理活动而对其进行研究的方法。在这种实验条件下，由于被试验者摆脱了实验可能产生的紧张心理而始终处于自然状态中，因此，得到的资料比较切合实际。但是，自然实验中由于实验情境不易控制，在许多情况下还需要由实验室实验来加以验证和补充。

（2）实验室实验法

实验室实验法是指在实验条件严格控制下，借助于专门的实验仪器，引起和记录被试验者的心理现象而对其进行研究的方法。心理学的许多课题都可能在实验室进行研究，通过实验室严格的人为条件的控制，可能获得较精确的研究结果。另外，由于实验条件严格控制，运用这种方法有助于发现事件的因果关系，并可以对实验结果进行反复验证。但是，由于实验者严格控制实验条件，使实验情境带有很大的人为性质，被试验者处在这种情境中，意识到正在接受实验，就有可能干扰实验结果的客观性，并影响到将实验结果应用于日常生活，因而有一定的局限性。

3. 调查法

调查法是指就某一问题要求被调查者回答他（他们）的想法或做法，以此来分析、推测群体心理倾向的研究方法。调查法在实施时虽然是以个人为对象，但其目的是借助于许多个人的反映来分析和推测社会群体的整体心理趋向。

调查法分为问卷法和谈话法两种方式。

(1) 问卷法

问卷法是指采用预先拟定好的问题表由被试自行填写来搜集资料，分析和推测群体心理特点及有关心理状态的研究方法。由于问卷法可以向许多人同时搜集同类问题的资料，所以较省人力物力。但在采用问卷调查时需要注意以下两个方面的问题：一是问卷回收率可能会影响结果的准确性；二是被调查者有时可能不认真合作而使问卷的真实性受到影响。

(2) 谈话法

谈话法是指研究者根据预先拟定好的问题向被调查者提出，在一问一答中搜集资料，分析和推测群体心理特点及心理状态的研究方法。谈话法一般不需要特殊的条件和设备，比较容易掌握和施行。但是由于言谈对象有限，加上被试可能受主观和客观因素的影响，有可能会影响到资料的真实性。

4. 测验法

测验法是指用标准化量表对个体的心理特征进行量化的研究方法。测验法通常被用来确定被试验者某些心理品质的存在水平。有以下两种情况：一是采用测验法来研究个体行为（心理特征）在某一层面上的个别差异；二是采用测验法来研究被试验者两种或多种行为（心理特征）之间的关系。无论是哪一种情况，测验的量表必须标准化，测验的内容必须具备适用性和科学性。当某项测验量表确立，才能在量表所规定的问题范围和所规定的人群范围内使用。目前，心理测验的种类很多，如智力测验是了解不同年龄的被试验者的智力发展水平，成就测验是了解被试验者某些特殊能力的现存水平，人格测验是了解被试的各种心理特征和行为特点的综合表现。由于测验法是个体心理特征和行为表现的量化研究的主要工具之一，因此，这种方法的应用范围很广。

心理学研究的方法远不止这些。上述四种研究方法都有各自独特的优点，但也都有局限性。由于人的心理活动非常复杂，因此，研究人的心理现象不能只单独采用某一种方法，而应该根据研究课题的需要，选用几种方法兼而用之，使之能互相补充，这是心理学研究达到更高科学水准的条件之一。

六、心理学的产生与发展历程

（一）科学心理学的诞生

心理学一词源于“灵魂的学说”，是一门既古老又年轻的科学。说它古老，是因为人类探索心理现象已有两千多年的历史，它一直包括在哲学的母体中，

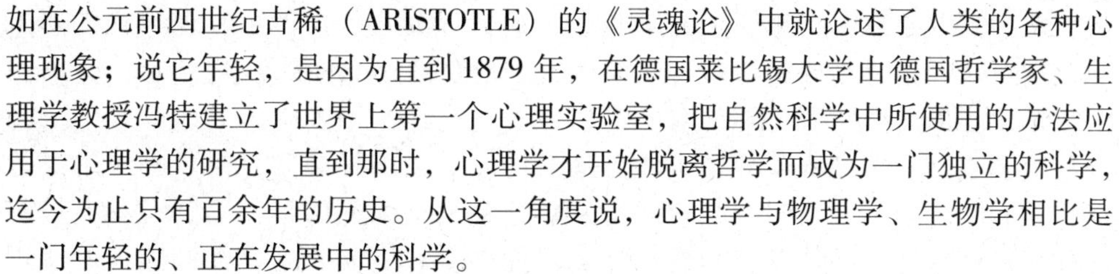

如在公元前四世纪古稀（ARISTOTLE）的《灵魂论》中就论述了人类的各种心理现象；说它年轻，是因为直到1879年，在德国莱比锡大学由德国哲学家、生理学教授冯特建立了世界上第一个心理实验室，把自然科学中所使用的方法应用于心理学的研究，直到那时，心理学才开始脱离哲学而成为一门独立的科学，迄今为止只有百余年的历史。从这一角度说，心理学与物理学、生物学相比是一门年轻的、正在发展中的科学。

（二）哲学对心理学发展的影响

科学心理学的发展受到了哲学的深刻影响。从17世纪到19世纪中叶，经验主义的哲学思想深刻地影响了心理学的发展。经验主义起源于英国的哲学家堆布斯和洛克。堆布斯被认为是经验主义的先驱，洛克被认为是经验主义的奠基人。经验主义偏重于观念的产生与连贯的研究。洛克认为人的心灵最初像一张白纸，没有任何观念，一切知识和观念都是后天从经验中获得的。他把经验分成外部经验和内部经验。外部经验叫感觉，它的源泉是客观的物质世界。物质世界的属性或特性作用于外部感官，因而产生外部经验。内部经验叫反省，它是人对自己内部活动，如思维、意愿、情感等的“观察”。洛克提出了“简单的观念是由感官经验而来”的看法，许多简单观念经由心灵的结合而成为复杂的观念。随着英国经验主义的发展，逐渐形成了联想主义思潮。联想主义把联想的原则作为对全部心理活动的解释的原则，认为观念的结合（联想）是了解人类学习与思考的基本法则。这些看法对心理学关于学习、记忆和思维等理论的产生有着深刻的影响。

（三）心理学发展过程中的主要学说

从19世纪末到20世纪后期，心理学家对心理学内容、方法以及研究目的提出了不同的看法，产生了不同的学说和学派。根据研究者们不同的理论以及各自对心理学课题的不同实验与研究，大致可概括为以下主要学派和思潮。

1. 构造心理学

构造心理学是心理学中第一个学派，冯特是这一学派的创始人。他认为心理学的内容应该是对意识经验的分析，为此他把意识分为感觉、意象和感情三个基本元素。感觉是知觉的元素，意象是观念的元素，感情是情绪的元素。所有复杂的心理活动都是由这些元素构成的。他首创内省法，即以“自我”对其内在经验感受的观察和分析来从事这方面的研究。

冯特的学生铁钦纳，也以内省法来研究意识经验，他把心理学与化学相比较，认为人的心理活动和能细分基本元素的化学复合物类似，心理学的主要工作是把意识经验分析成若干基本元素，然后研究整合了的要素。

2. 机能心理学

美国心理学家詹姆士，是机能心理学的创始人，杜威、安吉尔和卡尔都是这一学派的代表人物。机能心理学认为意识是一种持续不断、川流不息的过程，即意识流。因此，不能把意识看作是元素的集合。机能心理学强调意识的作用和功能，而不是像构造心理学那样强调意识的结构。例如，构造心理学主要关心什么是思维，而机能心理学则主要关心思维在人类行为中的重要作用。

3. 行为主义心理学

行为主义心理学是由美国心理学家华生于1913年创立的。行为主义心理学既不同意构造心理学关于心理元素的看法，也不赞成机能心理学把意识视为心理学的主题。华生认为意识是玄妙的不可捉摸的，心理学不应该研究意识，而应该研究可观察可测量的行为，并以刺激与反应（S－R）之间的关系作为心理学研究的主要内容。行为主义心理学有以下特征：第一，强调以客观的观察和测量来记录人的行为，由于意识不能观察和测量，所以意识不应该包括在心理学研究的范围内；第二，构成行为的基础是个体的反应，而某种反应的形成是与相关刺激有关的；第三，个体的行为不是生来就具有的，而是在生活环境中习得的。

行为主义心理学产生后，在各国心理学界产生了很大反响。行为主义心理学强调研究行为，强调从刺激与反应之间的关系上客观地研究行为，而不从主观上加以描述，这种研究方法上的客观主义对心理学的发展产生了重大的影响。但是，由于它否定了人的心理、意识的观点以及分析人的行为的机械主义的错误，对心理学的发展起了消极的阻碍作用。

4. 格式塔心理学

格式塔心理学由德国心理学家魏特墨首创，代表人物有考夫卡、苛勒等人。格式塔是从德文“GESTALT”音译而来，意思是完形或整体。格式塔心理学研究的主要课题是有关人的知觉的过程，同时受到物理学中“场论”的影响，认为人脑中也有一个“场”，它决定了人看外界东西的状况，由于“场”有一定规律，人脑就按此规律把客观的东西组成一定的“完形”。格式塔心理学反对构造心理学的心理元素的观点，也不同意行为主义心理学所持的刺激——反应的观点，认为个体的任何经验或行为的本身都是不可分解的，每一种经验或活动都有它的整体形态。

5. 精神分析论

精神分析理论是由奥地利精神病医生弗洛伊德创立的。该理论的基础来自

医学临床经验，对心理学乃至人类文化的影响都很大，尤其是关于人格以及心理治疗方面更显突出。弗洛伊德用潜意识、欲望、生本能和死本能等概念来解释个体的心理发展历程，用“本我”、“自我”和“超我”等概念来解释个体的人格结构。

精神分析理论在发展过程中，受到原来追随弗洛伊德的心理学家的批评和反对，不再坚持弗洛伊德的“一切行为决定于性本能发展”的泛性论观点，加之受到社会学和人类学发展的影响，开始转向重视研究人格发展过程中的社会文化影响的因素，这些观点和理论被称为“新精神分析理论”。

6. 人本主义心理学

人本主义心理学是由美国心理学家马斯洛和罗杰斯二人在20世纪50年代创立。人本主义心理学反对行为主义心理学和精神分析论，认为它们都把人的心理现象异化，而没有提示人的完整的心理活动和行为表现的实质。为此，该理论主张心理学的研究应以正常为对象，研究那些真正属于正常人的心理活动的各级层面的问题，特别是蕴藏在人性中的无限的潜力，通过改善环境以利于人类潜能的充分发挥而达到“自我实现”的高度。

7. 认知心理学

认知心理学是现代心理学中新兴的一种思潮，代表了心理学研究的一种趋势，是受到多种因素的影响而逐渐演变而成的。认知心理学分为广义和狭义两种。广义的认知心理学包括了对人的感觉、知觉、记忆、思维、想象等心理过程的研究。狭义的认知心理学是指信息加工心理学，研究感官的信息接收、信息的贮存、信息的撮合运用等过程，它把人看成一个信息加工系统或信息加工器，认为认知活动就是信息加工。简而言之，认知心理学是研究人们对知识的获得贮存、撮合运用的过程。

认知心理学是心理学的历史发展以及心理学与邻近学科交叉渗透的产物，它既继承了格式塔心理学对内部心理过程的研究成果以及接受了行为主义心理学中的操作方法论，又融入了信息论、控制论、系统论和计算机科学等学科的知识内容，力求通过提示人们获取和利用知识（信息）的机制来探究人类的认知活动的规律性。

第二节　当代大学生心理与人文素质的养成

当代大学生的心理素质与人文素质有着密不可分的联系。当代大学生的价值观、情绪情感问题、人际交往问题等既是重要的心理问题又是人文素质培养过程中必不可少的组成部分。正确的价值观体系、积极的情绪情感以及良好的人际交往都是大学生良好综合素质的衡量标准。

一、当代大学生的价值观

虽说在步入大学殿堂之前就已行过成人大礼，已是自立的青年人，但无论从生活还是学习的角度看，当代大学生都依旧是在父母的庇护、老师的爱护下生活成长的。从心理年龄来说，其还处于不成熟阶段。因而，在接触纷繁复杂的社会生活过程中，鉴于缺乏对国情、民情的了解，也就很难对善恶美丑做出准确的判断，也难以给自己一个准确的定位。当下，“无聊”、“纠结”、“郁闷”已成为大学生的口头禅，这是其心态的一种写照。心理、思想的不成熟和社会实际之间的矛盾使得大学生在价值观上极为困惑。所谓价值观，就是人们关于生活中基本价值的信念、信仰、思想等思想观念的总和，是有别于事实判断和科学知识的另一类认识形式，是判断是非曲直、真善美与假恶丑的价值准则。

（一）当代大学生价值观的特点

1. 价值取向多元化

以什么样的态度去对待社会价值和自我价值，并做出什么样的选择和追求，就是大学生的价值取向。随着市场经济的不断发展，个人利益得到更多的关注和认可，大学生的价值观体系的建构也由核心的单一主导价值观逐渐转变为多元价值观，即主体价值选择上主张自我实现与社会服务相统一，既要顾全国家发展又要追求个人的幸福。在家庭中，既要顾全家人，也要追求个人的快乐自由。这是一种重现实、追求自我价值与社会价值和谐统一的价值取向。

2. 价值主体自我化

当代大学生普遍强调个性张扬和自我价值的实现，有强烈的自我发展的需要和动机，大都信奉自我肯定、自我选择、自我设计、自我奋斗、自我发展、

自我实现的观念。他们的独立性和批判性明显提高，崇尚自由、自主、自强，要求父母、社会少给他们限制，要求有自己独立的人格、个性、价值和尊严。

3. 价值目标现实化

大学生群体心理尚未成熟，他们涉世不深，追求理想又相对远离现实，尤其是在就业观上，大学生在就业过程中更注重自主性和务实性，在社会经济全球化、一体化迅猛发展的今天，虽然高薪的外资更吸引大学生的目光，但有更多锻炼机会、发展空间大的中小企业也成了当今更多大学毕业生的选择。因为他们在职业选择上更注重个人价值目标的实现。

4. 价值选择矛盾化

大学生正处在人生价值观形成的重要时期，价值思维和价值选择方式尚未定型，传统的与现代的，理想的与世俗现实的价值观几乎同时对他们产生影响。如此，便造成了大学生在价值选择上的矛盾、对立和冲突。当代大学生的观念意识与实际行为、理想自我与现实自我不一致的现象比较明显。当集体利益与个人利益发生冲突时，80% 的大学生认为应该以集体利益为重，但是真正要他们为集体和他人做事情时，很多人却不愿意主动参加或借故拒绝参加；很多人都赞同自理自立但实际上很多学生在家里不愿做家务，对父母依赖程度依旧很深。这些反映他们外显的价值取向与深层人格特征之间存在着矛盾。

（二）当代学生正确价值观的树立

一个人的价值观与个人的自我修养是密切相关的，价值观的取向正确与否也决定了个人身心修养的健康与否。当代大学生正确价值观的树立也是当代大学生身心健康的重要内容之一。因此，树立正确的价值观对大学生身心健康成长有着重要的意义，要树立正确的价值观，当代大学生可以从以下几方面去提升自己：首先，重视大学思想政治教育课程的学习，从思想上端正价值观的取向；其次，积极参加校园文化建设活动，在各种有益的文化活动中去塑造自身的人文修养，提升个人的价值；再次，充分利用当今普及的网络资源，汲取积极的有关政治、经济、文化、道德等方面的知识，为自身正确价值观的树立服务。

二、当代大学生的情绪情感

（一）当代大学生情绪情感特征

情绪情感是人对客观事物的态度体验，即客观事物是否符合人的需要与愿望、观点而产生的体验。如我们看到美丽的景色，心情舒畅、情绪高涨；听到忧伤的旋律，会情不自禁陷入忧伤的情境中；考试失败会伤心；比赛获奖会开心等都是人的情绪情感的反应。在特定的年龄和生活环境中，当代大学生有自己相应的情绪情感特点。

1. 丰富性和复杂性

大学生的情绪和情感极为丰富，不论在日常生活、学习、交往中，还是从事社会活动时，无不带有浓厚的感情色彩。大学生在自我情感体验方面敏感丰富，注重独立感、自尊心、自信心和好胜心；在学习活动中有强烈的求知欲、好奇心，热爱科学和真理，憎恨迷信和谬误；大学生对祖国、社会和集体有着深厚的情感，他们有强烈的民族自豪感和自尊感，有“天下兴亡，匹夫有责”的责任感、义务感，疾恶如仇，喜恶分明，正义感鲜明；大学生对纯洁的友谊和爱情十分向往，还积极地在发现美、欣赏美、创造美的活动中体验到美的感受等。

2. 冲动性和理智性

由于心理年龄不够成熟，大学生遇事易冲动，稍有不合自己心意就怒不可遏，心血来潮时狂热崇拜或迷恋自己喜欢的人，时过境迁后又烟消云散。但随着年龄、学识的增长，大学生的自控能力得到较好的发展，遇事又学会三思而后行，表现出理智的一面。

3. 内隐性和外显性

通常，大学生对外部刺激反应迅速、敏感，喜怒哀乐溢于言表，内心体验和外部表现是一致的，呈现出外显性特点，如为比赛胜利欢呼雀跃，因考试失败而垂头丧气。然而，在一些特定场合其外在表现和内心体验并不一致。例如，当大学生感到自己被不友好、不公正的对待和压制时，在得不到理解和尊重时，会把心扉紧闭，不轻易表露真情实感。

4. 稳定性与波动性

青年大学生的情绪极不稳定，并且容易受环境及他人的影响。大学生具有较高的文化修养，对情绪已有一定的控制力，情绪日益稳定并出现了心境化的特点。但与成人相比，情绪的波动仍然很明显，容易大起大落。

（二）当代大学生积极情绪情感的培养

1. 保持积极乐观的生活态度

有人说，“生活”，就是生下来，就是为了活下去，生简单，活则难，固然生活中必然会经历许许多多的磨难，人生不可能一帆风顺。当代大学生应该乐

观地面对学习生活中所遇到的各种问题，如一次考试失败了，不要紧，继续努力，争取在下一次考试中取得理想的成绩；恋爱失败了，不要绝望，相信自己总能碰到情投意合的人，要树立正确的恋爱观；在就业时未能一步到位找到自己满意的工作，我们也要鼓励自己，相信在自己有了一定的工作经验之后，定能找到自己的位置。我们要以积极乐观的态度去面对生活，以幽默的态度去面对人生的种种磨难，要善于在寻常中发现快乐，学会宽容，笑口常开。

2. 在实践活动中培养良好的情绪

大学校园是充满活力的，是充实的。丰富多彩的校园文化和各类事件活动是提升大学生自我修养与能力的良好平台，也是培养良好情绪的重要途径。大学生正处于青年期，他们精力充沛、朝气蓬勃、创造力丰富，且具有较强的自我意识和交往欲望，因此，非常需要通过这样一个平台来展现自己的才华和创造力，以得到内心的满足，体现自身的价值。各类集知识性与娱乐性于一体的活动，既能让大学生保持良好的情绪，又能提升自身的综合素质。

3. 及时宣泄内心的不良情绪

（1）倾诉。每个人都会遇到不开心的事情，都有不满或不快乐的时候，在自己情绪低落的时候，应及时向亲人或者朋友倾诉自己内心的感受。培根曾说过："如果你把快乐告诉一个朋友，你将得到两个快乐，而你把忧愁向一个朋友倾诉，你将分掉一半忧愁。"

（2）结合自己的兴趣爱好，做能让自己开心的事情。青年大学生应培养自己各方面的兴趣爱好，这也是在情绪低落时，能让自己快乐的一种方法。比如，喜欢打篮球的同学，可以在篮球场上挥洒汗水的同时也把不良的情绪一起挥洒干净；爱好音乐的同学，可以在自己喜欢的旋律中忘却烦恼；喜欢旅游的同学也可以在一次短途旅行，哪怕是野外踏青中，让心中的烦忧得以释怀。

（3）借助心理治疗调节情绪。高等学校都设有心理健康咨询室，大学生也可以通过心理咨询的方式，来排除心中的不良情绪，如向心理咨询师倾诉并得到相应的调整建议。

（4）哭泣。哭泣也是宣泄情绪的一种方法，哭泣时眼泪能冲刷心中的不快和宣泄心中的郁闷。

（5）参加剧烈运动。人处在不良情绪时，需分散注意力，而剧烈运动是转移注意力的良好途径。如大运动量的体育活动、跳节奏快的舞蹈等，都有助于释放紧张情绪，消除烦恼和抑郁。

三、当代大学生的人际交往

（一）当代大学生人际交往的特征

人际交往是指人们运用语言或非语言符号交换意见、传达思想、表达感情的需要等的交流过程，包括物质交往和精神交往。

人际交往是大学生活的基本内容之一。大学生远离父母及昔日的同学、老师、好友，来到大学这个完全陌生的生活环境。面对新的环境、新的群体，他们既怀念昔日的亲情友情，又渴望得到新的友谊，希望通过交往重建各种人际关系。这种特殊的生活环境增加了大学生对人际交往的需求和渴望。概括来说，大学生的人际交往主要是指与老师的交往、与父母的交往、与同学朋友的交往及与异性的交往，并表现为以下特征。

1. 团结友爱、平等互助

在同学与同学之间，朋友与朋友之间，当代大学生的人际交往应是团结友爱、平等互助的。同学之间的交往没有上下高低级别之分，大家都是校园生活中的一分子，交往过程中应团结友爱，平等互助。

2. 理性、纯洁、真诚

大学生已是成年人，但他们的心理年龄又尚未成熟，因而在他们的人际交往过程中，既有理性的一面又有纯洁而真诚的一面。

3. 交往内容丰富

大学生思想活跃、兴趣广泛、求知欲强、好奇心强，除了专业学习之外，他们希望通过参加活动多与人交往，以丰富阅历、拓展能力、提高自身的素质。大学生交往的内容已经突破了专业学习的局限而扩展到政治、经济、文学、艺术、体育等学科领域，涉及学术讨论、艺术创作、才能施展、技能培训、社会服务、自强自立等覆盖学习、娱乐、思想交流、感情沟通等诸多方面。

4. 交往媒介现代化

由于高科技的发展，网络技术的应用，人际交往的媒介已由传统的信件、语言、电话发展为手机、网络。在大学校园中，手机、电脑等现代交往媒介已经普及，通过网络、短信传递交往信息的大学生越来越多。有关调查显示，大学生进行人际交往主要靠发短信、打电话和聊 QQ，尤其是手机，已经成为大学生联络、交往的宠儿。

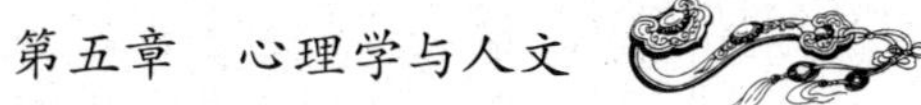

（二）当代大学生人际交往的心理障碍及其调适

1. 当代大学生人际交往的认知障碍

大学生在自我意识的完善过程中，有时不能客观地认识和评价自我，出现自我认知偏差或认知障碍。

（1）自负

自负是过高估计自己的一种自我认知。自负的大学生以自我为中心，在交往过程中表现为过于自信，对自身的长处过于夸大，看不起比自己差的人，容易目中无人，唯我独尊，且不愿意和自认为不如自己的人交往。这种人毫无疑问在交往过程中是不受同学欢迎的。

（2）自卑

自卑是由于过多的自我否定而导致的不良体验。自卑的大学生对自己的知识、能力、才华等作出过低的估计，进而否定自我。自卑的大学生在人际交往中常表现出胆怯、畏惧、怀疑、担心被人嫌弃和拒绝，在整个交往过程中往往处于被动的状态。

（3）虚荣

当代大学生爱表现自己，导致部分同学过分注重别人对自己的评价，把荣誉和引起别人的羡慕、赞赏，作为一种生活目标追求，因而常常不择手段地去获取荣誉。这类学生在人际交往中也是常常受到排斥的。

2. 当代大学生交往的情感障碍

（1）嫉妒

嫉妒是一种不能正确评价自己和别人的不良心理品质，有嫉妒心理的大学生在人际交往过程中会嫉贤妒能，对他人的长处心怀不满，报以冷嘲热讽，甚至做出不道德行为。

（2）羞怯

羞怯的心理常常使大学生在人际交往中过多地约束自己，无法充分地表达自己的情感。如，对自己不自信，怕被别人瞧不起，怀疑自己的交际能力；或在群体活动中感到紧张不自在，总感觉别人在注意、挑剔自己；或因曾经主动交往遭遇失败而一概否定自己；或从小养成了羞怯的习惯害怕与人沟通交流。

（3）猜疑

猜疑也是人际交往中的一大障碍，多疑的大学生往往容易在交往过程中产生对他人的不满，甚至产生严重的戒备心理，这必然会造成交往过程中感情的分离。

3. 当代大学生人际交往障碍调适方法

人际交往是大学生人文素质培养过程中的重要一环，也是提高大学生心理健康的重要步骤，对学生综合素质的提高有着重要的意义。针对大学生在人际交往过程中存在的认知和情感方面的障碍，要想培养良好的人际交往关系，大学生们在交往过程中应做到以下几点：

（1）真诚待人，诚实守信

真诚待人，诚实守信是人际交往最基本的要求。真诚是人与人之间沟通的桥梁，只有以诚相待，才能使交往双方建立信任感，并发展成深厚的友谊。在交往过程中要做到诚实守信，言必行，行必果，一言既出，驷马难追。不坦诚相待，不守承诺的人在人际交往中是难以得到别人肯定的，也与长久的友谊绝缘。

（2）尊重他人，平等交往

要想得到别人的尊重，首先自己要学会尊重他人。每个人都有强烈的自尊心，大学生在交往过程中尤其要注意尊重他人，维护他人的自尊心，这样才能得到他人的肯定和信任，拉近彼此之间的距离。同时，也要做到平等交往，大学生往往个性强，互不服输，但绝不能高人一等，不能因同学的出身、长相、家庭背景等方面的差异而对某些同学另眼相看。

（3）宽容大度，互助互利

大学生处于特定的心理发展期，个性较强，在人际交往中往往会产生误解和矛盾，这就要求大学生在交往中要懂得宽容大度，不斤斤计较、小肚鸡肠。但宽容不是怯弱，而是素质的体现，宽广的胸怀能帮助自己赢得更多的朋友。同时，在交往过程中也要讲求互助互利，自己在得到别人帮助的同时也要乐于帮助别人，只有单方面获得好处的人际交往也是不能长久的。

大学阶段是学生走向社会的一个重要过渡时期，这一阶段学生价值观的形成、所遇到的各类情绪情感问题及其化解的结果、所形成的人际交往的习惯技巧以及养成的交往能力等，既是大学阶段学生素质的重要体现，也是其走向社会的必备条件。

第三节　广东高职学生的心理健康

一、广东高职学生的心理现状

（一）有失意感，自卑心理强烈

高职院校学生主要来源于普高和中职，由普高上来的学生相对于本科院校的学生来说，他们有强烈的失意感和自卑感，同样经历过高考，但他们却只能就读于高职院校，在认识上有一种“低人一等”的感觉，远远不如上本科院校的学生那般自信。尤其是在广东，高等院校在量和质两方面在全国都是相对靠前的，这样，广东高职院校的学生心理的失意感和自卑心理也就会更加强烈。

（二）学习基础较差，缺乏学习动力

高职院校高考录取分数线要比本科院校低，这也意味着学生的学习基础普遍差。据了解，考入高职院校的学生大多是在成绩不及本科线或在高中阶段成绩相对落后的学生；由中职升入高职的学生在中职阶段的学习生活相对比较宽松，这在一定程度上也决定了这部分学生在学习积极上相对较弱，很多高职院校学生都缺乏学习的动力。

（三）社会竞争激烈，就业心理压力大

在珠三角地区，社会经济发达，大量的人才涌入这一地区，竞争十分激烈。高职院校学生除了要面对本省各大高校毕业生的竞争，还要面对来自全国各地重点院校毕业生的竞争，就业面临重大压力，以致于存在严重的心理压力。

（四）广东生活节奏快，缺乏安全感

在广东，尤其是广州，人才竞争激烈，生活节奏快、生活压力大，学生自我调节能力较差，有些学生自身定位不准，感到无助、迷茫，对自己失望，缺乏安全感，不知道自己的明天在哪里。许多学生直至毕业，仍然不知道自己喜欢什么，想从事什么职业，能够从事什么职业。有的学生害怕走出校园，不愿

意出去找工作，怕受到挫折。对于年轻的高职院校学生来说，刚走出社会就要面对就业、生活等高压力，心理难免产生压抑感。

三、人文关怀与高职学生心理健康发展

（一）人文关怀对学生心理健康发展有着重要的意义

胡锦涛总书记在党的十七大报告中指出："加强和改进思想政治工作，注重人文关怀和心理疏导，用正确方式处理人际关系"，这是党中央对加强和改进思想政治工作的新要求，也是当前加强和改进思想政治工作的首要任务。

所谓人文关怀，是指以人文精神为思想内核，充分尊重人、理解人、丰富人、发展人、完善人，即建设人本身，以促进人的全面发展为内在尺度的一种价值取向。

注重人文关怀和心理疏导，就是坚持以人为本，着眼于促进人的全面发展，既要坚持教育人、引导人、肯定人、鼓舞人、鞭策人、促进人、发展人，又要做到尊重人、理解人、关心人、丰富人、爱护人、帮助人、完善人。人的需求和感受是多方面的、多层次的，除物质需求外，还有精神需求、政治需求、文化需求等；除满足感、安全感外，还有自豪感、成就感、荣誉感等。

在高职院校中，学生普遍存在着心理问题，如较普通本科院校学生相比存在着学习上的失意感，学习基础较差，存在学习兴趣的缺失并难以找到正确的学习方法和学习目标；社会竞争力大，高职毕业生面临着巨大的求职和就业竞争力，就业心理压力很大；再者，现在的高职院校学生普遍都是"90后"的孩子，也有很多是独生子女，他们往往缺乏实践锻炼和挫折教育，心理承受能力较差，很多学生遇到困难时不知道如何去面对，往往会陷入一种消极的情绪当中，甚至对人生感到失望，从而产生各种心理问题。在生活节奏快，社会竞争压力大的珠三角地区的高职院校学生更是如此，他们面对的竞争压力相对而言要比其他内地学生大得多，各种心理问题也普遍存在着。

针对高职院校学生普遍存在的各种心理问题、心理压力，人文关怀的教育策略的实施在高职院校学生心理健康教育中是极其必要的。高校心理健康教育工作者，必须坚持人文关怀和心理疏导相结合，才能真正体现新时期尊重人、关心人、为了人、依靠人、发展人，坚持以人为本的要旨，从而实现人的全面发展。

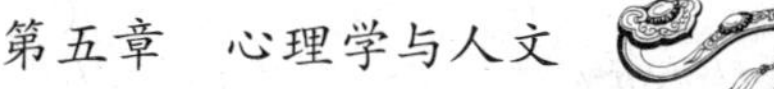

（二）加强人文关怀，促进学生心理健康发展的重要途径

人文关怀对学生的心理健康发展有着重要的疏通和促进作用，坚持以人为本，促进学生的全面发展，让人文关怀贯穿于学生的整个思想和心理健康教育过程中，我们高职教育工作者可以采取以下措施：

1. 高校教育工作要转变思想观念，应因材施教

学生是学校教育的主体，教育工作者在教育管理和教学活动中应该始终坚持学生的主体地位，转变传统的以教师为中心的灌输式的教育观念，真正做到以人为本。在学生的思想教育方面，应该注重与学生的心灵沟通，通过提高人的思想道德水平和人格境界来促进人的全面发展；在教学方面，注重学生的个性差异，采用灵活多样化的教育方式，避免采用“一刀切”、“公式化”的教学方式，而要做到因材施教，这样才能培养大学生的主体性，让每一个学生都能发挥潜能，提升素质，真正让人文关怀的价值得以全面体现。

2. 以校园文化活动为载体，将人文关怀融入其中

校园文化也是高职院校教育体系中的一个重要因素，一种重要的文化形态，对青年大学生的成长有着潜移默化的作用，对学生价值观念、道德情操、行为模式的形成和发展有着深远的影响。优良的校园文化活动是开展人文素质教育、培养人才的重要载体，它不仅有利于陶冶学生的情操，构建学生的健康人格，还有利于发挥学生特长，促进学生全面发展。因此，鼓励引导学生大力开展各种渗透人文关怀的活动，使学生的各种情感需要在活动中得到满足和发展，对学生的心理健康成长是十分有利的。

3. 开展各种形式的心理疏导活动，解开学生的“心结”

人文关怀与心理疏导是相辅相成的，高职院校在学生的心理健康教育方面，毫无疑问应该把人文关怀与心理疏导紧密结合在一起。既要帮助学生优化心理素质，又要培养学生积极进取的人生态度。加强心理健康教育，首先要结合学生实际，广泛深入开展心理谈心活动，有针对性地帮助学生处理好学习成才、择业交友、健康生活等方面的具体问题，提高学生的思想认识和精神境界；其次要加强高职学校学生心理健康教育咨询中心和咨询网站的建设，以心理健康教育宣传活动为载体，通过团体辅导与个别咨询相结合等多种形式，广泛开展心理教育和咨询工作，为学生提供及时有效的心理健康指导与服务，从而帮助学生解决各种“心结”，促进学生的心理健康发展。

人文关怀与学生的心理健康教育二者是紧密相联的，人文关怀的教育理念和策略有助于高职学校开展心理健康教育；同时，学生健康的心理状态，也有

利于学校人文精神的传承，更有助于学校开展人文素质教育。

【本章小结】

人文心理素质教育对高职院校学生的全面发展有着重要的作用，两者之间有着必然的联系。学生的心理障碍可以通过学校的人文关怀得以消除，健康的学生心理也有助于高职院校推行人文素质教育，使人文理念融入到学生的学习、生活中去。针对广东地区的高职学生面对社会竞争力强、生活节奏快、压力大的现实情况，更应该推行人文心理素质教育，注重人文心理关怀，使学生能够以积极的心态去面对学习、生活及未来的工作。

【学习与探究】

一、学习与思考

1. 当代大学生价值观的特点有哪些？

2. 当代大学生应如何提高人际交往的能力素质？

3. 当代大学生的情绪情感特征有哪些？

4. 谈谈你对高职院校学生心理特征的理解，面对激烈的社会竞争，高职院校学生该如何去调整自己的心态以适应社会的发展？

5. 人文关怀的教育理念对高职院校学生的心理健康发展有何促进作用？

二、互动平台

（一）我是谁

活动目标：

1. 协助学生认识自己眼中的我，及他人眼中的我。

2. 增进学生彼此熟悉的程度，增加班级凝聚力。

活动程序：

1. 教师发给每位学生一张 A4 影印纸

2. 学生两两分组，一人为甲，一人为乙（最好是找不熟悉的同学为伴）

（1）教师宣布活动的规定为：自我介绍者，在说了一个缺点之后，就必须说一个优点。

（2）甲先向乙介绍自己是一个什么样的人，乙则在 A4 纸上记下甲所说之特质，历时五分钟。

（3）五分钟后，甲乙角色互换，由乙向甲自我介绍五分钟，而甲做记录。

（4）五分钟后，教师请甲乙两人取回对方记录的纸张，在背面的右上角签上自己的名字。然后彼此分享做此活动的心得或感受，并讨论介绍自己的优点与缺点，何者较为困难？为何会如此？个人使用哪些策略度过这五分钟？两人之中须有一人负责整理讨论结果。

3. 学生三小组或四小组并为一大组，每大组有六至八人

(1) 两人小组中负责整理的人向其他小组报告讨论的结果。

(2) 分享后，教师请每位同学将其签名之 A4 纸（空白面朝上）传给右手边的同学。而拿到签名纸张的同学则根据其对此位同学的观察与了解，于纸上写下“我欣赏你…，因为…”。写完之后则依序向右传，直到签名纸张传回到本人手上为止。

(3) 每个人与其他组员分享他看到别人回馈后的感想与收获。

4. 全班学生回到原来的位子

(1) 教师请自愿者或邀请一些同学分享此次活动的感想与收获。

(2) 教师说明了解真实的我与接纳真实的我的重要性。

(二) 寻猎

所需时间：由参加的人数及所列项目的多少来决定小组人数，无限制，但要分 5 ~7 人为一组。

所需物品：给每一组发一个“寻猎”项目列表。

游戏概述：此游戏开展于一个长期训练过程的开始或训练临近结束的阶段。

目的：

1. 加深团队成员间的接触。

2. 发现团队成员的智慧。

步骤：

1. 将团队成员分为 5 ~7 人。

2. 告知每个参与者将一起去参加一个搜寻活动，获胜的小组将受到奖励。

3. 将“寻猎”列表交给各小组，告诉他们将利用他们自己的智慧尽可能多地获得表中所列内容。

4. 设置一个时间限制，如 1 小时。

5. 当时间到时，命令每个队都集合回来，比较哪一个队的得分高。

讨论题目：

1. 与其他小组的完成情况有多少差距。

2. 你是怎么分析获胜队的获胜原因的。

3. 在你的小组里是否有人显得比其他人更出色。

4. 有人领导你的小组吗？是谁？为什么他能领导？

三、知识链接

（一）校园暴力

极端案例

不久前北京大学医学部大三学生崔某被利器砍死，事发现场在北京世纪坛医院南区教学楼。事后，死者一同学被警方带走。据了解，此前两人都追求过同一个女生，曾为一些过节大打出手……

专家分析

校园暴力的产生与社会文化背景有关。工作节奏、生活节奏加快，社会总体的速度也在加快，而人的精力是有限的，跟上社会步伐的速度比较慢，这样很容易让人心情浮躁，恨不得一下子就奔向成功。相对来说，社会道德约束的力量就弱了。来自各方面的压力最后积聚起来的破坏力是很大的，导火索可能是平常人看起来很正常的一件事，在他看来就是很大的事了。所以觉得自己受到伤害时，本能地愤怒和攻击，但他不是以一个社会认可的方式发泄，而是寻找一种极端行为进行发泄，那么就可能对伤害他的人产生暴力倾向。

对于在学校的老师和学生来说，需要加强心理这方面的监督，比如搞一些活动，让人的能量能够通过正常途径转化。如果老师和学生有心理健康的概念，那么就可以早点发现别人的不对劲，帮他缓解问题，就可能避免极端行为的发生。

（二）减压无术

极端案例

梁鹏是电影学院导演系的研究生，个子高高的，长得也很帅，但几年下来他有一个很悲观的想法：做导演需要出名，而真正出名的导演又有几个呢。而且自己家是外地的，从本科到研究生一路走来实在太累了，要协调各方面的关系，这种压力压得他喘不过气来。最终，他办理了退学手续。学校的老师、同学无不为他惋惜。

专家分析

大学生现在面临的压力过大，造成心理的落差比较大，这与整个社会发展的形势和家庭的影响是分不开的。首先是大学生的就业问题，大学的扩招，让一些学生在上学的时候就对毕业后的就业问题产生焦虑。另外，自我和家庭对学生前途所定的目标过高，有的学生有一种为家长读书的想法，想的是将来要怎样报答家长，有的是给自己定了一个不太符合实际的目标，那么都可能在最终结果上产生很大的心理落差。这需要学生找准自己的位置，要正确评价和认识自己，无论怎样，知足常乐是不变法则。另外，不要好高骛远，要脚踏实地

一步步走好自己的路。

（三）抑郁情绪

极端案例

小林以当地第一名的成绩考入北京某重点高校，第一学期期末，本来踌躇满志准备获取奖学金的她未能如愿。她的情绪从此一落千丈，变得郁郁寡欢，无心学习，也无法处理好与同学的人际关系，还整夜失眠。最后不得不去医院精神科检查，结果诊断她是患了抑郁症。

专家分析

据日前一项对大学生抑郁症的抽样调查显示，大学生抑郁障碍疾患率为23.66%，据此推算，北京患有抑郁症的大学生不少于10万人。

在大学生中有抑郁现象的比较多，究其主要原因，是由于自我价值没有得到很好的体现，对自己进行了一些否定。一般这样的学生情绪都比较低落、不稳定，不爱搭理人，做事情没有兴致，时间长了，容易造成心理情绪积聚，对学习、生活肯定会造成影响，严重的则会患上抑郁症。如果没有找到正常渠道发泄，可能会沉迷于一些自己觉得是正确的事物上面，比如网络。这就需要周围的人群关注他们，给他们温暖，生活中有这种情绪的大学生也要多和身边的朋友谈心、交流，释放出自己的压力，以缓解这些症状，从而恢复到正常状态。

第六章　语言学与人文

学科感怀

语言作为传达思想与情感、事实与信息的一种工具，深入人类社会生活的一切领域，它在社会政治生活中占有重要地位。只要有人活动的地方就需要语言，语言中蕴藏着一个民族的思维方式、价值观念、文化习俗等多方面的内容，是一个民族的精神气质和人文精神的折射。学习语言、了解语言学与人文的关系，有助于我们更好地通过语言的视角来理解、领悟民族人文精神。

【知识目标】

通过学习中西语言学发展历史，了解语言学与哲学、民俗、社会、文化之间的关系，从中吸取语言中所蕴涵着的人文精神和民族精神，特别是广东方言所展现出来的人文精神，从而得到文化的熏陶和洗礼。

【能力目标】

能够了解中西语言学发展的历史，初步掌握语言学与哲学、民俗、社会、文化之间的关系，能够体会语言特别是方言背后的文化积淀及其传达出来的人文意蕴，不断提高人文素养。

第一节　语言学扫描

一、什么是语言学

语言学是以人类为研究对象的学科，范围包括语言的结构、语言的运用、

语言的社会功能和历史发展，以及其他与语言有关的问题。

人类最早的语言研究是从解释古代文献开始的，是为了研究哲学、历史和文学而研究语言的。中国在汉朝时就产生了训诂学。在印度和古希腊，公元前四世纪到前三世纪，就建立了语法学。现代的语言学建立于18世纪初期，是随着历史比较语言学而出现的。

二、语言学的发展

（一）传统语言学

1. 中国传统语言学

中国语言学，有广义和狭义之分。广义的中国语言学是指中国境内的各种语言；狭义的中国语言学则专指汉语语言学，其讨论的内容包括古代和现代。

中国传统语言学只限于中国古代语言学。古人把传统语言学叫做“小学”，其主要内容包括文字、音韵和训诂。由于中国社会的条件和汉语本身的特点，在中国语言学史上，训诂学最先产生，其次是语音学，最后才是语法学。

中国传统语言学在先秦已经萌芽，先秦诸子已经提出有关语言学的理论问题，其中荀子的语言学理论最为精到。他在《正名篇》中阐述了一系列的语言学基本问题。首先，他明确地指出了语言是社会的产物，是约定俗成的，约定俗成就是合理的，不合于约定的名称就是不合理的。名称和实物之间也不是必须要一一对应的，只要人们共同约定某一名称和某一实物相当就行了。其次，荀子指出人们的思维具有共性，而语言则具有民族特点。最后，他指出语言既具有稳固性，同时又是发展的。荀子的这些语言理论是科学的，至今仍具有强大的生命力。

到了汉代，中国传统语言学已经算是一门独立的学科了，《方言》、《说文》、《释名》这三大名著的产生，是语言学独立成为一门学科的标志。

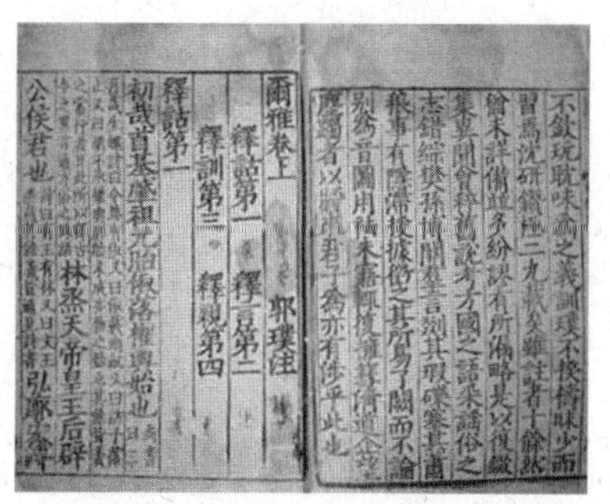
爾雅卷上　郭璞注
釋詁第一　釋言第二
釋訓第三　釋親第四
釋詁第一
初哉首基肇祖元胎俶落權輿始也

国子监刊本《尔雅》

《尔雅》是我国历史上第一部训诂专著，它成书于战国末年。第一，它首创了按词的义类编排词汇的传统，把两千多个词条分成十九个义类，基本面貌是清楚的，后世的“雅书”大都模仿了这种体例。第二，《尔雅》又是一部研究汉语词义演变的好书。第三，它保存了一些天文、历法、地理、动植物等方面的资料，反映了战国时代自然科学研究方面的某些成果。

中国是世界上最早进行方言研究的国家，西汉扬雄的《方言》，是世界上第一部研究方言的专著。

《释名》是一部具有“语源学”性质的训诂专著，作者是东汉末年的刘熙。《释名》的特点：第一，不是对每个声训都要说很多道理，而是独立地解释语言，这就说明它已经进入了语言学的领域；第二，创立了声训的原则，《释名》的释义大都是采用声训。

2. 西方传统语言学

（1）古希腊语言学

有文字记载的语言研究可以追溯到两千多年前的古希腊。当时的语言研究是在哲学研究的范围内展开的，属于哲学的一个分支。

大约在公元前五世纪，古希腊人就对语言问题进行过两场有名的大论战。

第一场论战是在“自然发生派”和“约定俗成派”之间展开的。论战的焦点集中在语言的形式与意义之间的关系上。“自然发生派”以语言中的象声词为依据，得出语言是自然发生的结论。“约定俗成派”则认为，事物的命名是人们在实践中互相约定的，和事物的性质没有什么必然的联系。这场论战持续了很久。虽然没有得到什么结果，但它促进了世人对词源的研究，对词的各种关系的分类产生了兴趣，开创了在哲学这个总的框架中研究语法的先河。

第二场论战是在“变则派”与“类推派”之间展开的。争论的焦点集中在语法结构是否规则这一问题上。“变则派”认为，语言是自然发生的，也是不规则的。“类推派”则认为宇宙间日月的运行、四季的轮转是有规律的，世界上的一切事物都是受法则支配的，语言也不例外。由于希腊语既有规则的成分，也有不规则的因素，所以论战的双方谁也说服不了谁。但双方都对语法理论的产生有较大的贡献。

（2）古罗马语言学

在罗马帝国统治西方文明世界的年代，研究语言的气氛比较活跃，并产生了一些著名的学者。如：瓦罗（公元前116—前27）就首次在西方语言学史上把派生结构和屈折结构区分开来，并发现拉丁语的名词除了有希腊语名词的五个格之外，还有一个夺格。

（二）历史比较语言学

历史比较语言学，又称比较语言学，是语言学中一个重要的部门。它以历

史比较法为基础，研究语言的亲属关系，为现代语言学的建立奠定了坚实的基础，是语言学走上独立发展道路的标志。

历史比较语言学起源于18世纪和19世纪的欧洲，它把各种有关语言放在一起加以共时比较或把同一种语言历史发展的各个不同阶段进行历时比较，以找出它们之间在语音、词汇、语法上的对应关系和异同的一门学科。利用这门学科，一方面，可以研究相关语言之间结构上的亲缘关系，找出它们的共同母语，或者明白各种语言自身的特点对语言教学起到的促进作用；另一方面，可以找出语言发展、变化的轨迹和导致语言发展、变化的原因。19世纪它就广泛地应用于印欧语的语言研究，取得了很大成就。

历史比较语言学的奠基人是德国语言学家格林、博普和丹麦语言学家拉斯克。

（三）现代语言学

1. 索绪尔与结构主义语言学

在19世纪末的语言学界，绝大多数的人都认为语言研究已到达顶点，科学的语言研究方法就是历史比较法。20世纪初，语言学经历了一个巨大的转折而进入现代语言学时期，其目的是要揭示人类语言的深层结构，对语言和语言交际作出客观、科学的描述。

索绪尔

瑞士语言学家索绪尔，是现代语言学的奠基人，享有“现代语言学之父”的美誉。1913年他去世之后，他的两位同事根据学生所作的笔记和他所留下来的讲稿整理出了《普通语言学教程》这部不朽的著作，并于1916年出版。

索绪尔认为语言是形式而不是实体，也就是说语言是一套规则体系，而不是具体的材料。规则体系是相对固定的、约定俗成的，是语言学的研究对象。索绪尔对现代语言学的贡献还在于他确立了语言学作为一门独立的学科所必需的特点。他在《普通语言学教程》的结尾处指出：“语言学的唯一的真正的对象就是语言和为语言而研究的语言。”虽然这段结论性的话语的后半部分在语言学界尚有争议，但它确定了语言学研究的对象和相应的研究方法，明确了语言学成为一门学科所需的特点。

2. 布拉格学派

布拉格学派就是在索绪尔语言学理论的影响下发展起来的一个语言学派，是结构主义语言学派在欧洲的重要代表。

布拉格学派的研究重点是把语言作为一种功能体系来进行研究和分析，在音位学方面的研究成果尤为突出。他们认为应把语音学和音位学区别开来，因为语音学的研究对象是语音的生理和物理属性，而音位学的研究对象则是语音在音位体系中的功能。除此之外，他们也对语言的非语言特点，如交际者的社会背景、交际的主题等问题感兴趣。

3. 哥本哈根学派

20 世纪 30 年代，在欧洲的丹麦形成了以叶姆斯列夫（1899—1965）为代表的哥本哈根学派（Copenhagen School）。他们完全赞同索绪尔的观点，认为语言是形式而不是实体。

在他们看来，音素与意义是独立于语言而普遍存在的两种事物，它们本身无结构可言，特定的语言用特定的结构将二者联系起来。

哥本哈根学派认为语言关系主要有三种：一是相互依赖关系，即两个语言成分相互依赖，互为规定；二是决定关系，即语言成分 A 可规定语言成分 B，但语言成分 B 却不能规定语言成分 A；三是并列关系，即语言成分既不互相规定，也不互相排斥。

4. 英国语言学派

英国的共时语言学研究始于语音学和音位学研究。语言是根据社会的特定要求而发展起来的，所以语言的性质与使用都反映了该社会特定的特征。语言的使用完全依赖于语境，语境对理解语言来说是必不可少的。因此，他认为所谓语义实际上就是参照特定的文化背景对语言所进行的功能分析。

5. 美国描写语言学派

在共时语言学方面，影响最为深刻、最为广泛的当属 20 世纪初发展起来的美国结构主义派。由于这一学派在语言描写上取得的成就最大，所以被称为美国描写语言学派。

美国描写语言学派最重要的代表人物是布龙菲尔德。他 1933 年出版的《语言论》被称为美国描写语言学派的“圣经”，他从行为主义心理学的观点出发，明确指出：要使语言学成为一门科学，就必须使用科学的方法来分析语言，即对语言进行客观的描写，而不应用主观的臆测。只有能够客观观察到的东西才能进行科学的研究，因此，像语义这种不能客观观察到的东西应留待以后再分析和研究。

此后的美国描写语言学家无一例外地把语义排斥在语法研究之外，可见这一主张的影响之大。

（四）当代语言学

1. 乔姆斯基与转换生成语言学

20 世纪 50 年代后期，美国语言学家乔姆斯基《句法结构》的问世在语言学界掀起了一场新的革命，并由此而产生了一个新的学派——转换生成派。

乔姆斯基

转换生成派认为语言研究应致力于探索人的内在的语言能力，不应满足于对言语行为这种表面现象的观察和描写，并主张将语言能力和言语行为区分开来，并试图说明人的语言能力，还试图用语言研究来说明心理活动。

2. 格语法学派

转换生成学派的兴起打破了结构主义的一统天下，使当代语言学出现了一种百花齐放、百家争鸣的可喜局面。

1965 年，乔姆斯基的《句法理论中的若干问题》出版，在书中，他对转换生成理论模式进行了修改和补充，认为语言分析的中心应是句法结构，语义部分只是对深层结构作出语义解释。不少语言学家，包括一些转换生成语言学家，对乔姆斯基的“深层结构决定语义”观点展开了直接的挑战，由此便产生了生成语义学派和格语法学派。

格语法学派的主要代表是美国语言学家菲尔墨，他提出了格语法的大体模式，使其在 20 世纪 70 年代的转换生成语言学中能与转换生成语法和生成语义学形成三足鼎立之势。

3. 序位语法和层次语法

转换生成学派的崛起同时也促进了其他语言学派的发展。在转换生成学派的直接挑战下，原有的语言学派不断地完善自己并由此产生出一些新的学派。序位语法派就是在结构主义的基础上通过改进而产生的一个语言学派别。

序位语法的代表人物派克，把语言描写分为音位学、词汇学和语法学。这三者都有一个等级层次系统，它们既相互联系，又有一定的独立性。

20 世纪 60 年代出现的层次语法学派，是在美国描写语言学派和哥本哈根派的语符学的基础上发展起来的一个语言学派别，层次语法学派认为语言是一套关系体系，语法的任务就是把语音符号（或文字符号）同意义联系起来，其代表人物是美国语言学家兰姆。

4. 系统功能语言学

系统功能语言学是在英国语言学家弗斯的理论基础上发展起来的，代表人物是英国语言学家韩礼德。系统功能语言学派认为，语法理论中最基本范畴是单位、结构、类别和系统，语言最基本的功能是概念功能、交际功能和语篇功能。

5. 社会语言学和心理语言学

当代语言学的另一个特点是注重对语言学与相关学科关系方面的研究，从而产生了不少新兴学科，如：社会语言学、心理语言学等。

社会语言学作为一门新兴的学科却是20世纪60年代以后的事，社会语言学的研究对象主要是语言的社会本质和语言的差异。

心理语言学产生于20世纪50年代初，到60年代才得到蓬勃发展，因为这时语言学理论和心理学理论都有了新的突破。心理语言学就是运用语言学和心理学理论和方法来研究语言、语言学习、语言运用时的心理过程。

当前，一些语言学的新兴学科和交叉学科，如：篇章语言学、语用学、认知语言学、神经语言学、逻辑语言学、应用语言学、模糊语言学、计算语言学、实验语音学等，正在飞速发展。从而形成了当今语言学多元的兴盛局面。

第二节　语言学与人文精神

语言是人类最重要的交际工具。高尔基曾经说过：“语言是蜜，可以粘住一切。”作为传达思想与情感、事实与信息的一种工具，无论是口头语言，还是书面语言，无论是内部语言还是外部语言，无论是教学语言还是交际语言……都是人与人之间传达信息的一种载体，几千年人类语言文明的沉淀。

一、语言学与哲学

从理论上说，语言学与哲学分属两个不同的学科，彼此之间相距甚远，但是，由于语言是思想的工具，哲学必须借助于语言来思考问题，因此，语言与哲学之间是存在本质联系的。

首先，思想就是使用语言。一方面，语言是思维之器具，它把人的思维活动的成果固定下来、记录下来。另一方面，语言又是思想构造的本体，思维活动的产生、进行及其结果都是一个语言的过程。只有学会某种专门语言的词汇及其用法，我们才能在这个领域中研究和思考。

同时，通过语言，我们也可以对哲学思想进行表述。如一位教师在批驳主观唯心主义贝克莱的“存在就是被感知，物是感觉的结合”时，并没有采取直接批驳的办法，而是将他的观点加以引申，直接暴露其论点的荒谬。他设计了这样一段阐释语：“按照主观唯心主义者的观点，客观事物之所以存在，是因为他感觉到了客观事物，凡是没有感觉到的就是不存在的。如果他的这个观点成立，那么，主观唯心主义者就不是他的父母生了他，而是他的感觉生了他的父母。因为，在他降生于这个世界之前，自然是没有感觉的。所以，他的父母当然也是不存在的，他的父母之所以存在，就在于主观唯心主义者感觉到了的缘故。”同学们一阵哄笑。通过语言这一媒介，教师很好地批驳了唯心主义理论“存在就是被感知，物是感觉的结合”。

其次，哲学始终关注语言。从某种意义上说，哲学和语言有着天然的联系。哲学从一开始就试图通过考察我们用以谈论世界的语言的基本特征来把握世界，通过语言分析来认识实体所属的最基本范畴，并对范畴之间的相互关系作出描述。

最后，语言是世界的界限。语言符号是连接客观物质和人类思想的桥梁，其自身又具有独立的存在形式。

二、语言学与民俗

语言是人类最本质的文化特征。语言现象和人类文化现象存在着天然的密切联系，因而它自然与人类历史发展中广泛的民俗现象结成了亲密的伴侣。作为各民族人民交流思想感情的工具，语言无疑是民俗传承的工具，而作为一种特殊的社会现象，语言本身又是一种重要的民俗事象。

正因为如此，当民俗的研究在人类思想史上首次被提上议事日程的时候，“民俗”（Folk—lore）这个概念的初始语义正是口传的文学或传统的故事。随着民俗学的发展，语言的调查研究在民俗研究中占有越来越中心的位置。

语言和民俗的密切联系首先在于语言是民俗的灵魂。语言是在“万物有

灵”的民俗信仰中将人类与神灵联系起来的基本纽带。

在那些还经历着刀耕火种、轮作抛荒的原始公社阶段的民族，每一个生产环节都要举行祭把仪式。如西双版纳的布朗族，每年选地之后要举行“叫魂”仪式，祭记者口中念唱“好日子，谷丰收”等祷词。

语言与民俗的密切关系又在于语言是民俗历史的索引。在口承语言民俗中，往往记录着系统的民俗样式。如《歌谣》杂志曾为《见她》这首歌谣辟专号，从它流传中一字一句的异同里看到清代北京、南京、河北、山东、山西、陕西、成都、湖北、湖南、南阳、绩溪等地女子装束服饰、婚姻状态、待客方式和器用的质料样式的不同，衣料、用品、首饰、饮食、房舍、家畜、花木等的不同，以及方言称谓、人名、物名、动作名称的不同，一首歌谣的流布折射出各地民俗之大观。

语言与民俗的密切关系还在于语言是民俗心理的“镜像”。俗话说：“言为心声”。在一个地方的民俗心理中，“言”往往不仅是心之声，而且直接参与心理活动，作用于心理现实。因此以“言”为某种“物化”杠杆的心理民俗在各地的民俗中都占有重要的位置。它们发源于种种原始信仰，并在信念上代代传承下来。

在各种心理民俗中，最常见的是谐音吉利。如：江苏海州一带除夕吃年夜饭，家家户户锅里碗里要放上豆腐、桂片糕和两棵葱。豆腐谐音“逗富”、“陡富”、喻义新的一年逗上富运，突然富起来。桂片糕谐音“贵”和“高”。葱则象征“葱茏”旺盛。北京一带春节时小康之家多备“百事大吉盒儿”，内装柿饼、荔枝、桂圆、栗子、核桃等，喻义万事（柿）吉利（栗），和和（核桃）气气，圆圆（桂圆）满满。南京居民农历二十晚上都食芥菜，谐音“聚财”。春节和喜庆的日子最常见的谐音吉利就是以鱼谐“余”了。辞旧迎新，吃鱼贺年年有余。

三、语言学与社会

语言与社会的关系在人类思想史上占有引人注目的地位。早在18世纪中叶，法国哲学家狄德罗、孔狄亚克等就继承了培根、洛克等人的思想，不仅把语言定义为思维的工具，而且定义为交际的手段，即一种社会现象。

研究语言与社会的关系，往往可以从语言透视社会的共时系统和历时系统的面貌。这种透视最常用的材料是语汇。

语汇是一个社会、一个时代的缩影，从一个社会流行的新词语就可以清晰地把握当时社会发展的脉络。如：“君主立宪”、“改良主义”、“洋务派”、“变法运动”、“维新派”、“洋行”、“公仆”、“三民主义”、“代议制度”、“买办”、“大总统”等词语反映出从戊戌变法到五四运动后的中国社会剧烈的变动；“鸦片”、“火轮舟”、“火轮船”、“铁辙”、“辙路”、“银馆”这些词语可以照见中国近代半殖民地的历程；“鬼子”、“日寇”、“铁蹄”、“沦丧”、“流亡”、“抵抗”、“挺进”这些词语又再现了抗日战争的历史图景；而“志愿军”、“抗美援朝”、“农业社”、“合作社”、“总路线”、“卫星”、“公债”这些词语又体现着解放初期热气腾腾的社会气氛。

社会用语的变化程度与社会环境的变化程度成正比。这一点从“文革”语汇可以清楚地看出来。“文革”是一场空前盲目的群众运动，反映在语汇上是大量口语词进入书面语，例如：“响当当的造反派”、“臭老九”等。其谩骂性词语大流行，如：“砸烂狗头”、“砸个稀巴烂”、“要是不革命就滚他妈的蛋”、“老子反动儿混蛋”。“文革”中出现了大批新事物、新概念，为了突出各自的特征，使印象深刻、方便使用，语汇上便出现了大批缩略语，如：“工宣队”、“红代会”、“联动”、“三支两军”、“三忠于四无限”、“老三篇”。文革中的思想极端化，语汇也指向简单和绝对，如：“乱了敌人”、“越乱越好”、“成绩最大最大最大，损失最小最小最小”、“对着干”、“上纲上线”、“高举”、“紧跟”、“立竿见影”、“大树特树”、“一千个拥护，一万个赞成”、“知识越多越反动”等。

从语言透视社会的一个重要方面是语言变体与社会阶层的对应。在一个言语社会中，不同的社会集团往往使用不同的语言变体。这是由于某种语言特征的传播碰到了社会阶级、年龄、种族、宗教或其他因素的影响而停顿了下来。这种社会层次间的障碍和距离就像地域上的山川阻隔一样将语言特征的传播局限在特定社会阶层内，形成社会集团方言。

例如：中国清末民初的常州方言中有街谈和绅谈之区别。两者的连续变调形式有所不同。街谈是城里大多数人说话的形式，绅谈则局限于文人或官吏家庭。在中国京剧中官吏、相公、小姐等上层社会人物的道白是一种半文半白，带有南方口音的言语，称为韵白。听差、丫环、小车的道白是北京土话，称为京白。两种道白在语音、词汇上都有很大的不同。例如：母亲的称谓，韵白多称“母亲”、“娘”，京白多称“妈”。

四、语言学与文化

萨皮尔

语言是人区别于动物的主要标志。它使人类得以超越其他动物，建构文化模式，它又使文化得以在漫长的历史年代与广阔的地理空间传播于人际与代际。所以要了解人类文化，就必须了解语言。

语言与文化的关系，早在20世纪20年代，美国语言学家萨皮尔在他的《语言》一书中就指出："语言的背后是有东西的，而且语言不能离开文化而存在。"语言学家帕尔默也曾在《现代语言学导论》一书中提到："语言的历史和文化的历史是相辅而行的，他们可以互相协助和启发。"

语言与文化的关系大致可以从以下几个方面来看：

（一）语言是文化的一个重要组成部分

之所以这样说，是因为语言具有文化的特点。首先，从文化的内涵来看，文化包括人类的物质财富和精神财富两个方面。而语言正是人类在其进化的过程中创造出来的一种精神财富，属于文化的一部分，两者都为人类社会所特有。其次，正像文化一样，语言也不是生物性的遗传，而是人们后天习得和学得的。再次，文化是全民族的共同财富，语言也是如此，它为全社会所共有。

（二）语言记录文化

作为一种社会现象，语言的作用不只是作为人类的交际工具而存在，人们在利用这一工具的同时，也把人类对生活现象、自然现象的认识凝固在语言中，即语言还具有记录文化的功能。

近几年，由于某些原因，大学生就业越来越难，甚至对某些大学生来说，毕业就意味着失业，因而越来越多的大学生选择了考研。以前，同学们在一起聊的都是"你毕业了，准备去哪工作啊？"前些年是学生去挑选好的单位，而现在却是单位挑选优秀的毕业生，因而现在同学们经常会聊的是"你打算考研吗？"类似的还有"你考公务员吗？"等。这些例子无一不记录着当今的种种文化。

（三）语言促进文化发展

人类发出的第一个有意义的声音可能是极其偶然的现象，当这种声音被一起活动的人所接受时，其他的人遇到类似的情况时，也会发出这种声音，于是，这种声音就成为人们某种认识的标记。随着这种标记的增多，人们的眼界便会越来越开阔，相互之间的交际便越来越自如。这种认知事物的标记就是语言。

由于有了语言，人们在表达某种思想时才可以少走很多弯路，节省很多时间和精力。这样语言就慢慢地给文化带来了千丝万缕的变化。

（四）语言与文化相互影响、相互制约

它们之间的这种双向关系可以从语言与思维的关系，语言作为文化的传播工具这两个方面来加以认识。

语言是思维的工具，而文化的构成又离不开思维，作为思维的工具，语言在一定程度上影响和制约着思维的方式、范围和深度。然而，当思维发展到一定的程度，语言形式不能满足其需要或阻碍其发展时，人们也会自觉或不自觉地改造思维工具，促使语言发生变化。从这个意义上来说，思维又影响和制约着语言。一方面，文化的生命力在于传播，语言作为文化传播的工具，自然对文化的传播有着极大的制约作用，是文化得以生存的力量。

另一方面，由于文化的传播，尤其是异族文化的传播，语言中又会出现一些新的词语、新的表达方式，这样文化又影响和制约了语言。

第三节 广东方言

汉语方言指的是汉语的地方变体，是语言在时间和空间共同作用下的产物。方言又叫“地方话”。汉语方言历来复杂，其形成主要跟地理因素（如：江河湖泊、山岭及交通要道）相关，有的则与历史因素有关，如：移民、驻军、旧的行政区划等。

方言虽只在一定地域中通行，但本身也是一种完整的语言体系。各地的方言都具有系统的语音结构体系、词汇结构体系和语法结构体系，都能满足本地区社会交际的需要。因此，方言并无优劣之分。

广东省是我国汉语方言最复杂的省份之一，汉语七大方言就有三大（粤方

言、闽方言、客家方言）在广东地区通行。这三种方言就是各个时期迁入广东的汉语方言与当地土语融合的结果。

一、粤方言

粤方言通称“粤语”，习惯上也叫“广东话”，本地人又叫“广府话”或“白话”。“粤”虽是广东的简称，但“粤方言”却并非指广东境内的所有方言，而是指一种流行于广东、广西境内，以及港、澳等地以广州话为代表的大方言。

（一）粤方言的形成与分布

1. 粤方言的形成

在秦代以前，居住在广东、广西地区的，基本上是被称为“南越”（百越的一种）的少数民族，包括壮、瑶、黎和置家等，经济落后。直到公元前222—前218年，王茁、任嚣、赵馅受秦始皇之命平定百越叛乱，发兵数十万驻守岭南，开始了早期汉语与百越语言融合的先声。汉代至唐宋，中原汉人更是络绎不绝地进入岭南，促进了粤语的发展和定型。元明清以来，粤语的变化较小。总之，粤语一方面继承、保留了古汉语的特点，另一方面也吸收了一些南方非汉语的成分。

2. 粤方言的分布

粤语的分布地域主要在两广，包括珠江三角洲、粤中地区和粤西南地区，粤北、粤西的部分地区，广西的东南部（如：南宁、玉林等地），以及海南岛的一些工矿及林场（如：三亚、陵水等地）。

粤语在海外的分布主要是美国、加拿大、澳大利亚、新西兰及欧洲一些国家的华人社区，东南亚地区粤语也很流行，如：马来西亚、新加坡、印度尼西亚、越南等国。此外，在中南美洲的委内瑞拉、多米尼加、哥伦比亚及哥斯达黎加等国，粤语中的四邑话较通行，在非洲的南非、马达加斯加等国，也有粤语的存在。

（二）粤方言的主要特点

粤方言是与民族共同语差别较大的方言之一，也是国内外影响最大的一种汉语方言。其语音特点是：

①古微母字保留双唇音，如：“舞”、“文”、“万”等字今不读“v－”，而读“m－”，故舞＝母、文＝门、万＝慢。这是古读的遗留。

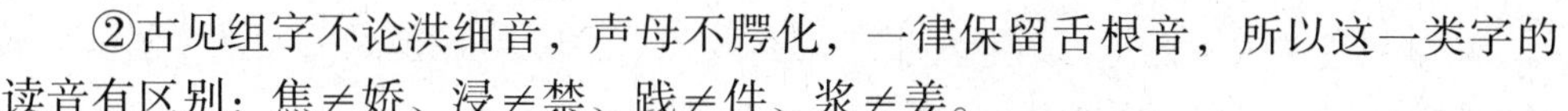

②古见组字不论洪细音，声母不腭化，一律保留舌根音，所以这一类字的读音有区别：焦≠娇、浸≠禁、践≠件、浆≠姜。

③古溪母开口字今多读“h-”，如：“开”、“康”、“口”等字；古溪母合口字今多读“f-”，如：“苦”、“婚”、“荒”、“宽”等字。

④无舌尖元音韵母。

⑤效摄一二等韵有别，保≠饱、毛≠茅、高≠交。

⑥完整地保留中古汉语的入声系统，入声韵保留“-p”、“-t”、“-k”辅音塞尾。

⑦多数广东粤语均为9个声调。

⑧量词兼有指代作用，如：支笔几钱（这支笔多少钱）？烂咗（这件上衣破了）。

⑨普通话某些副词、形容词状语在粤语口语中要置换为补语，如：你行先（你先走），坐阵添（再坐一会儿），买多一点（多买一点）。

⑩有一些颇具地方特色的土语词。如：家说作“屋企”，父亲说作“老豆”，现在叫“而家”，这里、那里、哪里说作“呢度”、“个度”、“边度”，是说作“系”，说叫“话”，打架说作“打交”作，倒霉说作“衰”，害怕说作“惊”等。

（三）粤方言的文化个性

以广州方言为代表的粤方言体现出浓厚的地域色彩，与其相应的是广府文化。所谓广府文化乃是指以广州为核心、以珠江三角洲为通行范围的粤语文化，是岭南文化的重要组成部分，体现出鲜明的个性特征。粤方言的文化个性主要表现为如下三方面：

首先，语言上凸显南粤特色。在声母方面，缺乏 i、u 介音而存在一套唇化声母［kw］、［kw‘］，这跟壮侗语文和苗瑶语文的特点非常相似。音系上，广州话有长短韵母［aː］、［a］的区分，在汉语方言中有明显的长短音区别的不多见，而在壮侗语族中长短韵母乃是普遍现象。词汇上，有不少词语明显来自非汉语，说明古粤语跟其他少数民族语言有密切的接触关系，如：痕（痒，壮语、布依语、侗语、黎语、村话）、面（盖，壮语、傣语、黎语）、哪（测、漱，壮语）、杰（稠，壮语）、艰（背，壮语）、达（塘、坑，壮语）、虾（欺负，壮语、黎语）、拳（推，壮语）、深（倒塌，壮语）、通（跨，壮语、黎语）、咧（伸舌，黎语、傣语、京语）、掘（生气、怒，壮语）、讫（想，壮语）等；语序上，“中心语+修饰语”的情形较为普通，如：“鸡公”（公鸡）、“鸡雌”

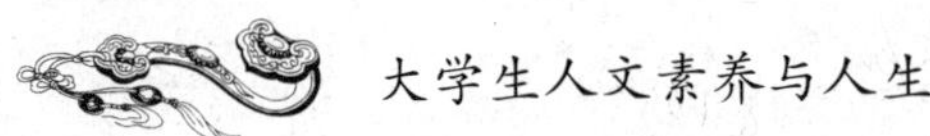

(母鸡)、“行先”(先走)、“食多的”(多吃点)等，与壮语、侗语、黎语的语序相吻合。这些特点的形成与民族语言间的接触有关。

其次，粤方言毕竟是从古汉语发展而来，由于早期广东地区交通不太发达，在某种程度上保留了古汉语的语言特点，如：古韵尾完整保留，入声声调亦得以保存。

如杜甫的五言律诗《春望》：

国破山河在，城春草木深。
感时花溅泪，恨别鸟惊心。
烽火连三月，家书抵万金。
白头搔更短，浑歌不胜簪。

朗读此诗，粤方言比普通话更押韵。因为，深、心、金、簪这四字粤语音同韵，而普通话现代语音中却不同韵。另外，“家书抵万金”的“抵”字，用粤语一读便知是“值得”之意，但北方人一般不理解其中之意。

粤方言的词汇中也有不少古汉语的“化石”，反映在以下三点：

一是单音节词较丰富，这些词语不少来自古汉语。如：“颈”(脖子)、“翼”(翅膀)、“衫”(衣服)、“县”(晚)、“着”(穿)、“至”(最)。

二是有不少活跃于口语层面的古语词，与普通话这些古语词多用于书面语体不同。如：“饮”(喝，比较“饮食”)、“度”(量，比较“量度”)、“行”(走，比较“行动”)、“卒之”(终于)、“适值”(拾逢)、“抑或”(还是)。

三是有些双音词的词序与普通话相异，却与古汉语相合。如：“齐整”(整齐)(《晋书》“王师见部阵齐整，将士精锐”)、“挤拥”(拥挤)(《读书偶记》“食毕出，再发签入，方元挤拥纷扰之思”)、“菜蔬”(蔬菜)(《宋诗钞·池口风雨留三日》“孤城三日风吹雨，小市人家只菜蔬”)等。

再次，对于外来文化，广府文化通常采用务实的态度，为我所用。自古代以来，粤语词汇中就有许多“舶来品”(包括来自少数民族语言的借词)；近代以降，则主要从英语借入语词，这当然跟广州处于门户开放的特殊时代背景以及作为我国南方门户的特殊地理位置密切相关。

近代的一些外来词，有些目前已不用，如：“士的”(拐杖，英 stick)、“士担”(邮票，stamp)。但更多的至今仍在沿用，如：“巴士”(公共汽车，bus)、泵(打气、打气筒，pump)、“冷”(毛线，法语 Nne)、“T 恤”(针织有领衬衣，Tshirt)、“菲林”(胶卷，film)、“朱古力”(巧克力，chocolate)等。改革

开放后，随着穗港经济的一体化，香港通俗文化对珠江三角洲影响甚大，有更多的新外来词进人粤语，向内地辐射。如："迪斯科"、"AA 制"、"嘉年华（会）"、"酷"（冷俊）、"艾滋病"等。从数量来说，广州方言是汉语方言中接纳外来词最多的方言，显示广府海洋性文化宽宏的文化特性。

二、闽方言

闽方言或称闽语，俗称"福佬话"，是汉语七大方言中语言现象最复杂、内部分歧最大的一种方言。闽南闽北不通话，闽东闽中有差异。"闽"虽为福建简称，闽方言的足迹却远远越出了福建省的范围。它遍布于福建、广东、台湾三省和浙江南部以及江西、广西、江苏三省的个别地区。

（一）广东闽方言的分布与来源

1. 闽方言的分布

广东闽语主要分布在粤东的潮汕地区和海陆丰地区，粤西雷州半岛的大部分地区，此外粤北的英德、清远、云浮等地也有闽语的分布。

2. 闽方言的来源

从语言特点和历史渊源来看，潮汕方言是从福建闽语分化出来的，与厦（门）、漳（州）、泉（州）等处方言关系较为密切，同属闽南方言。考古学家在粤东和福建境内发现大量的浮滨文化遗迹。所谓浮滨文化，是指分布于粤东、闽南区域内的一处以长颈大口尊、圈足豆、带流壶等釉陶器与直内戈、三角矛、凹刃锛等石器和少数几种青铜工具兵器为基本组合的考古学文化，是南方地区中受到中原商周文化强烈影响的早期青铜文化。《潮汕史》从考古学的角度认为："浮滨文化遗存主要在粤东的格江、韩江与闽南的九龙江、晋江等四个流域，刚好与现代闽南语系（福佬民系）分布的区域相同。"从文化遗址的考证上可以证明潮汕人的祖先与福建闽南人的祖先有不可分割的联系。

（二）广东闽语的主要特点

广东闽语与福建闽语相比，既有共性，又表现出变异的特色。珠江流域的南越文化对潮汕方言和文化产生的作用不可低估。潮汕地区古代居住着被称为"南蛮"的少数民族，其中的僚人在隋唐之际还未与汉人完全融合。

后来北来的移民在与蛮僚的竞争中，推动了本地区的民族融合，僚人逐渐演变为后来的台族，宋元时期潮州城还有闽南语通行。南越文化的影响也使粤东闽语具有一些与福建闽语不同的特色，粤西粤语和客家话也为这一带的闽方言盖上了独特的烙印。

1. 语言的共性

广东闽语与福建闽语有不少相同之处：

首先，从语言来看，广东闽语与福建闽语都无 f 声母，即保留古无轻唇音的特点，如："饭、房、冯、浮、缝"等，今念［p］母；文白异读发达，如："三"读［sam］为文读（三国），读［sa˙］则为白读（三人）；有一大批继承古汉语且多为单音节的词语，如："目"（眼）、"面"（脸）、"行"（走）、"走"（跑）、"痞"（坏）等；还存在一些闽语内部一致性很强的特征词，如："哓"（嘴巴）、"骹"（脚）、"囝"（儿子）、"厝"（房子）。

其次，从语法上来看，广东闽语语法上亦体现出福建闽语的特色，如：有小称词尾"囝"等，有正偏式的结构，如："鸡公"（公鸡）、"猫母"（母猫）等，第三人称代词为"伊"，被动式标志用"乞"。

2. 语言的个性

由于粤地政治、经济、文化因素的影响，广东闽语表现出明显的个性特征，

主要表现为：

首先，声母系统与福建闽语的"十五音系统"不同，普遍多于 15 个声母，如：广东的潮汕方言为 18 声母，－m、－n、－l 的分化为对立的音位（闽南话则为音位变体）。

其次，一些存古性的闽语特点也开始消磨，如：知组 t、t˙的读法，潮汕方言的表现已不十分典型，有的已转为 ts、ts˙的读法；厦门闽南话保存了韵尾－p、－t、－k，而潮汕地区保存了－p、－t，但无－k 尾。

再次，潮汕话没有闽南话中常见的形容词三叠式，而在类型上比较接近粤语。

（三）广东闽方言的文化内涵

广东闽方言有两个次文化，也就是潮汕方言文化和雷州方言文化，其中以潮汕方言文化的影响较为广泛。这里着重介绍潮汕方言的文化内涵。

1. 独特的潮汕地名

潮汕地名带有明显的闽语特色，闽南地区常用的地名词有"厝、案、缆"等。

"厝"是闽方言特征词，指房子，如：潮阳有长厝，普宁有姚厝，汕头有赖厝，潮安有江居、田厝，海丰有项厝。

“案”在潮汕方言中指池塘边搭建的小棚，是与少数民族有关的地名用字，如：汕头有合仔案、苦犊案，陆丰有华容案，普宁有头案，揭东有先生案，揭西有木仔案、大破案，潮阳有鸡翁案，惠来有旺案、湖案等。

2. 建筑中的文化内涵

潮汕地区建筑业发达，讲究人与环境和谐相处，其建筑文化亦体现闽粤文化交融的特色。传统民居建筑形式有“竹竿厝”、“三座落”、“四点金”、“驷马拖车”、“下山虎”（爬狮）、“单佩剑”、“双佩剑”、“三壁连”、“五间过”、“寨”、“围”等多种。又如：“格国”指前后厅堂廊下到两边子孙门间的封闭式走廊；起防火作用的巷道叫“火巷”；草房，一般称“厝手房”；洞堂斋厅前面相连的敞亭叫“抱印亭”，不相连的叫“脱印亭”。

3. 闽方言中的文化内涵

潮汕北、东、西三面环山，平原的面积占潮汕土地面积的40%，历代居民围海造田，加速了平原的扩展。但随着人口的不断增多，清代以来，人均可耕地大幅度下降，人多地少把潮人推上精耕细作、集约经营的道路，形成“绣花式农业”的特色。

潮汕人在长期的生产实践中总结了丰富的农作经验，不少熟语都有所反映。如：“早田如绣花，晚田如放飞”，“夏至稻好试”，“春前柑、桶、桃、李、奈，春后杨桃、橄榄、柿”，“咸水落田蚀三分”（指海潮侵蚀农田而影响耕种）。还有一些关于气象的俗谚，如：“春分秋分，日夜平分”，“白露水，恶过鬼”，“过了七月半，日头短条线”。

潮汕饮食文化闻名于世，其中点心和小吃尤为著名，其主要特色是制作精细、口味清淡，在日常用语中也多有反映。如：“粿”是种圆饼状的食品，可煎可蒸。这些粿包括各种菜粿，还有钱仔粿、乒乓粿、送粿、饭蝶、青叶粿、油粿等，举不胜举。相应的熟语如：“时节做时粿，时人咀时话”，“甜粿好食难舂”，“正月尾，香薯难甜粿”。粿多用于拜神过节享用，当然现在已成为潮汕著名小食了。此外，潮汕地区把米粉也称作“粿”，“粿汁”指的是汤粉，还可叫“粿仔汤”、“粿条汤”；“炒粿条”指的是炒粉，“粿条”就是指粉条；“粿卷”指卷成条状蘸配料的粉条；“卓粿”则是指凉粉。“粿”已成为潮汕饮食文化中不可缺少的部分了。

潮汕人对吃的要求不仅只是饱食，更注重食物制作的科学美味、食品的新鲜应时。故俗语有“天时透南风，形职出空”，“霜降，橄榄落瓮”，“夜昏东、眠起北，赤鬃鱼、鲜薄壳”，“三四桃李奈，七八（月）泊甘柿”，“九月荣菜（通心菜）蕊，食赢鲜鸡腿”。这些正当时令的食物总是备受喜爱的。潮人总结出的经验之谈是“食色食肉着（应该）菜合”。类似的熟语还有“鲤鱼喉，草鱼头（鲤鱼喉和草鱼头味道最好）”、“生食虾，熟食蟹”、“糜（烂）柑甜，糜抽签（辣）”、“猛火厚瞄润色露”、“鹏妈无肉骨也酥”、“大鱼骨赢细鱼屑”。

三、客家方言

客家方言通称客家话、客话或客语，有的地方也叫“麻介话”、“框话”、“新民话”、“土广东话”。

“客家”是对“土著”而言的，所谓“先入为主，后来为客”。各地的客家人，大概都是某一个历史时期从外地迁徙而来的。客家方言以梅县话为代表。

（一）客家方言的形成与分布

1. 客家方言的形成

客家人有句老话“宁卖祖宗田，不忘祖宗言”。海内外的客家人，不管走到哪里，子子孙孙大都说客家话，以客家话为自己的母语。根据晚清学者的考证，客家先民本来是古代中原一带的汉族居民，由于种种历史原因，逐渐向南方迁徙而形成今天的客家分布情况。东晋永嘉以后，客家先民为战乱所迫，先后经历了五次大的迁徙运动。前三期（即东晋到明初）的迁徙是客家方言形成的重要社会历史原因，后两期（即清康熙中叶到乾嘉以后）的迁徙使客家分布的范围大大扩展，形成了今天全国各地的“客家话岛屿”。

2. 客家方言的分布

客家方言与周边的赣方言、闽方言、粤方言都有一定的接触关系。客家方言分布地域较广但不相连，今天其足迹散布在长江以南的许多地方，其中主要的通行地域是广东、广西、福建、江西、台湾等省以及四川省的部分地区，以广东东北部、广东西部、江西南部、福建西部、闽粤赣边区一带为客家最集中的地方。在国外，东南亚的印度尼西亚、新加坡、马来西亚以及泰国、越南、菲律宾等地的华人社区是客家话的主要通行区，此外，欧、美、非洲使用客家话的华人总数在10万以上。

（二）客家方言的主要特点

1. 语音特点

①古全浊声母不论平声、历声，今多读为相应的送气清声母，如：梅县“桃”（定平）“道”（定历）的声母都是tõ。

②部分古非敷奉母的常用字在客家方言中念为重唇音 p、põ，如：梅县“斧”（古非母字）读［pu］。

③古晓、匣母的合口（即今普通话读 hu 者）客话往往读 f 声母。

④鼻音声母比较丰富，不少地方除有 m、n，还有 Â 声母，如：梅县“宜［Âi］”。

⑤韵母中无撮口呼韵。

⑥以 o 主要元音的韵母比较多，如：梅县的 oi、on、uon、等韵。

⑦有 eu 韵是客家话语音的一个特色，如：梅县“走”读［beu］。

⑧声调一般以 6 个为多。

2. 词汇特点

单音词比普通话多一些，保存了不少古汉语的词语。因为与粤、闽等方言邻近，在词汇上容易产生借入现象，如：借用粤语的“论尽”（不灵活，麻烦），或者由于相近的语言环境，存在一些同源的词语；有一些源自马来语的借词，如：“短吉敛”（拐杖，tongkat）、“罗蒂糕”（一种南洋饼干）。

3. 语法特点

名词有丰富的词头、词尾等附加成分，如：“阿”、“公”、“婆”、“枯”、“俯”；人称代词有数和格两个语法范畴；不少句型的词序跟普通话不同，如：“讲少两句话（少说两句话）”，“买得 an 多东西倒（买得到这么多东西）”，“去广州来（上广州去）”，“食一碗饭添（再吃一碗饭）”等。

当然，各地客家话还存在不少差异，广东的客家话同样如此。例如：兴宁客家话有一套近乎官家话方言翘舌音声母的 tʂ、tʂ、ʂ，粤西客客话有独特的边擦音，各地客话的词汇也有些不同。

（三）广东客家话的文化特色

与粤、闽文化不同的是，客家文化是一种以农耕文化占主导地位的地方文化。这种文化特色在客家话中有较为充分的反映。

1. 不断迁徙，拓展生存空间

客家人四海为家，这在客家话熟语中也多有体现，如：“人晤辞路，虎晤辞山”，“命长晤伯路远”，“情愿在外讨饭吃，不愿在家掌炉灶”，都体现出客家先民吃苦耐劳、开拓创业的优良品德。

2. 居住山区，农耕文化发达

“先来为主，后来为客”，客家人到达广东的时间，相对于广府人和潮汕人而言，较为滞后，他们只有居住在自然条件恶劣的山区。这给客家话带上浓厚的山地文化色彩，如：方位词不以“面”为中心来测向，而以“背”（或“头”）来命名方位，“上面”说成“上背”，“下面”说成“下背”等，这与客家人上山时突出的是背部而不是“面部”有关；口语中的俗语、谚语则较多与农事、动物相关，如：“迟鸭无肉，迟禾无谷”，“隔山买老牛——估做（比喻不掌握情况，靠猜测行事）”等。

3. 情真意切，山歌风格独特

客家山歌是岭南民间文学中最具魅力的一种，主要包括情歌和过番谣，反映了客家人奔放热烈的情感和日常生活的百般滋味。如：“入山看到藤缠树，出山看到树缠藤，树死藤生缠到死，藤死树生死也缠”。（引自《生死缠》）又如：“阿哥出门去外洋，郎就孤单抹凄凉，赤水黄沙家门远，望抹哈到痛心肠”。（引自《追夫》）从意境和用语方面，都带有明显的客家特色。

当然，由于传统观念的影响，客家文化亦有其负面性，如男尊女卑、群体意识淡薄等，这些在客家话中亦有所反映，“男子落田，无米过年；男子上山，无米过餐”，“出门无老大，各人包袱各人带”。

四、方言的多样性与地方文化的关系

广东地区除了粤、闽、客三大方言之外，还有一些使用人数较少的小方言，如粤北土语、官话、湘语等，此外在粤北、粤西、粤东等地则有部分居民使用瑶语、畲话、标话等少数民族语言。方言的多样性其实是地方文化多样性的表现，体现了地方文化在中华文化中的独特价值，值得珍惜与保留。广东方言的多样性，反映了广东别具一格的历史、地理和人文特色，概言之为以下五个方面：

第一，广东的各种方言，程度不等地保留了古汉语的某些特点，是了解、研究汉语发展史的可贵材料。同时，通过这些方言与古汉语关系的认定，也有助于了解各个民系迁移、开发岭南的时间。

第二，粤、闽、客三大方言本届汉语，但在岭南生存与发展过程中，难免与当地的土语产生融合和相互影响。研究和认识这些方言的特点，对于了解早期广东地区各民族之间的关系，揭示早期南粤少数民族语言的特征，具有不可低估的作用。

第三，民俗是地方文化的重要组成部分，而方言又是民俗的主要内容和承载工具。随着现代化进程的发展，不少民俗已经濒临消失，而方言往往或多或少地保留了这方面的内容，如俗语、谚语、歌谣等。

第四，方言与地方文学有着密切的关系，尤其是地方戏剧和民歌，与方言相互依存。如粤语对于粤剧，雷州话对于雷剧，客家话对于客家山歌，这些方言是形成地方戏剧和民歌基调的重要因素之一。脱离了方言，这些地方文学也就失去其独特的魅力。

第五，方言与社会语言文字应用亦息息相关，如：地名、店名、人名等。不同的区域也会带上不同的方言色彩，如：珠江三角洲多用"涌"（读"冲"）作地名，潮汕一带多用"厝、索、缆"作地名，则反映出潮汕方言与闽语的密切关系。深入了解方言特点，有利于制定更符合当地实情的语言和文化政策。

以上只是就方言的多样性与地方文化的关系，论述方言的价值。实际上，方言的价值并不仅止这些，方言在现实生活中还有许多实用价值。例如：了解方言的特点，有助于更有力地推广普通话，更有效地进行语文教学；在刑事侦破学中运用方言学知识，可帮助鉴别案件语言；在适当的交际场合使用方言，则可能起到更好的交际效果等。方言与普通话并非势同水火，两者可以在社会中起良好的互补作用，更好地为广东地区不同的人群之间的交际服务。方言有适当的生存环境，也能确保更多优秀的地方文化得以代代相传。我们提倡认识广东方言与岭南文化，目的也就在于此。

【本章小结】

语言与社会关系密不可分，没有语言就没有社会，而语言随着社会的发展而发展，随着社会的消亡而消亡，也随着社会的分化而分化。语言是社会政治、文化、生活的体现，是民族的思维方式、价值观念、文化习俗的反映，语言是"跳动的音符"，期待着你、我，期待着我们欣赏和领悟……通过本章的学习，使我们对语言文化所展现的人文精神和民族精神的认识、领会更加全面、深刻。

【学习与探究】

一、学习与思考

1. 简述语言学发展历史。
2. 谈谈你对语言学的认识。
3. 谈谈语言学与文化之间的相互关系。
4. 请同学们介绍自己的家乡语言。
5. 谈谈你学习本章后有哪些收获，写一篇有关广东方言方面的学习心得。

二、互动平台

各抒己见：结合自己的方言特点，谈一谈自己方言的特殊性。

活动设计：收集广东地区商场、店铺名，分析其文化含义，撰写一篇调查报告。要求：调查报告要独立完成，不能虚构。要把理论和例子结合起来，要有充分的广度和深度。

专题研讨：选择广东方言的一种语言现象对其进行探讨，然后写成研究综述，不少于1 500字。要求：形式规范，资料翔实，内容充实，层次清晰，结论可靠。

思维空间：用课堂辩论的形式讨论什么样的方言最能体现人文精神和价值。

要求：尽量从不同角度，用不同方法来探讨问题。

三、知识链接

（一）语言故事

人名巧对

明代有个文学家叫李梦阳，在江浙一带督学时，发现有个考生与他同名同姓，便找来询问。考生知道自己与督学同名，犯了讳。可转念一想又不是故意如此，便不卑不亢地回答说："名乃家严所取，不敢擅改。"李梦阳有意考考年轻人的才学，便出上联命考生作对。上联是："蔺相如，司马相如，名相如，实不相如。"考生思考片刻，便朗声答道："魏无忌，长孙无忌，彼无忌，此亦无忌。"出句和对句都巧用历史人名，贴合当时情境。出句化用"相如"，隐含你我虽姓名相同，但资历、学识、声望你却远不如我的意思；对句化用"无忌"，隐含古人不忌讳同名，你也不应该计较我和你同名同姓之意。上下联不仅对仗工稳，浑然无成，而且绵里藏针，唇枪舌剑，暗含讥讽和劝谏，确实令人拍案叫绝，大快人心。

"老头子"的来历

清乾隆三十六年（1771），乾隆皇帝正组织一批文人准备编写《四库全书》，当时任命有名的才子纪昀为《四库全书》馆的总裁，由他主持这部大型文史书的编辑。盛夏时节，有一天，纪昀因为体胖，经不起炎热酷暑，他脱掉上衣，光着赤膊，把辫子也盘到头顶，坐在桌子旁校阅书稿。不巧，这时乾隆皇帝慢慢走进馆来，当纪昀发觉时，已经来不及穿衣服了，于是赶忙把脖子一缩，钻到书桌下，并随手用窗帘布裹住身体。过了好一会，纪昀以为乾隆皇帝已经走了，便探起身子问："老头子已经走了吗？"话音刚落，却发现皇帝就坐在他的身旁呢！这句话刚好被乾隆皇帝听得一清二楚，纪昀吓得出了一头冷汗。乾隆皇帝听到纪昀胆敢喊他为"老头子"，一时大怒，便喝问："'老头子'三个字作何解释？"大家都为纪昀捏了一把汗。纪昀真不愧为才子，他竟从容地回

答道："万寿无疆之谓老，顶天立地之谓头，父母君王又谓天之子，简称'老头子'。"皇帝听了纪昀的解释，立即转怒为喜，并夸奖纪昀道："你的嘴真会说，朕就原谅你了。"

从此，"老头子"这个称谓便流传开来，不仅臣呼君，幼呼长，妻呼夫，就是下属对上司，也都能以"老头子"相称了。不知什么原因，"老头子"一语现在只是一种亲热的称呼，而不是尊敬的、礼节性的用语了。

一句话的电影说明书

1954 年，周恩来参加日内瓦会议，通知工作人员，给与会者放一部《梁山伯与祝英台》的彩色越剧片。工作人员为了使外国人能看懂中国的戏剧片，写了 15 页的说明书呈周总理审阅。周恩来批评工作人员："不看对象，对牛弹琴。"工作人员不服气地说："给洋人看这种电影，那才是对牛弹琴呢。""那就看你怎么个弹法了"周恩来说，"你要用十几页的说明书去弹，那是乱弹，我给你换个弹法吧，你只要在请柬上写一句话：'请您欣赏一部彩色歌剧电影，中国的《罗密欧与朱丽叶》就行了。'"电影放映后，观众们看得如痴如醉，不时爆发出阵阵掌声。

萧伯纳与小姑娘安娜

英国著名剧作家萧伯纳到莫斯科旅游，在街上遇到了一位聪慧的小女孩，十分投缘，便站在街头天南地北的和她聊了很久，临分别时，萧伯纳说："回去告诉你妈妈，今天你在街上和世界名人萧伯纳聊了很久。"小女孩看了一眼，也学着他的口气说："回去告诉你的妈妈，你今天和漂亮的苏联小姑娘安娜聊了很久。"我们不能不为小姑娘的机智所称道，并从中受到深深的感悟：一个人不管有多大的成就或多高的地位，对任何人都不能不平等对待。

（二）客家方言故事——"打斧头"

凡办公共事务多报支出，如果限额支出的话就少办一些，以达到截留资金，占为己有的行为，客家方言叫做"打斧头"。短款、贪污怎么能跟打铁匠的制作过程"打斧头"挂上钩呢？这句客家方言的由来还有一个故事。

唐朝开国元老程咬金，开国后被唐太宗安排去掌管兵器打造。程咬金到任后终日饮酒作乐，一年下来不觉花掉不少银两。唐太宗得知后要清查此事。程咬金不知如何交代，去请教军师徐茂公，军师暗授应对谋略。不久，唐太宗当朝责问程咬金："打造兵器的银钱是怎么花的？"程咬金回答说："打斧头花掉的。"唐太宗问："你使的是单板斧，谁不知道。打造一把斧头要花这么多银钱

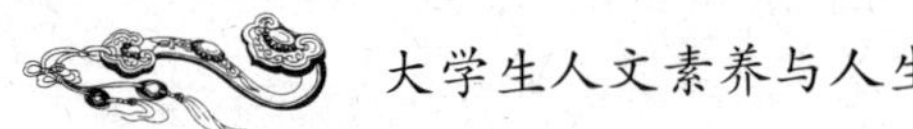

吗?”程咬金说:“铁匠不行,打造的斧头老是不合用。铁匠换来换去,不停返工,这样就花去了这么些银钱。”唐太宗觉得还有几分道理,又念在程咬金是开国功臣,就不再追究啦!故事传到民间,接着南迁也就成了客家方言。时至今日,凡办公共的事务,“打斧头”弄点钱花花,也还是公开的秘密。

(三)粤语学习的一些技巧

1. 尽可能多地泡在粤语环境里

尽可能多听广东人讲话,多看粤语版的电视节目,到一些粤语教学的网站上收听收看粤语学习教程。时时处处为自己创造一个地道的粤语环境。即使你不能说,也能增强你对粤语的感知能力,加快粤语学习的步伐。

2. 推迟学习粤语用字

有些人可能不同意,但如果你想快速学会粤语,学习粤语用字会阻碍你的整个粤语学习的步伐。当你可以用粤语和广东人进行口头上的交谈的时候,那么你再来研究和学习粤语用字比较好,而且也会容易得多哦。(告诉你一个好消息吧:在粤语里,大多数文字的长相和意义和在普通话里是一样的,只有少部分是粤语里的专用字。另外,其实你看不懂那些特殊的粤语字也没关系,语言重在口头上的听说交流嘛。况且,现在的广东人都很少能正确写出粤语用字)

3. 要不断地学习和复习

你可以下载一些粤语与普通话对照复读的学粤语 MP3 教程,把他们放到你的 MP3、MP4、MP5 播放机或是手机里进行随时随地地学习。

4. 不要害羞,大胆说出来

要大胆地说出来,语句说多了才会流利,所以不说肯定是学不好的。即使你说错了,对方听不懂,你还可以用其他说法向他解释,直到他能理解你的意思,一般他们还会帮你纠正错误,告诉你正确的说法是怎么样的。正所谓说多错多学的东西就多了!要胆大心细,多听多说练耳口。

5. 每天至少坚持学习粤语 30 分钟

语言学习是一个不断积累的过程,只有坚持不断地学习才能学得好、学得牢、学得快。

第七章　民俗学与人文

学科感怀

民俗，作为一个民族珍贵的文化遗产，其价值不仅局限于给人们带来的教育和生活意义，它还传递着一种不能遗失的精神，一种源自传统并赋予时代内涵的文化精神和民族精神，这本身就是一种人文精神。它凝聚了一个民族的精神气质，是一个民族精神气质的重要载体，通过它折射出了特别的人文光环。

【知识目标】

通过学习，充分了解我国民俗文化的基本内容和文化内涵，并从中吸取其人文精神和民族精神，得到民俗文化上的熏陶和人文精神上的洗礼。

【能力目标】

初步掌握并正确评价诸如物质生产、物质生活、社会组织、岁时节日、人生礼仪、民间信仰、民间科技、民间口承文学、民间艺术等方面传承的民俗事象，能够发现这些民俗事象背后的文化积淀，并通过调查实践学习有关田野作业的本领，不断提高人文素养。

第一节　民俗学扫描

“绣闼瑶扉取次开，花为屏障玉为台。清溪小女蓝桥妹，有约会宵乞巧来。”这是清代诗人汪伦在《羊城七夕竹枝词》中描述的广州七夕盛宴。七夕节最普遍的习俗，就是姑娘们在稀星朗月或者灯影下穿针引线，利用各种日常的材料制作各种精制的小物品赛巧，摆上些瓜果乞巧，每个地区的乞巧方式都有所不同，各具风趣。乞巧的习俗大约在汉代就已形成，后来和牛郎、织女的故事相结合。直到今日，七夕仍是一个富有浪漫色彩的传统民俗。在我国，类似乞巧节的民俗不可胜数，在其身上传递着源自传统并赋予时代内涵的文化精神和民族精神。让我们用心去发现身边的各种民俗事象，探索其背后的文化积淀。

一、什么是民俗

据《词源》对民俗的解释为“民俗，民间风俗”。在民俗史上，中国是世界上很早确立“民俗”的概念，并实际应用的国家之一。早在两千多年前，我国的古代著作中就有了对民俗的记载。如《礼记·缁衣》：“故君民者，章好以示民俗，慎恶以御民之淫，则民不惑矣。”又如《汉书·董仲舒》中：“变民风，化民俗”，《史记》谓“采风俗，定制作”。民俗，即民间风俗，指一个国家或民族中广大民众所创造、享受和传承的生活文化。

钟敬文先生在《民俗学概论》提到，民俗既包括农村民俗，又包括城镇和都市民俗；既包括古代民俗传统，又包括新产生的民俗现象；既包括以口语传承的民间文学，又包括以物质形式、行为和心理等方式来传承的物质、精神及社会组织等民俗。民俗虽然是一种历史文化传统，但也是人民现实生活中的一个重要部分。

二、民俗的类型

民俗事象纷繁复杂，从社会基础的经济活动，到相应的社会关系，再到上层建筑的各种制度和意识形态，大都附有一定的民俗行为及有关的心理活动。总体来说，大略可以分为以下四个部分：

（一）物质民俗

物质民俗指人民在创造和消费物质过程中所不断重复的、带有模式性的活动，以及由这种活动所产生的带有类型性的产品形式。它主要包括生产民俗、商贸民俗、饮食民俗、服饰民俗、居住民俗、交通民俗、医药保健民俗等。

（二）社会民俗

社会民俗亦称社会组织及制度民俗，指人们在特定条件下所结成的社会关系的惯例，它所关涉的是从个人到家庭、家族、乡里、名族、国家乃至国际社

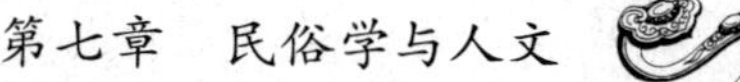

会在结合、交往过程中使用并传承的集体行为方式。它主要包括社会组织民俗（如血缘组织、地缘组织、业缘组织等）、社会制度民俗（如习惯法、人生礼仪等）、岁时节日民俗以及民间娱乐习俗等。

（三）精神民俗

精神民俗是指在物质文化与制度文化基础上形成的有关意识形态方面的民俗。它是人类在认识和改造自然与社会过程中形成的心理经验，这种经验一旦成为集体的心理习惯，并表现为特定的行为方式世代传承，就成为精神民俗。精神民俗包括民间信仰、民间巫术、民间哲学伦理观念以及民间艺术等。

（四）语言民俗

语言民俗指通过口语约定俗成、集体传承的信息交流系统。它包括两大部分：民俗语言与民间文学。语言是一种文化载体，各个民族、各个地区都有特定的语言，即民族语言和方言，它们是广义的民俗语言。狭义的民俗语言，是指在一个民族或地区中流行的那些具有特定含义，并且反复出现的套语，如民间俗语、谚语、谜语、歇后语、街头流行语、黑话、酒令等。民间文学是指由人民集体创作和流传的口头文学，主要有神话、民间传说、民间故事、民间歌谣、民间说唱等形式。

三、民俗的功能

在人类社会里，民俗是一种具有特殊功效性能的社会存在，择其要点，主要有以下四方面：

（一）民俗的教化功能

民俗的教化功能指民俗在人类个体的社会文化过程中所起的教育和模范作用。

美国文化人类学家露丝·本尼迪克指出："个人生活的历史首先是适应由他的社区代代相传下来的生活模式和标准，从他出生之日起，他生于其中的风俗就在塑造着他的经验与行为，到他能说话时，他就成为了自己文化的小小创造物，而当他长大成人并能参与这种文化活动时，其文化的习惯就是他的习惯，其文化的信仰就是他的信仰，其文化的不可能性亦是他的不可能性。"

人是文化的产物，民俗作为一种文化现象，在个人社会化过程中占有决定性的地位。人一出生，就进入了民俗的规范，诞生礼为他拉开了人生第一道帷幕，他从周围人群中习得自己的语言，在游戏中模仿着成人生活，从称谓与交际礼节中逐渐了解人际关系，他按特定的婚姻习俗成家立业，直到死去，特定的丧礼民俗送他离开这个世界。人生活在民俗中，就像鱼生活在水中一样，须臾不可离开。

（二）民俗的规范功能

民俗的规范功能指民俗对社会群体中每个成员的行为方式所具有的约束作用。

任何民俗都具有如法律一般的约束能力，民俗的规范性是十分奇特的，它与宪法典律不同，是一种约定俗成的习惯力量。不论民俗呈什么形态，一旦形成，便会对人民的生活、言行产生法律一样的效应。原始社会，没有国家，没有政令，也没有法律，社会秩序的维系不靠强制的行政命令，靠的就是习俗的“调整”这种软性的自控系统。聪明的政治家、统治者，就很注意运用这种软件来管理国家。东汉史家，民俗学者应劭在其风俗专著《风俗通义·序》中写道：“为政之要，辨风正俗最其上也”，黄遵宪也认为“先王之治国化民，必须慎其习而已矣”，则是从理论上去概述民俗对国家统治管理的重要性。民俗的规范性是一种与法律并存但不一定一致的惯制形式，甚至无法用法律的概念和语言理解它。它不是靠明确的条文，而是靠人们的习惯心理和群体力量来维系的，具有一种威力很强的惯性动力。民俗事象是难以靠单纯的法律行政手段来消除的，还需要有移风易俗的整体方案，这不仅是政府部门的工作，也是民俗学者共同的任务。

（三）民俗的维系功能

民俗的维系功能指民俗统一群体的行为与思想，使社会生活保持稳定，使群体内所有成员保持向心力与凝聚力。

民俗能维系社会稳定。在社会生活的世代交替中，民俗作为一种传承文化不断被后代复制，由此保持着社会的连续性。民俗不仅统一着社会成员的行为方式，更重要的是维系着群体或民族的文化心理。

（四）民俗调节功能

民俗调节功能是指通过民俗活动中的娱乐、宣泄、补偿等方式，使人类社会生活和心理本能得到调剂的功能。

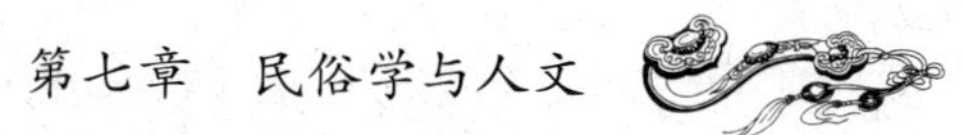

四、民俗学的性质与任务

（一）民俗学的性质与任务

民俗学是研究民间风俗习惯的一门科学。它的主要任务，是以科学的态度，对历史与当代的民俗事项，进行调查、收集、整理、描述、分析和论证，探求它的本质结构、特点与社会功能，揭示其发生、发展、传承、演变、消亡的规律。

首先，研究民俗或者说民俗学并不是只调查原始的落后的社会生活和搜集一些民间文学作品风俗习惯。民俗学刚刚开始起步时，受正流行的进化论影响。哈特兰德给民俗学下的定义是“研究未开化人心理现象的人类学”。兰格则称之为“遗留物”的科学。泰勒在其《原始文化》中第一次使用“遗留物”这个词，用来指那些“被习惯势力带进不同于他们早先的社会环境”的见解、观念和习俗，因而这种“遗留物”是“从古老文化条件下产生的一种需要的证明和例子”。兰格正是在这个意义上使用“遗留物”这个词的。弗雷泽在他的巨著《金枝》里集纳了全世界无数类似仪式和信仰的例证，从而显示出原始植物草木崇拜残余在现代农民中的存在。伴随着时间的流逝和知识、经验的获得，任何一项有生命力的、涉及充满活力材料的研究都必须相应地改变和扩大其范围。对于民俗学研究者来说，民俗永远是“现在”的民间生活现象，它是一种生气勃勃不可遏制的力量。当这过去的传统习俗进入当代，就常常使自己本身适应新时代的环境条件，随着社会生活发展的节奏而盛衰消长。在新的技术和知识面前，古老的习惯和迷信消失了，但古老的思想观念却会以新的表征呈现出来。

其次，民俗学之所以承载如此现实的社会功能，在于其研究的价值取向向民俗主体的延伸。民俗学自然以民众的风俗现象、生活形态为观照的对象，但又不止于此，反过来，从民俗的“俗”转而审视民俗的“民”，亦即创造和传播风俗文化的主体。

（二）民俗学的价值

民俗学作为一门既研究民族文化传统，又注重考察人民现实生活的学问，有着多种实用价值。

首先，它可以帮助我们加深对祖国历史文化的认识，提高国民文化素质，激励广大人民爱祖国、爱民族、爱乡土的情感，增强民族凝聚力与向心力。

其次，它可以指导和辅助我们改造现实社会生活，既发扬中华民族的优秀民族传统，又吸收其他民族的良好习俗；既淘汰本民族中不适应新时代的旧风俗，又抵制那些不适合我国国情的外来风俗。自觉地运用民俗活动的内在规律，为人民生活的不断提高服务。

研究民俗还有其他种种实用价值，例如，开展民俗旅游活动，开发民间工艺、烹饪、服饰、医药、民间文学等方面的产品等。

总之，民俗学不是古董，也不是少数人心血来潮的个人爱好，它是一门“现在的”学问。民俗学应认识和改造社会生活的需要而产生，也必须为这种目的服务。可以预期，民俗学在学术研究与改造社会两个方面，都将发挥越来越重要的作用。

第二节　民俗中所蕴涵的人文精神

民俗是劳动人民创造并享有的大众生活文化，是一种基层文化事项，是镌刻着人类智慧光芒的“活化石”。民俗作为一个民族珍贵的文化遗产，其价值不仅局限于本身给人们带来的教育性和生活性，它还传递着一种不能遗失的精神，一种源自传统并赋予时代内涵的文化精神和民族精神，即是一种人文精神。

一、饮食民俗

民以食为天，饮食在人民生活中举足轻重。随着生产力的提高和社会的发展，“吃”已不仅仅是果腹，它已经深入我们的生活。台湾张起钧教授著有《烹调原理》一书，他在序言中说：“古语说‘饮食男女人之大欲存焉’，若以这个标准来论，西方文化（特别是近代美国式的文化）可说是男女文化，而中国则是一种饮食文化。”

在我们的字典中，与“食”有关的文字琳琅满目：吃、喝、啃、咬、嚼、咂、噬、咽、叮、叼、呕、吐、啜、嘬、喂、吸、吮、吞、品、嗜……从表面上看，每个字都表达一个进食的方式，其实每一个动作，还包含着一次认知世界的实践。

中国人用“吃”来认知世界和表达事物还可以从不计其数的比喻性的日常

用语中表现出来，如见面——吃了吗，工作——饭碗，挣钱——揾食，稳定工作——铁饭碗，诉讼——吃官司，老少配——老牛吃嫩草，自私——吃独食，走俏——吃香，某人的反常行为——吃错了药，不讲信用——食言，坚持原则——革命不是请客吃饭，不思进取——坐吃山空，胆大妄为——吃了豹子胆，不好拒绝别人——拿人的手短，吃人的嘴软，形容贪婪——贪心不足蛇吞象。

吃，是中国人的认知和存在方式。

（一）中西饮食习俗比较

西方是一种理性饮食观念，不论食物的色、香、味、形如何，而营养一定要得到保证，讲究一天要摄取多少热量、维生素、蛋白质等。其饮食倾向于科学、规范。

中国则是一种美性饮食观念。人们在品尝菜肴时，往往会说这盘菜“好吃”，那道菜“不好吃”，然而若要进一步问一下什么叫“好吃”，为什么“好吃”，“好吃”在哪里，恐怕就不容易说清楚了。这说明，中国人对饮食追求的是一种难以言传的“意境”，即使用人们通常所说的“色、香、味、形、器”来把这种“境界”具体化，恐怕仍然是很难完全涵盖得了的。

中国饮食的美性追求显然压倒了理性，这种饮食观与中国传统的哲学思想也是吻合的。作为东方哲学代表的中国哲学，其显著特点是宏观、直观、模糊及不可捉摸。中国菜最终是要调和出一种如诗的意境的美好滋味。

在中国，每个宴席基本都采用大家团团围坐的形式，共享一席。筵席要用圆桌，这就从形式上营造了一种和谐、团圆的气氛。西方饮食时常用方形餐桌，食物也是按人数分餐到每个人面前。中西方的饮食方式大相径庭，中国的共享、团坐式，与中华民族文化中的集体意识、大团圆心理密不可分，而西方文化则更强调个人、自由的意识。

（二）中国区域菜系的构成

我国的饮食文化源远流长，经过历代的创造、丰富和发展，在民间逐渐形成川、粤、鲁、湘、苏、浙、徽、闽八大菜系，各菜系的菜肴品种丰富多彩，烹调方式也各显神通，味觉体验错综复杂。中国饮食界有一句名言：“只要有厨师，就想得出来，就做得出来，就吃得出来。”据植物学家调查统计，中国人吃的仅仅蔬菜就有600多种，比西方多6倍，在此材料上仅素菜品种就已经发展到数千种。有关烹饪的技法如：烧、烤、煎、炙、爆、焙、炒、蒸、溜、炖、涮、腌等达数十种之多，堪称世界之最。可以说，在吃的方面中国领先于世界，站在世界的前列，中国的美食，正吸引来自世界各地的宾客，不远万里地到中国，想吃一吃北京全聚德的烤鸭、天津的狗不理、上海的本帮菜、广东的生猛海鲜、湖南的湘菜、四川的麻辣火锅……

1. 区域菜系的形成

由于各地自然条件不同，各地人民对饮食滋味的要求就不一样。古人认为美味佳肴，“物无定味，适口者珍”。清代钱泳《履园丛话》论治庖时，也认为“烹调得宜，便为美馔”，“饮食一道，如方言各处不同，只要对口味”。如黄河流域的人民就普遍喜爱腌制食品，口味较重，它以齐鲁饮食文化为代表。古籍中记载齐鲁地区人民的经常性菜肴有：醢、菹菜、酱等，这都是用盐腌制的食物。所以，生活在鲁国的孔子，平日饮食是“不得其酱，不食”（《论语·乡党篇》）。而长江流域人民的饮食口味就与黄河流域大相径庭，它以荆楚饮食文化为代表，楚人饮食大体是遵循“大苦咸酸、辛甘行些”（《楚辞·招魂》）来调和五味的。

从历史文献的记载来看，中国饮食调制的地方风味差异，其形成的时间可以追溯到先秦时代。《礼记·内则》比较详细地介绍了西周时代天子食用八样美味菜肴（号称“八珍”）的烹饪方法，这是目前所能见到的中国北方菜的最早食谱，其用料多为陆产，属黄河流域地方风味；而《吕览·本味》、《楚辞·招魂》所列举的菜肴，其用料多为水产禽类，属长江流域地方风味。到了宋代，“川食”、“虏食”、“南烹”之名正式见于典籍。川、鲁、苏、粤四大风味菜实际已基本形成。《清稗类钞》“各省特色之肴馔”一节说：“肴馔之有特色者，如京师、山东、四川、广东、福建、江宁、苏州、镇江、扬州、淮安。”在四大菜系的基础上，又增加了闽菜、京菜、湘菜、徽菜，成为八大菜系。

2. 八大菜系

闽菜以福州等为中心，突出特色是“糟法”。名菜有“樱桃鸡”、“鸡茸金丝笋”、“荔枝肉”等。

川菜以四川成都为正宗，有浓厚的乡土风味。其味历来以多、广、厚著称。主要菜品有“红烧雪猪”、“干烧鱼”、“宫保肉丁”、“干烧岩鲤”、“鱼香肉丝”、“麻婆豆腐”等。

粤菜是以广州、潮州、东江三种地方菜为主体的菜系。粤菜的风味特色是取料广泛，南宋《岭外代答》中提到，原广东越人“不问鸟兽虫蛇，无不食之”。主要名菜有“龙虎斗”、“王蛇羹”、“烧乳猪”、“干煎虾碌”、“脆皮鸡”等。

鲁菜由济南和胶东地方菜构成，胶东菜又源于福山菜，以烹调海鲜菜著称。

十分注重原来鲜味。“乌鱼蛋”、“炸蛎黄”、“烧海螺”等均是名菜，久负盛名的糖醋鱼也源于胶东菜。济南菜则取料更为广泛，品种纷繁。菜品风味以清鲜脆嫩著称，鲁菜精于制汤，而济南菜尤为擅长清汤，其汤色清而鲜，奶汤色白而醇，制汤技术精妙。主要的名菜有糖醋黄河鲤、德州脱骨扒鸡、油爆双脆、葱烧海参、奶汤蒲菜等。

北京菜发源于北京，是由宫廷风味、民族风味和山东风味融合形成的。北京菜的烹饪技艺擅长烤、爆、熘、烧，以脆、酥、香、鲜为口味特点，一般要求浓厚烂熟，这是带有传统性的。

苏菜由苏州、扬州、南京、镇江四大菜帮构成。苏菜的风味特色主要是：选料严谨、制作精细、因材施艺、四季有别、擅用鱼虾。在烹调方法上以炖、焖、煨、焐、蒸、烧、炒见长，同时重视泥煨、叉烤，注重调汤，保持原汁。代表性菜品有：“金陵三叉”（即叉烧乳猪、叉烤鸭、叉烤鳜鱼）、“火煮干丝”、“清汤火方”、“红烧狮子头”、“黄焖鳗鱼”、“虾仁锅巴”等。

湘菜，以湘江流域、洞庭湖区、湘西山区三种地方菜为主组成。湘菜地方特色浓郁，辣味菜和熏、腊制品是其主要特色。著名菜肴有“赛兰肉”、“牛中三吃”、“东安鸡”、“麻辣仔鸡”、“红煨鱼翅”等。

徽菜是以皖南、沿江、沿淮三种地方风味为主的菜系。名菜有“红烧划水”、“火腿炖甲鱼”、“腌鲜鳜鱼”、“石耳炖鸡”等。

二、居住民俗

居住是人类生存、生活的重要保证，纵观古今中外的历史，居住民俗的形成经历了极为漫长的发展。

（一）中国民居建筑的初始

原始初民的居住方式，经历了两个阶段。第一阶段是利用天然空间，主要是巢居和穴居，如《韩非子·五蠹》所说：“上古之世，人民少而禽兽众，人民不胜禽兽虫蛇。有圣人作，构木为巢，以避群害。”《易·系辞传》载：“上古穴居而野处，后世圣人易以宫室，上栋下宇，以待风雨。”原始穴居最基本的特点是利用天然的空间，经过适当加工，作为避风雨、避群害的栖息之所。原始居民的第二阶段是人造住房。中国古代的居民住房，主要有五种风格各异的类型：半穴居、井干式、石室、干栏式和竹木结构。这五种类型的居室，均是在原始穴居和巢居的基础上加工、改造发展而成。

居住方式的选择与自然条件有直接关系。北方气候干燥寒冷，故多建造土木结构或木石结构的房子，居住空间主要在地面。南方气候炎热，潮湿多雨，故南方民族多采用干栏式建筑，房屋悬空构建在木柱之上，楼下关牲畜，楼上住人。

（二）我国人文精神与居住建筑的关系

中国疆域极其辽阔，居民建筑因所居住地域不同、传承不同而各异，但仍存在一些共同的民俗特点。

一是聚族而居，聚族而居有两种形式：一种是全族聚居于房屋互相连通的村落之中。房屋相连的程度达到"下雨不湿鞋"；另一种是全族居于一村，但住房并不连通。

二是房屋样式大体相同，这是中国居住建筑最突出的特点。

三是城镇附近有长亭而无旅社。《汉书·元帝纪》云："安土重迁，黎民之性，骨肉相附，人情所愿也。"安于本乡本土，不愿轻易移居他处，是农耕经济在居住上的表现。因安于本乡本土，故城郊不需要旅社，多设长亭。许多描绘亲人分离悲痛的动人故事多发生于长亭。

四是民房低于官府。老北京的民房全是平方，而且比较低矮。因为按规定，民房只能低于皇宫，等而次之，各县的民房也只能低于县衙门。所以官府民房的高度有明显差别。

五是中国哲学思想和神秘文化在居住建筑民俗中随处可见。"太极"和"八卦"是我国古代哲学智慧的结晶。但在长期流传中，它们又成为我国神秘文化的重要组成部分。在居住和建筑民俗中，它们也起着重要作用。寺庙和居民建筑中的中梁、门头和庙堂顶部，多画有"太极"和"八卦"。古代建筑一般都是背阴向阳，即坐南朝北，这除了便于充分利用阳光之外，与阴阳学说有直接关系。按中国传统习俗，居中而阳（南）为尊，面东西者次之，而北者最低。在住宅中，尊位是长辈，住正房或上房，两侧则为晚辈子媳所在。古代人们在建筑房屋时，还十分注意所谓阴阳适中，以利于延年益寿。《吕氏春秋·重己》篇中说："室大则多阴，台高则多阳，多阴则蹶，多阳则痿，此阴阳不适之患也。是故先王不为大室，不为高台。"秦汉以后，流行于先秦的高台之风迅速衰落、减少，与这种讲求阴阳适中的思想有直接关系。

三、节日民俗

我国是一个历史悠久的国家，有着丰富的传统节日，这些节日的形成与发展经历了漫长的年月，记载着祖先对大自然规律的认识和把握，也展示了社会、经济、政治、文化的积淀凝聚。

中国重大的传统节日有春节、元宵节、清明节、端午节、中秋节等。此外，各少数民族也都保留着自己的传统节日，诸如傣族的泼水节、蒙古族的那达慕大会、彝族的火把节、瑶族的达努节、白族的三月街、壮族的歌圩、藏族的藏历年和望果节、苗族的跳花节等。这里重点介绍的是春节。

（一）春节的由来

春节和年的概念，最初的含意来自农业，古时人们把谷的生长周期称为“年”，《说文·禾部》：“年，谷熟也。”在夏商时代产生了夏历，以月亮圆缺的周期为月，一年划分为十二个月，每月以不见月亮的那天为朔，正月朔日的子时称为岁首，即一年的开始，也叫年。年的名称是从周朝开始的，到了西汉才正式固定下来，一直延续到今天。但古时的正月初一被称为“元旦”，直到中国近代辛亥革命胜利后，南京临时政府为了顺应农时和便于统计，规定在民间使用夏历，在政府机关、厂矿、学校和团体中实行公历，以公历的元月一日为元旦，农历的正月初一称春节。

1949 年 9 月 27 日，新中国成立，在中国人民政治协商会议第一届全体会议上，通过了使用世界上通用的公历纪元，把公历的元月一日定为元旦，俗称阳历年；农历正月初一通常都在立春前后，因而把农历正月初一定为“春节”，俗称阴历年。

传统意义上的春节是指从腊月初八的腊祭或腊月二十三的祭灶，一直到正月十五，其中以除夕和正月初一为高潮。在春节这一传统节日期间，我国的汉族和大多数少数民族都要举行各种庆祝活动，这些活动大多以祭祀神佛、祭奠祖先、除旧布新、迎禧接福、祈求丰年为主要内容。活动形式丰富多彩，带有浓郁的民族特色。

（二）春节的习俗

1. 祭灶

民间传说，每年的腊月二十三，灶王爷都要上天向玉皇大帝禀报这家人的善恶，让玉皇大帝赏罚。送灶时，为了让灶王爷“上天言好事、回宫降吉祥”，在玉皇大帝面前美言几句，给家里带来幸福，保佑来年一家平安，人们在灶王像前的桌案上供放糖果、清水、料豆、秣草，其中，后三样是为灶王升天的坐骑备料。祭灶时，还要把糖（或蜜）融化，涂抹在灶王爷的嘴上，使它不能乱说话。灶神受到人们的特殊招待，“吃了人家的嘴短”，当然就不好讲坏话了，这实际上是民间一种伦理道德的自律。

7天之后，也就是在除夕夜，还要把“灶神”再接回来。因为年三十的晚上，灶王爷还要与诸神来人间过年，那天还有“接灶”、“接神”的仪式。按一般地方的风俗，接送灶王爷都由男主人主持，女眷不参加，古时有“男不拜月、女不祭灶”的说法。

2. 扫尘

民谚有“二十四，扫房子”。举行过灶祭后，便正式地开始做迎接过年的准备。扫尘就是年终大扫除，北方称“扫房”，南方叫“掸尘”。在春节前扫尘，是我国人民素有的传统习惯。每逢春节来临，家家户户都要打扫环境，清洗各种器具，拆洗被褥窗帘，洒扫六间庭院，掸拂尘垢蛛网，疏浚明渠暗沟。大江南北，到处洋溢着欢欢喜喜搞卫生，干干净净迎新春的气氛。

据典籍记载，上古就有年终扫除的习惯。“腊月二十四，掸尘扫房子”的风俗，由来已久。据《吕氏春秋》记载，我国在尧舜时代就有春节扫尘的风俗。按民间的说法：因“尘”与“陈”谐音，新春扫尘有“除陈布新”的含义，其用意是要把一切“穷运”、“晦气”统统扫出门。《清嘉录》卷十二记载：“腊将残，择宪书宜扫舍宇日，去庭户尘秽。或有在二十三日、二十四日及二十七日者，俗呼‘打尘埃’。”腊月二十四“扫房”，对庭院内外进行彻底的大清理。可见，这一习俗寄托着人们破旧立新的愿望和辞旧迎新的祈求，也是中华民族在漫长历史中积累的在冬季讲究卫生，预防疾病的传统美德。

3. 祭祖

汉族自古以来就是宗法制大家庭，最重血缘亲情。祖宗是家族之源，是庇护族人的神灵，也是凝聚大家族的旗帜，除夕日，祭祖是头等大事。

4. 贴春联和各种祝吉条幅。

贴春联是由古代的挂桃木符的习俗演变而来。东汉时，人们在过年时常将画有神荼、郁垒神像的套模板挂在门的两旁。传说二神能捉鬼，用以御鬼辟邪。五代时，后蜀主孟昶令学士章逊在桃木板上题写联语：“新年纳余庆，嘉节号长春，”这便是我国的第一副春联。到了明代，桃符改称“春联”。据说朱元璋提倡公卿士庶家门口都书写春联，并亲自微服出宫察看。他经过一户人家，见门

上不曾贴春联，便去询问，知道这是一家阉猪的，还未请人代写。朱元璋就特地为那阉猪人写了“双手劈开生死路，一刀割断是非根”的春联。

春联多是写吉祥祝贺之语，既有传统的驱邪求吉的意思，又增添了节日喜庆气氛。此外还有贴“福”字、窗花、年画、“出入平安”、“抬头见喜”之类的大小条幅。现在有些人喜欢在家中倒贴“福”字，借谐音表达“福到了”的意思。关于这个习俗有两种传说，一种说法是来自明朝的马皇后，明太祖朱元璋当年用“福”字作暗记，准备杀人。好心的马皇后为消除这场灾祸，令全城大小人家必须在天明之前在自家门上贴上一个“福”字。马皇后的旨意自然没人敢违抗，于是家家门上都贴了“福”字。其中有户人家不识字，竟把“福”字贴倒了。第二天，皇帝派人上街查看，发现家家都贴了“福”字，还有一家把“福”字贴倒了。皇帝听了禀报大怒，立即命令御林军把那家满门抄斩。马皇后一看事情不好，忙对朱元璋说：“那家人知道您今日来访，故意把福字贴倒了，这不是‘福到’的意思吗?”皇帝一听有道理，便下令放人，一场大祸终于消除了。

另一种说法是来自清朝的慈禧太后。传说的故事是：有一个不识字的小太监在乾清宫把福字贴倒了，慈禧看了大怒，当时就要杀了这个小太监。大太监李莲英急中生智，赶紧跪下来向慈禧求情：“老佛爷您看，福都到乾清宫了。”经过这么一解释，慈禧才转怒为喜。这件事流传到民间，就有了倒贴福字的做法。但民俗学家王作辑说，故宫里的福字，没有一个是倒的，这是不允许的。倒贴福字其实是一种错误的做法，因为“倒”和“到”是意义截然相反的两个字，倒贴福字等于是把福倒掉了。

5. 团圆饭、熬年守岁

春节是个欢乐祥和的节日，也是亲人团聚的日子，大年三十除夕夜，离家在外的人都要在这一天赶回家欢聚，一起吃团圆饭。吃的菜不但要丰盛，更要有吉祥内涵，如必有大碗盛的各种圆子（即丸子），必须有鸡、鱼等，寓意大吉（鸡）大利、年年有余（鱼）。

守岁是最重要的年俗活动之一，人们在旧年的最后一天夜里不睡觉，熬夜迎接新一年的到来，也叫除夕守岁，俗名“熬年”。守岁的习俗，既有对如水逝去的岁月含惜别留恋之情，又有对来临的新年寄以美好希望之意。

北方地区在除夕有吃饺子的习俗，饺子的做法是先和面，和字就是合。饺子的“饺”和“交”谐音，合和交有相聚之意，又取更岁交子之意。在南方有过年吃年糕的习惯，甜甜的黏黏的年糕，象征新一年生活甜蜜蜜、步步高。

6. 爆竹

“爆竹声中一岁除”。大年三十，在这个辞旧迎新的日子里，中国民间有放鞭炮的习俗。特别是初交子时，无论城乡，爆竹焰火震地映天。爆竹是中国特产，亦称“爆仗”、“炮仗”、“鞭炮”。其起源很早，至今已有两千多年的历史。爆竹最早与桃符、春联一样，是用来驱除邪魔鬼怪的。到了南北朝时期，人们过年时候燃放爆竹就已经形成了习俗。《荆楚岁时记》中就记载了这个习俗：“正月一日，是三元之日也。谓之端月，鸡鸣而起，先于庭前爆竹、燃草，以辟山魈恶鬼。”这也是后来人们在春节燃放鞭炮的由来。由此可见，“爆竹”一词的本意是焚竹而爆。

火药发明之后，人们不再燃烧竹子了，而是将硝石、硫磺、木炭等填充在竹筒里燃烧，产生“爆仗”。不过，这时人们仍然一直沿用“爆竹”的叫法，直到今天。

到了宋代，人们用纸做的筒子代替了竹筒，里面灌上火药，内藏药线，制成了新的爆竹。直到今天，我们还是沿用这个方法，只不过在工艺上有所改进，在花样上有所翻新罢了。在宋代，还有人用麻茎把纸制爆竹编成串，管它叫“编炮”。因为成串的爆竹放起来声音持续时间长，清脆得好像人甩鞭子发出的响声，因此也就称它为“鞭炮”。

明清两代，爆竹更为流行，花色品种，也不断增加。除了大年初一清晨要放爆竹外，除夕之夜也兴放炮，到子夜零时达到高潮，爆竹声震耳欲聋，响彻天宇。过年，无论贫穷富贵，家家户户都要燃放爆竹以示除旧布新。

放爆竹可以创造出喜庆热闹的气氛，是节日的一种娱乐活动，可以给人们带来欢愉和吉利。随着时间的推移，爆竹的应用越来越广泛，品种花色也日见繁多，每逢重大节日及喜事庆典如婚嫁、建房、开业等，都要燃放爆竹以示庆贺，图个吉利。现在，湖南浏阳、广东佛山和东尧、江西的宜春和萍乡、浙江温州等地区是我国著名的花炮之乡、生产的爆竹花色多、品质高，不仅畅销全国，而且还远销世界。

7. 拜年

新年初一，人们都早早起来，穿上最漂亮的衣服，打扮得整整齐齐，出门去走亲访友，相互拜年，恭祝来年大吉大利。拜年的方式多种多样，有的是同族长辈带领若干人挨家挨户地拜年；有的是同事相邀几个人去拜年；也有大家聚在一起相互祝贺，称为“团拜”。由于登门拜年费时费力，后来一些上层人物和士大夫便使用各帖相互投贺，由此发展出后来的“贺年片”。春节拜年时，晚辈要先给长辈拜年，祝长辈长寿安康，长辈可将事先准备好的压岁钱分给晚

辈，据说压岁钱可以压住邪祟，因为“岁”与“祟”谐音，晚辈得到压岁钱就可以平平安安度过一岁。压岁钱有两种，一种是以彩绳穿线编作龙形，置于床脚，此记载见于《燕京岁时记》；另一种是最常见的，即由家长用红纸包裹分给孩子的钱。压岁钱可在晚辈拜年后当众赏给，亦可在除夕夜孩子睡着时，由家长偷偷地放在孩子的枕头底下。

现今长辈为晚辈分送压岁钱的习俗仍然盛行，随着社会的发展，也兴起了新的拜年方式，如打电话、发短信或发电子邮件等。

第三节　广东民俗

广东是岭南文化的发源地，而岭南文化也是我国民族文化中的重要组成部分，广东民俗是中国民俗的一朵奇葩，这里作个专题介绍。

一、粤菜

粤菜，即广东地方风味菜，是我国著名八大菜系之一，它以特有的菜式和韵味，独树一帜，在国内外享有盛誉。“粤菜”由广州菜、潮州菜、东江菜（客家菜）等组成，而以广州菜为代表。

粤菜有着悠久的历史。源于古代百越风味，自秦代开始与中原传统食俗发生融合，后经三国、两晋、南北朝和五代十国，中原居民两次大规模南迁及饮食融合，至宋代基本形成了“不问鸟兽虫蛇，无不食之”的杂食习俗和擅长煮、炙、炸、炒、烩、生拌等传统技法。明清至近代，在保持传统风味的基础上，博采京师、苏杭等地的精华，兼收西餐技艺之长，迅速发展，日趋完善，形成取材广博珍奇，菜肴新颖别致，技法兼采中外之长，口味清鲜、嫩滑、脆爽等特色。

粤菜系的形成和发展与广东的地理环境、经济条件和风俗习惯密切相关。

粤菜取材广博，杂食成风。广东地处热带亚热带，濒临南海、雨量充沛、四季常青、物产富饶。如山珍海味、飞禽走兽、山花野菜、家禽、家畜、家鱼以及各种蔬菜、水果等资源，博杂丰富、来源充足。广东是粤菜取料广博的物质基础，是中国饮食资源最丰富的地区之一。粤菜广为人知的缘由之一便是杂食成风，人们戏称天上飞的除了飞机，地上爬的除了坦克，广东人无不将其化成盘中的美味佳肴。

粤菜在味道上以清淡见长。力求清中求鲜、淡中求美。地理气候上的长夏短冬和湿热，使得广东人在饮食上不得不趋于清淡，以便于祛火气。在口味上，粤菜注重原汁原味，烹调手法上以清蒸、白灼、白切见长，不用较重的调料，以免掩盖了食物原有的风味。这也体现了广东人平实、崇尚自然的文化性格。

粤菜在制作技法上也与中原地区迥异，与中原地区强调“正宗”不同，它以“有传统，无正宗”为师训。所谓“有传统”，是指在选料奇杂广博，菜式追求清、清鲜、嫩滑、脆爽的风味基础上，继承粤菜的主要烹饪方法和调味原则；“无正宗”，即根据市场和顾客的需要，灵活多变，引进世界各地原料，涉取中外烹调技术精华，创出新菜式、新食法，体现出开发、创新、兼容的特点。这与岭南文化息息相关，岭南文化游荡在中国文化大陆的边缘，一直与中心文化遥遥相距，成为一种边缘文化，然而它少了传统的负累，更易于在新的文化冲击影响下蜕变重生。广东近海而居，受海洋文化浸润已久，在中国历史上一直扮演着一个最先接受西方浸染滋润的文化角色，它创新、兼容，是一种趋新务实的开放性文化。而粤菜的取材广博、制作方法中西兼备，无不折射了独特的岭南文化之光。

粤菜的制作工艺也极为精细，体现出追求享受的倾向。粤菜在配料、刀工、火候、烹饪时间、起锅、包尾、器皿、上菜等诸多环节都有着非常严格的要求。每一道菜，如一件艺术品，赏心悦目。在粤菜中，最见功夫的当属鸡馔了，有几百种之多，能让客人遍尝几十种鸡肴而无重复之感。几乎每个有名的酒店都有自己创制的招牌鸡，如广州酒家的文昌鸡、北园酒家的花雕鸡、佛山的柱侯鸡、清远的白切鸡等，不胜枚举，各具特色。饮食制作的精细，与广东人强调个人价值、追求享受的文化分不开。这种文化以拼命干活、尽情享受为宗旨，表现出对舒适、快乐、美好生活的追求，充满了浓浓的人性味道和世俗情调。

二、广东人的茶饮风俗

茶，源于中国，传播于世界，中国是“茶的故乡”。中华民族在茶的培植、制作、品饮、应用以及茶文化的创造、繁荣上，为人类文明史留下了绚丽光辉的一页。目前全世界已有50余个国家种茶、产茶，饮茶之风遍及全球，它们引种的茶种，以及茶树栽培方法，茶叶加工工艺，人们饮茶的习俗，都是直接或间接地由中国传播去的。

（一）茶的发现与功用

茶树，这一古老的经济作物，在中国古代文献中，称为“南方之嘉木”。说它是南方的珍贵树木，不仅指明了茶树的原产地与特性，而且更包含着对茶树的称颂与赞美。

与任何物种的起源一样，茶树在人类发现和利用它之前早已存在，而茶树的传播及至有文字记载，则当在茶树被发现之后。在中国乃至世界的茶叶发展史上，提到茶的发现，每每要提到“神农尝百草”的传说，据《神农本草》记载：“神农尝百草，日遇七十二毒，得茶而解之。”传说神农一天内就品尝了72种不同的有毒植物，奄奄一息地躺在地上。这时候，他发现身边有几枚树上掉落的叶子，散发出阵阵清香。一半出于好奇，一半出于习惯，神农把树叶放在嘴里咀嚼，很快就感到神清气爽，身体也舒服多了，于是他摘来好多这种树叶吃下去，身上的毒性竟然完全化解掉了。这个故事在我国流传甚广，影响颇深，在《史记》、《淮南子》、《本草衍义》、《神农本草经》中亦有记载。

从文字考证来看，我国最早利用茶叶的记载始于殷周。周成王元年（公元前1115年）周公旦的《尔雅·释木篇》中记载：“槚，苦荼也”；又《礼记·地官》载：“‘掌荼’‘聚荼’仅供丧事之用”；《中国风俗史》云：“周初至周之中叶，饮物有酒、醴、浆、涪……此外犹有种种饮料，而茶其最著者。”这些史实记载说明殷周之时，茶不仅作为药用、祭品，而且已开始成为饮料。此后，茶也作为菜食，据《晏子春秋》载：“婴相齐景公时，食脱粟之食，炙三弋、五卯茗菜耳。”《本草注释》中对茶也作了“可供药用，嫩苔可当蔬菜”之记述。至汉，饮茶风尚渐兴，茶被视为皇室达显的“养生之妙药”，是贵显家庭的珍贵饮料。西汉王褒《僮约》中就有“武阳买茶，杨氏担荷”、“烹茶尽具”、“往来聚市”的条款，要书童天天为他们烹茶、清理茶具，可见茶叶不仅成为士大夫们的生活必需品，而且还常被拿到市场上去销售，说明当时茶叶生产有了发展，茶已开始成为一种商品投入市场。至唐时，民间群起仿效皇宫贵族和佛宗坐禅的饮茶习俗，饮茶成为风尚；至宋代时，茶更成了我国人民的生活必需品。所谓开门七件事，柴米油盐酱醋茶。宋王安石的《议茶疏》中就有：“茶之为用，等于米盐，不可一日无。”所以茶从发现到饮用，从药用而作祭品、茶食，直至作为普遍饮料，经历了漫长的发展过程。

（二）茶文化及其内核

自从茶被中国人发现利用以后，人们饮茶已由茶饮、礼饮而逐渐变成为一种欣赏与嗜好，大大超越了饮茶解渴的范畴，形成了茶文化，是中华民族文化的重要内容之一。

儒、道、佛教与茶文化发展密切相关，三家思想的统一形成了今天中国茶道精神。“道”一般是指事务的来源、本质和规律，中国茶道是指饮茶过程中的技艺、美学观点以及茶礼仪中的哲理和道德原则。三教合一，以儒家思想为核心，结合茶叶裁制，饮用的变革和审美观点的变化发展，规定和影响着我国茶文化的发展，中国茶道的内在本质就是儒道佛三家思想的统一。具体来说，就是敬、俭、和、清、静。“敬”指真诚致敬；“俭”指廉俭朴实；“和”指和蔼待人，和睦相处，中庸处世；“清”指心无杂念，清淡幽雅，心地纯洁，淡泊人生，无所追求；“静”指安详静谧，环境寂静，专心静虑。

（三）潮州工夫茶——中国茶道的“活化石”

著名茶文化研究学者陈香白在其《中国茶文化》一书中，通过考察茶文化的历史发展研究指出，潮州工夫茶是中国茶道的“活化石”。

陈香白认为唐代是中国工夫茶的成形期，陆羽《茶经》总其大成，简称“茶经法”。“茶经法”中详载茶艺，包括炙茶、碾末、取火、选水、煮茶、酌茶六个主要程序，组成了“茶艺”的核心内容。陈香白通过将潮州工夫茶艺与煎茶法的源流关系进行比较，得出潮州工夫茶法与陆羽煎茶法有着本质上的类同，传承关系显之又显，完全证实了俞蛟“工夫茶，烹治之法，本诸陆羽《茶经》，而器具更为精致”说法的正确。

宋、元时期是中国工夫茶发展期，有关宋代斗茶法，蔡襄《茶录》所述可作代表，宋人的饮茶法称“斗茶”或“点茶”，重在比试茶汤质量。陆羽煎茶法中，强调酌茶时要让舀到碗里的“华”（即“沫饽”）均匀，斗茶法作了创造性的发展，演绎而成斗“华”。宋人饮茶，改锅中熬茶为盏中点茶，开了“撮泡”先河。

从考察明人茶艺综述中，我们清楚地看到，明人已将茶艺推进到尽善尽美的阶段，并形成中国茶指鼎盛期。唐、宋皆用饼茶碾末，宋人则改锅煮为点盏。元人采用叶茶，却恢复了锅煮旧习。明人的革新则是叶茶冲泡，兼善了宋、元的优势而独创“撮泡”妙法。诚如周高起《阳羡茗壶系》所云：“茶至明代，不复碾屑和香药制团饼，此已远过古人”。又云：“壶供真茶，正在新泉活火，旋瀹旋啜，以尽色生香味之蕴”。当时中国工夫茶的中心区在江浙一带，闽粤地区成了中国工夫茶的外围地区。潮州饮茶已渐次成风，并较多见诸文字。

明清易代，社会出现了空前激烈的大动荡局面。“重商”思潮大行其道，

在金钱大潮强力度涌动的环境氛围中，人心浮动，人们已无暇顾及“工夫茶”的品饮。清代中期以后，江浙地区便失去了工夫茶中心区的地位。而潮州工夫茶则不断繁荣、发展，实质上成了中国工夫茶的“活化石”。

陈香先生认为，中国茶道、中国工夫茶、潮州工夫茶，实质上是三位一体。

（四）饮早茶

饮早茶是广东人独特的喝茶习俗。清晨起床以后，在开始一天的工作、生意之前，名茶美点（早点），一盅两件，既解决了早餐，又是一种绝妙享受。

茶点，即是茶水与点心。茶有红茶、绿茶、乌龙茶、花茶等种类；点心的种类就更多了，最常见的是各种包子，诸如叉烧包、水晶包、水笼肉包、虾仁小笼包、蟹粉小笼包，以及其他各类干蒸烧卖，各种酥饼，还有鸡粥、牛肉粥、鱼生粥、猪肠粉、虾仁粉、云吞等。

饮茶是广东人生活的一个不可缺少的内容。在这里，紧张的人们开始松弛下来，清闲地谈着人生，谈着故人，讲着故事；在这里，人们挥洒自如地在淡淡的茶香中，把心情晾得清清淡淡。人们在茶楼里沏上一壶好茶，点上几道美味点心，有的自斟自饮，有的与朋友海阔天空地大侃一阵，岂不悠哉！

茶楼也是人们谋生的重要场所。各种各样的人们在茶楼里谈论着股票、楼市，谈论着日本的电器、美国的汽车。在这里，人们交流着各种经济、商品信息。没有“泡茶”楼的本事，发财的机会也少很多。在生意场上，不进茶楼，是不会融入广东的商业社会的。清闲、舒适的茶楼，变成了商业谈判的地点，使得茶楼不再只是人们闲谈、打发时光的幽静场所。旧时广州的“妙奇香”茶楼有一副对联：

为名忙，为利忙，忙里偷闲，饮杯茶去；
劳心苦，劳力苦，苦中作乐，拿壶酒来。
——这正是人在茶楼饮茶的心理写照。

当然，茶楼并不仅仅是为早茶才开的。茶客从早到夜总是不断，茶楼多是早上5点多钟开门迎客，直到午夜才收市，“三茶两饭直落”。

在广东，饮茶有“礼节”。服务员倒茶时，客人一般以食指和中指轻扣桌面表示谢意。传说这一风俗源出乾隆皇帝下江南，微服出巡。一次扮作仆从的皇帝给扮作主子的随从斟茶，随从感恩戴德、惊恐万状，本应下跪叩拜，但又怕暴露了皇室身份，于是灵机一动，遂以两指微屈，轻扣桌面代之叩礼，并一直传袭至今。

在茶楼里，当客人需要续水时，只要把壶盖打开，服务员便会意而来。关于这一礼仪的由来，相传是过去有一富商到茶楼饮茶，叫堂倌给他加水，堂倌刚把壶盖打开，他“呵嗬”大叫一声，赖称壶中有只价值千金的画眉给堂倌放飞了，定要茶楼赔偿。老板无奈之下，从此规定，茶客凡要加水者，自己打开壶盖，以防有诈。时至今日，这习惯动作已成为茶客要加水的示意信号，无须叫唤服务员了。

（五）饮凉茶

民间有云：“广东三件宝：烧鹅、荔枝、凉茶铺”。广东人饮用凉茶历史悠久、代代流传、相习成俗，时至今天，凉茶仍然是广东人日常生活中不可或缺的元素，是广东的一道独特风景，反映出浓厚的岭南文化特色。

据古书上记载，岭南之地，多瘴气，染者无有不死。这样恶劣的自然环境对人体造成极大伤害，岭南人通过与自然环境的不断抗争，积累了调理保健、防病治病的宝贵经验。为了除湿去热，适应环境，他们在植被丰富的山川谷地采集一些清热解毒、消暑去湿的草药，经过一些具有中医药知识的人长期实践，创造出各种各样的“凉茶”。后来，随着商业的发展，有人在繁华集市的道路两旁出售熬制好的各种保健、防病的草药煎剂，形成了岭南凉茶。

广东凉茶很多，最著名的有王老吉凉茶，另外还有夏桑菊茶、邓老凉茶、白云山凉茶、大声公凉茶、廿四味凉茶、石歧凉茶、三虎堂凉茶、黄振龙凉茶，这些凉茶多数是百年老字号或祖传验方，以其深厚的历史文化和独特的功效博得老百姓钟爱。史料显示最负盛名的是王老吉凉茶，以地产草药为主配置而成，初时是以水碗凉茶问世的，由鹤山人王泽邦于1828年在广州十三行靖远街首创。当时那一带既是商家云集之地，又是码头搬运工、黄包车夫活动的场所。那些在生意场上争拗而上火的，在烈日下干粗重活的，在应酬中饮酒过多的，在长途贩运中中了暑湿的，烧烤煎炸食物吃多了的，或有喉痛脑热的，都喜欢花两文铜钱买一碗王老吉凉茶消解，因此王老吉凉茶门庭若市、供不应求，很快在全市出现了很多王老吉凉茶的小贩，也有不少随街卖的王老吉凉茶车仔，成为广州一大景观。正所谓“一方水土养一方人，一方草药治一方病”，当时有这样的民谣：“常饮王老吉，饿死百家医。”世人皆知王老吉是广东凉茶的代名词。

围绕王老吉凉茶还有许多历史传奇故事。林则徐任钦差大臣，初到广东，因查禁鸦片烟时操劳过度，加上水土不服，又患上感冒等症。他的随从听闻十

三行的王老吉有解暑治感良方，为林则徐求药，林则徐服下一包草药之后，诸如症状皆痊愈。林则徐登门答谢王老吉，又问王老吉以何种药治病，当他得知王老吉都不过以平价草药来医治，林则徐有感而发，提议王老吉将药方制成凉茶，让人们随到随饮，防病保健。之后，王老吉如林则徐所言，卖起凉茶来。因其配方合乎药理，价钱公道，因而远近闻名。

1840 年，王泽邦便开始生产王老吉凉茶包。其后，王泽邦让三个儿子在广州另设分店。这时，王老吉凉茶不仅畅销两广，湖南、湖北、江西、上海，以至北京也有销售。随着不少赴东南亚等地谋生的广东人，王老吉凉茶传入东南亚各国乃至美国。1898 年至 1903 年梁启超赴美考察期间，曾著《新大陆游记》一书，书中有载："西人有喜用华医者，故业此足以至富。有所谓王老吉凉茶，在广东贴铜钱两文、售诸西人或五元或十元美金不等云"，便是历史的见证。

2006 年，凉茶被国务院批准公布为国家级非物质文化遗产，王老吉获广东省食品（饮食）文化遗产工作领导小组颁发的国家级非物质文化遗产证书。

三、广东特色民居——客家围龙屋

客家围龙屋，与北京的"四合院"、陕西的"窑洞"、广西的"杆栏式"和云南的"一颗印"，合称为我国最具乡土风情的五大传统住宅建筑形式，被中外建筑学界称为中国民居建筑的五大特色之一。

梅州市地处广东省东北部五岭山脉以南的丘陵山区，位于闽、粤、赣三省交界处，是客家人聚集地之一。客家先民原系中原汉人，因战乱、灾荒等原因辗转南迁赣、粤、闽交界山区落籍繁衍，远祖自黄河流域，长江流域辗转迁徙而至。因是避难而来，且藏于山水之间，故流传有"逢山必有客，无客不住山"之说。客家先民南迁定居岭南后，不但传播了中原的先进耕作技术，而且建筑民宅保持了原有的传统风格。

梅州市的客家建筑多建于百年以前，数量繁多，星罗棋布。现在市内许多街道两边仍可见到不同规模的围龙屋。如果驱车去郊外，点缀在山水之间的围龙屋群落时时映入眼帘，粉墙黛瓦，裹在浓浓的绿色之中，美不胜收。

一般来说，梅州客家围屋都是绕着水塘倚山而建。几十座围屋因山就势、错落有致地成网状分布在池塘边，这就是风水师所说的"网状风水"，寓意网能打鱼，而鱼则是吉利、富余、多子多孙的象征。

围龙屋平面一般以中轴线为中心，呈左右对称形式。中轴线正中房间大而开敞，是家族举行公共活动，昏丧嫁娶、祭祀先人的场所。两边房屋为居住用房，后部多为半圆形房屋，做服务用房。由于客家建筑有防御作用，所以建筑外部窗少而小，封闭性较强，围合性好，且建筑一般傍山沿坡而建，远望像条巨龙盘卧于山脚，由此而得围龙屋之说。

围龙屋一般以石砌基础，三合土夯墙，有些房屋用黄砧土加骨料竹子、杉树尾夯实，还有些建筑墙中以糯米、粮浆为黏合剂，使墙体非常坚固，乃至于经历百年沧桑之后，至今仍铁钉难入。柱用木或条石，屋顶用木梁、瀮承重，椽条上扣小青瓦。所有材料均就地取材，体现了客家人的随遇而安。

南华又庐是目前梅县发现的规模最大、装饰精美的围龙屋之一，位于梅县著名侨乡南口镇侨乡村，于清光绪十二年（1886）动工兴建，至清光绪三十年（1904）竣工，历时18年。因建造人潘祥初（字承先，旅印尼侨领）出生于该村祖屋——南华庐，其事业有成后建造此庐而得名。南华又庐坐西北向东南，建筑平面布局为方形，是一座规模庞大的客家传统民居二层楼房建筑，占地面积10 816平方米，建筑面积11 220平方米。该庐外观宏伟，正立面为硬山式，侧立面山墙为大北水式。大门门额为花岗岩阴刻匾额，由创建人楷书“南华又庐”，书法结构严谨，浑厚端庄。

该庐虽然建造于清朝末年，却表现了许多先进性。采用中轴对称的传统平面布局，由门坪、外围墙、堂屋、后庭院、横向枕屋、周匝弧形后花园组成。庐内分为上、中、下三堂，二横共八堂，左右两侧各四堂，因创建人潘祥初生有八子四女，八个儿子分居八堂内，则拥有八厅八井（天井），为八子八门八院八户。上堂后面还有枕屋一排、厨房二座（左右各一座），枕屋脊有周匝围墙内的果园，种有各种优良的岭南佳果。右边有花园，种有各种花卉，建有莲池、石假山。全屋共有164间房，其中枕屋46间，大小厅堂几十个，加以上、中二堂的大厅和中央的天井，即所谓“十厅九井”的来由。南华又庐外表看似一座完整的屋，其实各堂既可独立又可连体，所以俗有“屋中屋”的称号，它的重要特征是所有堂屋都是一个朝向，表面看起来似乎与堂式无疑，仔细看来却不大相同。中央部分几乎有三堂并列之势，除中心主轴线上的重叠三堂之外，两侧又形成两侧副轴线，也是三堂重叠，只是在下堂部分不设大门，更无大门楼，全部封闭，共同使用中心主轴线上的大门楼。堂屋两侧不置厢房，在前后庭内引进了花墙、敞廊、金鱼池、花台、六角亭等，更显得宽敞明亮，使宅内生活场景生动活泼，情趣盎然。

春华秋实，生生不息，客家的围屋似乎在向我们讲述先民们几百年前那筚路蓝缕的岁月。

四、节俗——岁末花市

“年卅晚，行花街，迎春花放满街排，朵朵红花鲜，朵朵黄花大，千朵万朵睇唔嗮。阿妈笑，阿爸笑，人欢花靓乐开怀……”这首歌谣形象地唱出了广州花市熙熙攘攘的盛况。“行过花街才过年”是萦绕在广州人心间千年难易的情结。

广州属南亚热带季风气候，夏长冬暖、湿润多雨、终年常绿、四时花开，被誉为“花城”。广州以木棉花为“市花”，广州人爱花、养花、赏花的情趣已有一千多年的历史。

据史料记载，被誉为“岭南第一花乡”的广州芳村，是广州花市最早的发源地，广州在明代就已形成花市。清光绪年间有一首《羊城竹枝词》这样形容广州的花市：“羊城世界本花市，更买鲜花度年华。除夕案头齐供养，香风吹暖到人家。”一年一度的岁末迎春花市，是广州独具特色的传统习俗。春节前几天，市内的几个花市就搭好绚丽辉煌的迎春牌坊、扎好层层花架，广州常见的花卉如桃花、吊钟、大丽、芍药、菊花、山茶、水仙……特别是硕果累累的金橘、四季橘、都集中到这里来了，还有笼鸟、金鱼和工艺小品也齐聚一堂。花市从农历十二月二十八日开始，一连三天，花如海，人如潮，除夕晚上达到最高潮。在广州人心中，鲜花意味着除旧迎新，金橘象征着大吉大利，具体还有“红掌”表示“鸿运当头”，“苹果”象征平平安安，总之，每种花都有着好意头，都表达着人们对美好生活的向往和祝愿。因此，买花送花已成为广州年节的时尚。

春节期间，有越秀、荔湾、海珠、天河等10个花市竞相笑迎四方宾客，上市的花卉品种繁多，堪称南国佳景。

除夕“迎春花市”是广州特有的节日民俗，具有深刻的文化内涵，是精神文明与民俗文明的一种表现形式，象征着吉祥如意、生活美满，是深受人民喜爱的民族文化。

【本章小结】

民俗学作为一门研究民族文化传统，又注重考察人民现实生活的学问，有着多种实用价值。民俗作为一个民族珍贵的文化遗产，其价值不仅局限于本身给人们带来的教育性和生活性，它还传递着一种不能遗失的精神，一种源自传统并赋予时代内涵的文化精神和民族精神，这就是我们民族的人文精神。通过本章的学习，帮助我们加深对祖国民俗文化的认识，更加全面地认识和理解传统民族文化，同时更好地领会民族文化精神，更好地发扬中华民族的优秀民族传统和人文精神。

【学习与探究】

一、学习与思考

1. 节日风俗的发展与演变，哪些因素在起作用？

2. 请同学们介绍自己家乡的民情、民俗，并集中讨论各地的异同，探讨异同成因。

3. 学习民俗文化有哪些体会，有哪些人文精神的收获？

4. 写一篇有关民间民俗方面的学习心得。

二、知识链接

（一）潮州工夫茶饮茶法

饮茶品茶，是中华民族一种独具特色的民族文化。而潮汕工夫茶，则是我国茶文化中的一朵奇葩。潮汕工夫茶的茶艺与饮法独具一格，有一套精致的程序，是融沏茶技艺、品茶艺术、礼仪、精神等为一体的完整茶道形式。

翁辉东在《潮州茶经》介绍的饮茶法为：

1. 茶之本质（据所好选用名茶）。

2. 取水："山水为上，江水为中，井水其下"。

3. 活火："活火者，谓炭之有焰也。潮人煮茶，多用绞只炭"。

4. 茶具：茶壶，盖瓯，茶杯，茶洗，茶盘，茶垫，水瓶，水钵，龙缸，红泥火炉，砂铫（俗名"茶锅仔"），羽扇，铜著，锡罐，茶桌，茶担（即茶挑，登山旅游用）。

5. 烹法。

治器："洁器，候火，淋杯"。

纳茶：先淋罐令热，再装入茶叶。

候汤："若水面浮珠，声若松涛，是为第二沸，正好之候也"。

冲点："缘壶边冲入，切忌直冲壶心，不可断续，不可迫促，铫宜提高倾注"。

刮沫：冲水满时，"茶沫浮白，溢出壶面，提壶盖从壶口平刮之，沫则散坠，然后盖定"。

淋罐：盖定后，"复以热汤遍淋壶上，以去其沫。壶外追热，则香味盈溢于壶中"。

烫杯："烧钟热罐，方能起香"。

洒茶（斟茶）："茶叶纳后，淋罐淋杯，倾水，几番经过正洒茶适当时候，缘洒不宜速，亦不宜迟。……洒必各杯轮匀，又必余沥全尽"。"洒茶既毕，乘热，人各一杯饮之。杯缘接唇，杯面迎鼻，香味齐到，一啜而尽，三嗅杯底，味云腴，食秀美，芳香溢齿颊，甘泽润喉吻，神明凌霄汉，思想驰古今。境界至此，已得工夫茶三味"。

（二）民俗学研究的一般方法

1. 分类法

分类是收集到足够资料后，开展科研的第一道工序。只有经过对材料的科学分类，才可能进入分析和比较研究阶段。泰勒在《原始文化》一书的章首，曾强调指出："研究文化的第一步，应该是把文化分成若干组成部分，并给这些部分分类。"并且他举例说，分类可以按地域，也可以按历史时期，还可以更为细致，如把神话分为日出神话、日没神话、日蚀神话、地震神话或者地方神话、祖先神话等。

严格来说，分类是学术研究的起点。每一位研究者对分类标准的掌握和他分类的实际结果，必然多少反映他的学术思想，并将直接影响其论著的面貌。

2. 分析及综合方法

所谓分析，是指对搜集来的大量资料，试从各种角度进行周密细致的剖析，找出其中所包含的各部分因素，找出个别因素间的内在联系，从而依一定的观点、标准进行筛选，删掉无用的或无关紧要的部分，留下对进一步研究必要的有用的部分。分析是科学研究工作中贯穿始终的思维活动。上面讲到的分类，离开了基本的分析，也将无法进行。通过分析，我们对研究对象，对纷繁而杂乱的原始资料加深了认识，使需要解决的问题凸显出来，使原始资料经过我们思维的加工而变得条理化起来。

所谓综合，是在上述分析的基础上所进行的思维组织工作。分析使我们了解事物各部分的要素，现在，我们要把这些分散的认识组织起来，形成对事物全貌及本质的总体把握。这种思维的组织，不是将已认识到的事务各要素机械相加，而是要求发现它们之间的有机联系，找出蕴涵其中的内在规律。经过综合，研究对象的内在脉络才能清晰地显示出来，研究者才能获得对于研究对象有价值的结论。所以，综合是研究过程中的重要一环。经过周密分析之后的综合，我们才有条件进入论著的撰写，而伴随着撰写的过程，这种分析和综合的思维活动依然一刻也不会停止。

3. 比较方法

这本是一般的科学方法，当然也适用民俗文化的研究。比较，可以在纵向上进行，那就是古今之间的比较。比较也可以在横向上进行，那就是在地区与地区之间，民族与民族之间，国家与国家之间进行某类民俗的相互比照。人们生活于本民族的民俗文化之中，对许多问题往往习焉不察，而对于异民族文化却有一种新鲜感，比较容易发现其特点。由于看到了别人，引起对自己的反观，从而能够较清楚地认识自己。因此，比较的方法在民俗学中应该受到重视。比较可以全方位，小到一个故事情节单位、一个人物原型、一个母题，大到一个地区、一个民族的整体民俗形态乃至民族精神，都可以进行比较。但比较应该建立在科学的、实事求是的基础上，应该注意在同一层次，在具有可比性的问题上来展开，主观随意和牵强附会的比较，是不可取的。

4. 统计方法

这是一种采集计量方式的技术性更强的方法。上述种种方法，注意点偏于事物对象之质的规定，而统计方法则偏于事物对象之量的规定。一方面，量的统计有一个重要的作用，它是质的基础，对质的规定提供辅佐性的论据。虽然是辅佐性，但却往往很有力，可以使我们对民俗事像质的分析和判断更具科学性和说服力。另一方面，现代科学的发展使得社会科学和人文科学的计量成为了可能。就民俗学而言，某些事象、某些民间文学作品在国内的分布，在不同地区出现的数量和频率，确实是值得注意的。如果大量地积累了这类资料，并对它作出分析，对于我国民俗学学科水平的提高无疑是有利的。

（三）民俗文化旅游资源的开发和利用

民俗文化在旅游业蓬勃发展的今天，早已经成为重要的旅游资源，我国各地乃至世界其他许多国家的旅游活动，几乎都在打“民俗”牌，诸如民俗主题游、民俗村、民俗园、民俗风情节等。在一定意义上说，民俗文化已经成为旅游活动中的一个热点。可见，民俗文化是宝贵的旅游资源，如何更好地开发和利用民俗文化这一旅游资源，是发展旅游业必须要正确认识、妥善解决的问题。

1. 民俗文化成为旅游资源的条件

民俗文化的范畴是比较广泛的，作为一种文化形态，它是可以被旅游业所开发利用的。能够被旅游业开发、利用的民俗文化即是旅游资源。那么哪些民俗文化才能够成为旅游资源呢?

第一，对旅游者具有吸引力的民俗。我们知道，民俗资源的核心是吸引力，没有吸引力的民俗事象，不能成为旅游资源。在旅游活动中，对于旅游者来说，吸引力来自于独、特、奇、新这四个方面。它是民俗文化能够成为旅游资源的

四条标准。“独”是指某一民俗事象在所有国家、地区和民族中，是独此一家的。如汉族婚俗中的“拜天地”——一拜天地，二拜高堂，三是夫妻对拜的仪式，就体现了一个“独”字。“特”，是指某一民俗事象，虽然不是唯一的，但在同类民俗中它是特殊的。如使用碗吃饭是许多民族的共有习俗，但藏族的碗是揣在怀里的，即是特殊习俗。“奇”即奇异，是指某一民俗事象违背“常理”。如鄂温克族人之俗，称公熊为“合克”，即爷爷；称母熊为“那我”，即奶奶。在印度的一些地区，牛可以自由地在城里逛街，汽车、行人都必须为它让路等等。怪哉！奇也！“新”，是指某些民俗、事象，虽不独特，也不奇怪，但以新颖著称，它主要是体现在一些民俗工艺品上，如新工艺、新器物、新样式的玉雕、木雕、刺绣等。

第二，具有历史性和丰富文化内涵的民俗。多数旅游者对于旅游客体有追根溯源的历史情结。因此，那些历史悠久，具有丰富文化内涵的民俗对旅游者来说，更加具有强烈的吸引力，如汉族的春节、元宵节、端午节习俗，满族的服饰习俗，西方诸国的圣诞节习俗等。

第三，具有现存性和再现性的民俗。现存性是指某些习俗是现实存在的，即所谓的“古风犹存”，对旅游者来说，它是看得见、摸得着，能够参与其中，体验真情实味的民俗。再现性有两种情况：一是指有些民俗事象，虽然已经消失在历史的陈迹中，但它的具体内容尚保留在历史文献中或人们的记忆、传说中，可以通过现代手段，使它再现当年的旧貌；二是指有些地区的民俗或外国民俗，由于交通的原因或其他的原因，旅游者暂时不能亲临其地，于是将其移植过来，再现其原地的风貌，如现在中外盛行的“民俗村”、“民俗主题公园”等。

第四，具有典型性的民俗。古今中外的民俗事象不下万千，不是所有的民俗事象都具有旅游开发的价值，都可以成为旅游资源。只有那些典型性的民俗，即具有鲜明民族特点、地域特点的民俗，那些具有特殊的教育意义、启迪意义、娱乐意义的民俗，才能成为旅游资源。

总之，民俗文化成为旅游资源是有条件的、有选择的。民俗只有成为旅游资源的时候，才是旅游文化的重要组成部分。

2. 民俗文化旅游资源的开发原则

开发利用民俗文化旅游资源的目的，一是为了将封闭状态的民俗变成旅游产品及商品，推向旅游市场，向外界展示本地区、本民族民俗的风貌，弘扬民族文化，扩大社会影响；二是满足广大的中外旅游者追求异质文化兴趣的需要，发展旅游业；三是推动经济发展。为此，要开发、利用民俗文化旅游资源必须

遵循以下几项基本原则：

第一，保持民俗文化原貌的原则。任何一个地区、任何一个民族的风俗习惯，都是历史形成的，是当时、当地的广大民众真实生活的写照，具有鲜明、独特的时代特点、地域特点、民族特点。因此，将某些民俗文化作为旅游资源开发的时候，必须保持其原貌，即“原汁原味”，不能为了迎合旅游者的新奇感而编造假民俗。编造假民俗，在民俗旅游中也并非个别的现象。旅游者虽然追求新奇，但追求的是真实的、历史的新奇，是一种对历史的感悟。如果展现的是假民俗，是走了样、变了味的民俗，将会使旅游者产生受骗感，其结果必然适得其反。

第二，对民俗文化要坚持有所选择的原则。保持民俗文化的原貌，并不意味着全盘端出，无所选择。民俗作为一种文化，受时代的局限、阶级的局限，必然有精华也有糟粕。对民俗文化要坚持“去伪存真、去粗取精”的原则，对于那些有损于国家、民族尊严的，美化阶级压迫、独裁专制的，宣传封建迷信的，不利于国际关系、民族团结等的陈规陋俗，是决不能作为旅游资源发展的。例如，某地为了追求奇特刺激，将民间传说中的“十八层地狱”捏造出来。其展馆内，阎王小鬼塑像面目狰狞，下油锅、斧劈、割据等酷刑十分残忍，到处血腥淋漓，一片鬼哭狼嚎，使旅游者失魂落魄，胆战心惊。这种打着开发民俗旅游文化的幌子，宣扬封建迷信、宣扬恐怖暴力的旅游项目，效果恶劣，影响极坏，当引以为戒。

第三，获得效益的原则。获得效益是民俗文化旅游资源开发的铁原则，没有效益就无需开发。获得效益，一是指社会效益。民俗文化旅游资源的开发与利用，要有利于弘扬民族文化、振奋民族精神，有利于科学与民主的发展，有利于和谐社会的建设，有利于国内外文化的交流。二是经济效益。通过民俗文化旅游资源的开发与利用，繁荣旅游市场，使旅游企业、旅游客体所在地的经济得以发展。

第四，保护旅游资源的原则。民俗文化作为旅游资源与其他旅游资源一样，如果开发、利用不当，也会遭到破坏。轻者会造成资源质量下降，影响对旅游者的吸引力，重者则会导致这些旅游资源的损灭。如某些有数百年历史的民俗大院，只顾赚钱，不加以修葺，已经造成了严重的损坏。此外，环境也是一种旅游资源。环境包括自然环境与社会环境两个方面。环境是民俗文化的产生发展地，是其赖以存在的空间。在开发与利用民俗文化旅游资源的过程中，也必须注意保护环境。比如不能为大力发展石雕、木雕等民俗工艺而破坏山林等自然资源；不能借某些民俗事象而败坏道德、违反法纪，破坏安定和谐的社会环

境，如某地以陋俗进行淫乱活动，以所谓的婚俗游戏榨取旅游者的钱财等。

第五，有利于综合开发的原则。旅游是一个综合性的经济、文化活动。对于一个地域较大的旅游区来说，往往存在着不同类型的旅游资源。各种旅游资源都是互相联系、互为发展条件的，因此，开发民俗文化旅游资源时，也要同时考虑到其他旅游资源的开发与发展。综合开发，使吸引力各异的不同旅游资源结成一个吸引群体，使旅游者可以从多个方面游览、体验、享受旅游客体，而开发者从中也会得到更多、更大的社会效益和经济效益。如开发民俗文化与开发旅游的自然景观相结合，就会使山山水水的自然景观赋有人文的内涵，从而更加吸引旅游者；开发民俗工艺、民俗竞技，与旅游商店、饭店、旅店相结合，同样会为它们带来更好的经济效益。反过来，这些旅游资源的开发与利用，又弘扬了旅游文化，对旅游资源的保护创造了条件，一荣俱荣。开发与保护是一种辩证的关系，虽然在某种意义上说，开发就是一种破坏，但是如果处理得好，不仅可以最大限度地减小破坏程度，还可以使原生态文化因为得到保护而更好地存在与发展。

第八章　建筑学与人文

学科感怀

建筑是一个物质对象，也是一个精神对象，具有精神和物质的两重性。它是文化的反映，是物质文化遗产的重要组成元素之一，也是民族思想的集中体现。在物质和精神的结合上，大概没有什么比建筑更能体现人和物、主体和客体之间的密切关系了。以人文的视角来审视建筑学，则会带给我们更多的哲学领悟，让我们更加享受建筑带来的艺术之美。

【知识目标】

通过学习中西建筑的发展历史及其风格特点，了解建筑与宗教、文学、艺术等人文社会学科间的关系，并从中吸取建筑所蕴涵着的人文精神和民族精神，特别是广东地区的代表建筑所展现出来的人文精神，从而得到一种文化上的熏陶和洗礼。

【能力目标】

能够了解中西建筑的特点，掌握建筑的时代、地域特色，懂得分辨建筑的不同风格，并对一些标志性建筑有一定程度的认识，能够体会建筑背后的文化积淀及其传达出来的人文意蕴。

第一节　建筑学扫描

建筑（指建筑物）就是空间。建筑的目的是创造一种人为的环境，提供人们从事各种活动的场所。生活起居、交谈休息、用餐、购物、开会、体育活动以及车间劳动等，都是在建筑空间中进行的。人类自产生之日起，便开始了对

人造环境不懈的追求。

在人类文明化历史中，建筑和建筑学发展历程本身对于文明的发展和社会形态的形成有着直接的反映或影响。正如伟大的文学家维克多·雨果在他的杰作《巴黎圣母院》中所说的“从世界的开始到15世纪，建筑学一直是人类的巨著，是人类各种力量的发展或才能发展的主要表现”。（引自维克多·雨果《巴黎圣母院》）因此可以说，阅读建筑是了解一种文化最直接的方式。

一、西方建筑

西方建筑的形式和风格演变非常复杂，而且空间跨度很大，下面就主要的分期和代表做一个简单的梳理。

古埃及金字塔

（一）古埃及建筑

古埃及是世界文明的发源地。其建筑分为以下三个主要时期：

一是古王国时期的建筑，以举世闻名的金字塔为代表。古埃及的建筑师们用庞大的规模、简洁沉稳的几何形体、明确的对称轴线和纵深的空间布局来体现金字塔的雄伟、庄严、神秘的效果。

二是中王国时期的建筑，以石窟陵墓为代表。这一时期已采用梁柱结构，能建造较宽敞的内部空间。如公元前2000年，戴尔—埃尔—哈巴利（Deir-El-Bahari）造的曼都赫特普三世陵墓，进入墓区的大门，是一条两侧密排着狮身人面首像的石板路，长约1 200m，然后是一个大广场，它当中沿着路两旁排列着皇帝的雕像。由常常的坡道登上一层平台，平台前缘的壁前镶着柱廊。平台中央有一座不大的金字塔，紧靠它正面和两侧造着柱廊。它后面是一个院落，四面有柱廊环绕。再后面是一个有 80 根柱子的大厅，由它进入小小的、凿在山崖里的圣堂。山崖高到 100m，顶部轮廓平平，形体也具有相当明确的几何性。陵墓的几层柱廊，和它发生着强烈的光影和虚实的对比，大大增强了陵墓宏伟壮观的力量。为了加强这个对比效果，柱廊有两跨进深。柱子是方形的，光影变化更加明确肯定。曼都赫特普三世的陵墓，建筑群有严正的纵轴线，对称构图的庄严性被充分认识。雕像和建筑物，院落和大厅，作纵身序列布置。比起古王国金字塔那种比较原始、比较直觉的处理来，它对建筑艺术的理解，明显是加深了。

曼都赫特普三世墓

三是新王国时期的建筑，以神庙为代表。它主要由围有柱廊的内庭院，接受臣民朝拜的大柱厅和只许法老与僧侣进入的神堂密室三部分组成。其规模最大的是卡纳克和卢克索的阿蒙神庙。

（二）古西亚建筑

古西亚建筑是指在两河流域和波斯发展起来的代表建筑。它的特色建筑，有我们所熟知的“空中花园”和“巴别塔”。这两项建筑的遗址现在都没有找到，但是可以肯定它们其实都源自同一种西亚特有的古老的建筑式样——庙塔。其特色是对砖的应用，如公元前 8 世纪著名的亚述王萨尔贡二世的宫殿，整个宫墙上就贴满了彩色的琉璃面砖，其中著名的五条腿的人首翼牛像也是在琉璃面砖上雕出来的。

卢克索的阿蒙神庙

（三）古希腊建筑

希腊人是富有创造精神的，同时他们又是十分讲究理性的民族。建筑的艺

术性和实用性在他们这里得到了令人惊叹的统一。希腊建筑中的神庙（代表是雅典的帕特农神庙）、柱廊和剧场（现存最著名的是雅典卫城山南坡的酒神剧场），对后世影响尤为深远。

雅典的帕特农神庙

酒神剧场

（四）古罗马建筑

古罗马建筑是古罗马人沿袭亚平宁半岛伊特鲁利亚人的建筑技术，继承古希腊建筑成就，在建筑形式、技术和艺术方面广泛创新的一种建筑风格。古罗马建筑在一到三世纪为极盛时期，达到西方古代建筑的高峰。

万神庙

古罗马建筑艺术成就很高，大型建筑物的风格雄浑凝重，构图和谐统一，形式多样，既有宗教建筑，也有皇宫、剧场、斗兽场、浴场以及广场和巴西利卡（长方形会堂）等公共建筑。

古罗马建筑能满足各种复杂的功能要求，主要依靠水平很高的拱券结构，获得宽阔的内部空间。如巴拉丁山上的弗莱维王朝宫殿主厅的筒形拱，跨度达 29. 3 米；万神庙穹顶的直径是 43. 3 米；罗马帝国的皇家浴场更是把几个十字拱同筒形拱、穹窿组合起来以覆盖复杂的内部空间。

弗莱维王朝宫殿

皇家浴场

（五）罗曼建筑

比萨主教堂

罗曼建筑是10至12世纪欧洲基督教流行地区的一种建筑风格。罗曼建筑原意为罗马建筑风格的建筑，多见于修道院和教堂。罗曼建筑的最著名的代表就是意大利比萨主教堂。比萨大教堂（Pisa Cathedral）位于意大利比萨。大教堂始建于1063年，由雕塑家布斯凯托·皮萨谨主持设计。教堂平面呈长方的拉丁十字形，长95米，纵向四排68根科林斯式圆柱。纵深的中堂与宽阔的耳堂相交处为一椭圆形拱顶所覆盖，中堂用轻巧的列柱支撑着木架结构屋顶。世界闻名的比萨斜塔就是比萨大教堂的一个钟楼。

（六）哥特式建筑

巴黎圣母院

哥特式建筑是11世纪下半叶起源于法国，13至15世纪流行于欧洲的一种建筑风格。其主要见于天主教堂，也影响到世俗建筑。哥特式建筑以其高超的技术和艺术成就，在建筑史上占有重要地位，在欧洲分布很广，各个国家又融入了自己的特点。

法国早期哥特式教堂的代表作就是巴黎圣母院，而其鼎盛期的代表作则是亚眠主教堂。亚眠主教堂位于皮卡第地区的中心，长137米，宽46米，

面积达 7 760 平方米。中世纪时，它可以容纳全城的百姓，还绰绰有余。其外观为尖形的哥特式结构，内部遍布彩色玻璃大宙，几乎看不到墙面，雕饰精美，富丽堂皇，体现了建筑发展的新观念。

亚眠主教堂与博韦主教堂、兰斯主教堂、沙特尔主教堂一起，被称为法国四大哥特式教堂。

兰斯主教堂

沙特尔主教堂

英国的哥特式建筑出现得比法国稍晚，流行于 12 至 16 世纪。英国的教堂不像法国的教堂那样矗立于拥挤的城市中心，力求高大，控制城市，而是往往位于开阔的乡村环境中，比较低矮。大量的乡村小教堂，非常朴素亲切，往往一堂一塔，使用多种精巧的木屋架，很有特色。代表建筑是威斯敏斯特大教堂。

威斯敏斯特大教堂

德国哥特式建筑的典型代表就是科隆大教堂，是德国第一座完全按照法国哥特盛期样式建造的教堂，以轻盈、雅致著称于世，它既是科隆市毫无争议的标志性建筑物，也是中世纪欧洲哥特式建筑艺术的代表作，还可以说是世界上最完美的哥特式教堂建筑。从 13 世纪中叶起建，工程时断时续，至 1880 年才由德皇威廉一世宣告完工，耗时超过 600 年，直到今日仍然修缮工程不断。占地 8 000 平方米，建筑面积约 6 000 平方米，东西长 144. 55 米，南北宽 86. 25 米，面积相当于一个足球场。它是由两座最高塔为主门、内部以十字形平面为主体的建筑群。一般教堂的长廊，多为东西向三进，与南北向的横廊交会于圣坛成十字架。科隆大教堂为罕见的五进建筑，内部空间挑高又加宽，高塔将人的视线引向上天，直向苍穹，象征人与上帝沟通的渴望。

科隆大教堂

米兰大教堂

意大利的哥特式建筑于 12 世纪由国外传入，但它只是把哥特式建筑作为一种装饰风格，因此这里极难找到“纯粹”的哥特式教堂。意大利最著名的哥特式教堂是米兰大教堂，由很多哥特式尖券尖塔装饰着，其门窗已经带有文艺复兴晚期的风格。

（七）文艺复兴建筑

文艺复兴建筑是欧洲建筑史上继哥特式建筑之后出现的一种建筑风格，起源于意大利佛罗伦萨，15 至 19 世纪流行于欧洲。意大利文艺复兴建筑在文艺

复兴建筑中占有最重要的位置。在理论上以文艺复兴思潮为基础，在造型上排斥象征神权至上的哥特建筑风格，提倡复兴古罗马时期的建筑形式。代表建筑是佛罗伦萨大教堂。

佛罗伦萨大教堂

佛罗伦萨大教堂也叫“花之圣母大教堂”、“圣母百花大教堂”，被誉为世界上最美的教堂，是文艺复兴的第一个标志性建筑。其圆顶直径达 50 米，居世界第一，是世界第四大教堂，意大利第二大教堂，能同时容纳 1.5 万人同时礼拜，教堂的附属建筑有洗礼堂和乔托钟楼。

（八）巴洛克建筑

巴洛克建筑是 17 至 18 世纪在意大利文艺复兴建筑基础上发展起来的一种建筑和装饰风格。这种风格在反对僵化的古典形式，追求自由奔放的格调和表达世俗情趣等方面起了重要作用，对城市广场、园林艺术乃至文学艺术部门都发生影响，一度在欧洲广泛流行。其特点是外形自由，追求动态，喜好富丽的装饰和雕刻，喜爱强烈的色彩，常用穿插的曲面和椭圆形空间。

罗马耶稣教堂

意大利文艺复兴晚期著名建筑师和建筑理论家维尼奥拉设计的罗马耶稣会教堂是向巴洛克风格过渡的代表作，有人称其为第一座巴洛克建筑。

（九）浪漫主义建筑

英国议会大厦

伦敦的圣吉尔斯教堂

浪漫主义建筑是18世纪下半叶到19世纪下半叶，欧美一些国家在文学艺术中的浪漫主义思潮影响下流行的一种建筑风格，追求超尘脱俗的趣味和异国情调。浪漫主义建筑主要限于教堂、大学、市政厅等建筑类型，在英国、德国流行。

英国是浪漫主义的发源地，最著名的建筑作品是英国议会大厦、伦敦的圣吉尔斯教堂和曼彻斯特市政厅等。

（十）洛可可建筑

联合国总部大厦

洛可可式建筑风格，在18世纪20年代产生于法国并流行于欧洲，是在巴洛克建筑的基础上发展起来的，主要表现在室内装饰上。洛可可建筑风格的特点是：室内应用明快的色彩和纤巧的装饰，家具也非常精致而偏于繁琐，不像巴洛克风格那样色彩强烈、装饰浓艳。丹麦皇宫就是标准的洛可可建筑。

（十一）现代主义建筑

现代主义建筑是指20世纪中叶，在西方建筑界居主导地位的一种建筑思想。这种建筑的代表人物主张：建筑师要摆脱传统建筑形式的束缚，大胆创造适应于工业化社会的条件、要求的崭新建筑。因此具有鲜明

的理性主义和激进主义的色彩，又称为现代派建筑。

现代主义建筑思想先是在以实用为主的建筑类型如工厂厂房、中小学校校舍、医院建筑、图书馆建筑以及大量建造的住宅建筑中得到推行。到了20世纪50年代，在纪念性和国家性的建筑中也得到实现，如联合国总部大厦。联合国总部位于纽约曼哈顿东河沿岸，是1949年10月至1951年6月建成的，由秘书处大楼、会议厅大楼、大会厅和哈马舍尔德图书馆4栋建筑组成。秘书处大楼是一栋玻璃面的39层板式建筑，其东西两面为蓝绿色玻璃幕墙，两个端面为狭窄的实墙。大会堂匍匐在大楼的一侧，顶部和侧面呈凹曲线性。安理会会议楼在秘书处大楼与大会堂之间，临靠河面。与历史上建造的政府和议会性建筑相比，联合国总部建筑群十分特殊，其功能的复杂性和造型构图的创新性是以往建筑都无法与之相比的。联合国总部建筑的出现标志着现代建筑风格得到了广泛的认同。

（十二）功能主义建筑

功能主义建筑认为建筑的形式应该服从它的功能。自古以来许多建筑都是注重功能的，但到了19世纪后期，欧美有些建筑师为了反对学院派追求形式、不讲功能的设计思想，探求新建筑的道路，又把建筑的功能作用突出地强调起来。

（十三）后现代主义建筑

后现代主义建筑是20世纪60年代以来，在美国和西欧出现的反对或修正现代主义建筑的思潮。后现代主义建筑有三个特征：采用装饰；具有象征性或隐喻性；与现有环境融合。比较典型的后现代主义的建筑作品有美国奥柏林学院爱伦美术馆扩建部分、美国波特兰市政大楼、美国电话电报大楼、美国费城老年公寓等。

美国波特兰市政大楼

美国波特兰市政大楼是一幢集办公、服务、展览于一体的公共建筑，建成于1982年，位于美国波特兰市中心，是一座近乎立方体的巨型大楼。大楼不仅功能合理，而且外立面的装饰及内部空间的安排，均表现出独特的象征意义，是后现代主义建筑在大型建筑创作中的一座里程碑，在建筑史上占有重要地位。

美国费城老年公寓

美国波特兰市政大楼建筑体形简一，内外用材朴素，建造容易，造价低。窗洞口尺度具有古典风格，还节约了制冷和采暖费用。室内光线柔和，空间也不过分空旷，与现代主义的豪华商业大厦完全不同。波特兰大厦力图表达一个普通美国公民自豪而纯朴的身份，使人联想到过去美国拓荒年代的民主精神。

二、中国建筑

在灿若星辰的古代文明中，一直延续至今的只有中华文明，因此在世界历史上，中华文明既有着十分重要的地位，也有着鲜明的特色。中国建筑就是中华文明的一个重要组成部分。

（一）秦汉、两晋、南北朝时期

1. 万里长城

万里长城

长城是古代中国在不同时期为抵御塞北游牧部落联盟侵袭而修筑的规模浩大的军事工程的统称。长城东西绵延上万华里，因此又称作万里长城。现存的长城遗迹主要为始建于 14 世纪的明长城，西起嘉峪关，东至辽东虎山，全长 8 851.8 公里，平均高 6 至 7 米、宽 4 至 5 米。长城是我国古代劳动人民创造的伟大的奇迹，是中国悠久历史的见证。它与天安门、兵马俑一起被世人视为中国的象征。

长城始建于公元前 5 世纪，公元前 3 世纪秦始皇统一中国，派遣蒙恬率领三十万大军北逐匈奴后，把原来分段修筑的长城连接起来，并且继续修建。其后历代不断维修扩建，到 17 世纪中叶，即明代末年，前后修筑了两千多年。明灭元后，为了防止蒙古人卷土重来，从建朝第一年起，花了一百多年时间才基

本上完成修筑长城工程。明代修筑长城就技术而言，比从前大有改进，明代以前多用土夯建筑或石砌，到明代则主要用砖石砌筑，并采用石灰砌缝等，因此城墙较为坚固。明代的长城，东起鸭绿江，西达祁沙山，其中山海关至鸭绿江一段约长两千公里，是用土石叠成，上插柳条，又叫“柳条边”墙，因工程简单，现已几乎全部毁坏。但从山海关到嘉峪关一段，至今大部分仍然保存下来，尤以山海关到居庸关一段修筑得最坚固。

2. 敦煌莫高窟

敦煌莫高窟是甘肃省敦煌市境内的莫高窟，也是西千佛洞的总称，位于甘肃敦煌市东南 25 公里处，开凿在鸣沙山东麓断崖上。南北长约 1 600 多米，上下排列五层、高低错落有致、鳞次栉比，形如蜂房鸽舍，壮观异常。它是世界上现存规模最大、内容最丰富的佛教艺术圣地。始建于十六国的前秦时期，历经十六国、北朝、隋、唐、五代、西夏、元等历代的兴建，形成巨大的规模，现有洞窟 735 个，壁画 4. 5 万平方米，泥质彩塑 2 415 尊。近代发现的藏经洞，内有 5 万多件古代文物，由此衍生专门研究藏经洞典籍和敦煌艺术的学科——敦煌学。

莫高窟是古建筑、雕塑、壁画三者相结合的艺术宫殿，尤以丰富多彩的壁画著称于世。敦煌壁画容量和内容之丰富，是当今世界上任何宗教石窟、寺院或宫殿都不能媲美的。环顾洞窟的四周和窟顶，到处都画着佛像、飞天、伎乐、仙女、赤身女人等。有佛经故事画、经变画和佛教史迹画，也有神怪画和供养人画像，还有各式各样精美的装饰图案等。莫高窟的雕塑久享盛名，这里有高达 33 米的坐像，也有十几厘米的小菩萨，绝大部分洞窟都保存有塑像，数量众多，堪称是一座大型雕塑馆，它的石窟主要开凿于盛唐时期。

敦煌莫高窟

莫高窟是一座伟大的艺术宫殿，是一部形象的百科全书。莫高窟 1961 年被国务院首批列为全国重点文物保护单位，1987 年被联合国教科文组织列入世界文化遗产保护项目，并于 1991 年授予“世界文化遗产”证书。

3. 大同云冈石窟

云冈石窟是我国最大的石窟之一，与敦煌莫高窟、洛阳龙门石窟和麦积山石窟并称为中国四大石窟艺术宝库。云冈石窟位于山西省大同市以西 16 公里处的武周山南麓、武周山北岸，东西绵延1 000米。云冈石窟始建于北魏时代，是当初为了供奉佛教创建的，前后一共用了64年。其中最早的是有昙曜开凿的五个窟，后来逐步开凿了200多个窟，造像254个，石雕造像51 000余尊，最大佛像17米，最小仅2厘米，雕饰奇伟，是中国最大规模的石窟群。

莫高窟壁画

云冈石窟的造像气势宏伟，内容丰富多彩，在这绵延一公里的石雕群中，雕像大至十几米，小至几公分的石雕，巨石横亘，石雕满目，蔚为大观。他们的形态，神采动人。有的居中正坐，栩栩如生，或击鼓或敲钟，或手捧短笛，或载歌载舞，或怀抱琵琶，面向游人。这些佛像、飞天、供养人的面目、身上、衣纹上，都留有古代劳动人民的智慧与艰辛。这些佛像与乐伎刻像，还明显地流露着波斯色彩。这是我国古代人民与其他国家友好往来的历史见证。云冈石窟，是在我国传统雕刻艺术的基础上，吸取和融合印度犍陀罗艺术及波斯艺术的精华所进行的创造性劳动的结晶。

云冈石窟

4. 洛阳龙门石窟

龙门石窟是中国著名的三大石刻艺术宝库之一，位于河南省洛阳市南郊12公里处的伊河两岸。经过自北魏至北宋400余年的开凿，至今仍存有窟龛2 100多个，造像10万余尊，碑刻题记3 600余品，多在伊水西岸。数量之多位于中国各大石窟之首。龙门石窟是国家5A级旅游景区，2000年11月30日洛阳龙门石窟被联合国教科文组织评为世界文化遗产。

龙门石窟

龙门石窟是历代皇室贵族发愿造像最集中的地方，它是皇家意志和行为的体现。北魏和唐代的造像反映出迥然不同的时代风格。北魏

造像在这里失去了云冈石窟造像粗犷、威严、雄健的特征，而生活气息逐渐变浓，趋向活泼、清秀、温和。这些北魏造像，脸部瘦长，双肩瘦削，胸部平直，衣纹的雕刻使用平直刀法，坚劲质朴。北魏时期人们崇尚以瘦为美，所以，佛雕造像也追求秀骨清像式的艺术风格。而唐代人们喜欢以胖为美，所以唐代的佛像脸部浑圆，双肩宽厚，胸部隆起，衣纹的雕刻使用圆刀法，自然流畅。龙门石窟的唐代造像继承了北魏的优秀传统，又汲取了汉民族的文化，创造了雄健生动而又纯朴自然的写实作风，达到了佛雕艺术的顶峰。

龙门石窟也是书法艺术史的宝藏。著名的书法精品龙门二十品，是后代碑拓鉴赏家从龙门石窟众多的石刻造像题记中精选出来的书法极品。这些碑刻不仅记录了发愿人造像的动机、目的，还为石窟考古分期断代提供了依据。清代学者康有为曾大力提倡整个社会书写要用魏碑体，还称赞魏碑有十美，如笔法跳跃，结构天成，血肉丰美等。时至今日，魏碑体还作为标语、装潢用字被广泛使用。由此可见，二十品在书法上占有举足轻重的地位。

龙门石窟是佛教文化的艺术表现，但它也折射出当时的政治、经济以及文化时尚。石窟中保留着大量的宗教、美术、建筑、书法、音乐、服饰、医药等方面的实物资料，因此，它是一座大型石刻艺术博物馆。

（二）隋、唐、五代时期

1. 河北赵县安济桥

安济桥坐落在河北省赵县洨河上。建于隋代大业年间（605—618），由著名匠师李春设计和建造，距今已有约1 400年的历史，是当今世界上现存最早、保存最完善的古代敞肩石拱桥。1961年被国务院列为第一批全国重点文物保护单位。因赵州桥是重点文物，通车易造成损坏，所以不能通车。

安济桥

安济桥是一座空腹式的圆弧形石拱桥，桥长50.82米，跨径37.02米，券高7.23米，两端宽9.6米，中间略窄，宽9米，净跨37米，宽9米，拱矢高度7.23米，在拱圈两肩各设有两个跨度不等的腹拱，这样既能减轻桥自身重量、节省材料，又便于排洪、增加美观。赵州桥的设计构思和工艺的精巧，不仅在我国古桥是首屈一指，据世界桥梁的考证，像这样的敞肩拱桥，欧洲到19世纪中期才出现，比我国晚了1 200多年。

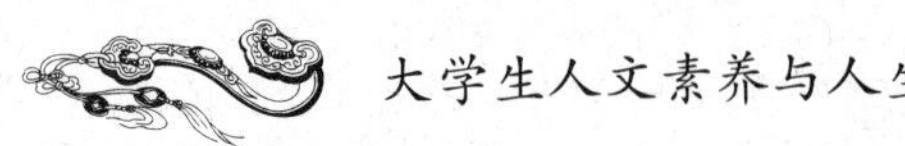

赵州桥的雕刻艺术，包括栏板、望柱和锁口石等，其上狮象龙兽形态逼真，琢工的精致秀丽，不愧为文物宝库中的艺术珍品，我国石拱桥的建造技术在明朝时曾流传到日本等国，促进了与世界各国人民的文化交流并增进了友谊。

2. 西藏拉萨大昭寺

大昭寺

大昭寺，位于拉萨的寺院，又名“祖拉康”、“觉康”，始建于唐贞观二十一年，是藏王松赞干布为纪念尺尊公主入藏而建的，后经历代修缮增建，形成庞大的建筑群。它是西藏现存最辉煌的吐蕃时期的建筑，也是西藏现存最古老的土木结构建筑，高4层，整个建筑金顶、斗拱为典型的汉族风格。碉楼、雕梁则是西藏样式，主殿二、三层檐下排列成行的103个木雕伏兽和人面狮身，开创了藏式平川式的寺庙布局规式并融合了藏、唐、尼泊尔、印度的建筑风格，成为藏式宗教建筑的千古典范。寺内有长近千米的藏式壁画（《文成公主进藏图》）和《大昭寺修建图》，还有两幅明代刺绣的护法神唐卡，这是藏传佛教格鲁派供奉的密宗之佛中的两尊，为难得的艺术珍品。

（三）宋、辽、金时期

1. 天津蓟县独乐寺观音阁

独乐寺观音阁建于统和二年，为宋太宗之雍熙元年，北宋建国之第二十四年。观音阁是独乐寺的主体建筑，虽历经多次大地震，至今仍巍然屹立。它是我国现存的最古老的木结构高层楼阁，并以其建筑手法高超著称。

观音阁是一座三层木结构的楼阁，因为第二层是暗室，且无檐与第三层分隔，所以在外观上像是两层建筑。观音阁面阔五间，进深四间，上下两层，中间设平座暗层，通高23米，中间腰檐和平坐栏杆环绕，上为单檐歇山顶，飞檐深远，美丽壮观。

大阁设计别具匠心。二十八根立柱，做里外两圈升起，用梁桁斗拱联结成一个整体，赋予建筑巨大的抗震能力。斗拱繁简各异，共计24种，152朵，使建筑既庄严凝重，又挺拔轩昂。三层楼阁，中间做成暗层，省去一层瓦檐，避免了拥簇之感，暗层处里外修回转平台，供人礼佛和凭栏远眺，既实用又美观。

阁内中央的须弥座上，耸立着两尊高16米的泥塑观音菩萨站像，头部直抵

三层的楼顶。因其头上塑有十个小观音头像，故又称为“十一面观音”。这些观音像面容丰润、慈祥，两肩下垂，躯干微微前倾，仪态端庄，似动非动。虽制作于辽代，但其艺术风格类似盛唐时期的作品，是我国现存的最大的泥塑佛像之一。

观音塑像两侧，各有一尊服侍菩萨塑像，造型匀称，姿态优美，这也是辽代的原塑。观音阁下层的四壁上满是彩画，为十六罗汉立像和三头六臂或四臂的明王像，间绘山林、云、水和世俗题材画。这些都是明代画师之作，至今保存完好，画面清楚，色泽鲜明。

2. 山西太原晋祠圣母殿

晋祠始创建于北宋天圣年间（1023—1032），崇宁元年（1102）重修，是中国宋代建筑的代表。

晋祠内殿宇、亭台、楼阁、桥树互相映衬，山环水绕，文物荟萃，古木参天，是一处风景十分优美的古建园林，被誉为山西的“小江南”，是我国少有的一处大型祠堂式古典园林，驰名中外。尤其是圣母殿、侍女像、鱼沼飞梁、难老泉等景点是晋祠风景区的精华。祠内的周柏、难老泉、宋塑侍女像被誉为“晋祠三绝”，具有很高的历史价值、科学价值和艺术价值。

圣母殿为祠内主要建筑，是我国宋代建筑的代表作。殿四周围廊，前廊进深两间，极为宽敞，是中国古建典籍《营造法式》中的“副阶周匝”制实例。大殿檐柱侧角升起明显，给人以稳重之感，殿堂结构为单槽式，即有一排内柱，殿四周除前廊外，均为深一间的回廊，构成下檐。殿内外采用“减柱法”，以廊柱和檐柱承托殿顶梁架，扩大了殿内空间。圣母殿基本上遵照了《营造法式》的定制，表现了北宋的建筑风格和审美意识，为我国古建国宝。殿前廊柱上有木雕盘龙八条，传说为宋代遗物。四周围廊，为人国现存最早的木构建筑之一。殿内有宋代彩塑四十三尊，主像为圣母端坐木制神龛内，凤头椅是，凤冠蟒袍，神态端庄。侍从手中各有所奉，为宫廷生活写照。殿内的宋代侍女塑像，是晋祠文物中极为珍贵的佳作，它是按照封建社会的宫廷制排列的，是宋代皇室生活的缩影。塑像共44尊，是不同年龄、不同个性的女性形象。她们个个眉目传神，形态潇洒，栩栩如生。

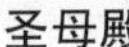
圣母殿

圣母殿圣母雕塑

（四）元、明、清时期

1. 山西芮城永乐宫

永乐宫壁画

永乐宫，又名大纯阳万寿宫，位于山西省芮城县城北 3 公里的龙泉村东侧，建在原西周的古魏国都城遗址上。始建于元代，施工期前后共 110 多年，才建成了这个规格宏大的道教宫殿式建筑群。

永乐宫是典型的元代建筑风格，粗大的斗拱层层叠叠地交错着，四周的雕饰不多，比起明、清两代的建筑，显得较为简洁、明朗。除山门外，中轴线上还排列着龙虎殿、三清殿、纯阳殿、重阳殿等四座高大的元代殿宇。这些元代建筑，是中国古建筑中的优秀遗产。在建筑总体布局上风格独特，东西两面不设配殿等附属建筑物；在建筑结构上，吸收了宋代“营造法式”和辽、金时期的“减柱法”，形成了自己特有的风格。

永乐宫的壁画满布在四座大殿内。这些绘制精美的壁画总面积达 960 平方米，题材丰富，画技高超，它继承了唐、宋以来优秀的绘画技法，又融汇了元代的绘画特点，形成了永乐宫壁画的可贵风格，成为元代寺观壁画中最为引人的一章。

2. 山东曲阜孔庙

山东曲阜孔庙位于山东省曲阜市南门内，是第一座祭祀孔子的庙宇。初建于公元前 478 年，以孔子的故居为庙，以皇宫的规格而建，纵长 630 米，横宽 140 米，有殿、堂、坛、阁 460 多间，门坊 54 座，“御碑亭” 13 座，拥有各种

建筑100余座，460余间，占地面积约95 000平方米，是中国三大古建筑群之一（三大古建筑群分别为：故宫、曲阜孔庙、承德避暑山庄），堪称中国古代大型祠庙建筑的典范，在世界建筑史上占有重要地位。

山东曲阜孔庙

孔庙的总体设计是非常成功的。前为神道，两侧栽植桧柏，创造出庄严肃穆的气氛，培养谒庙者崇敬的情绪。庙的主体贯穿在一条中轴线上，左右对称，布局严谨。前后九进院落，前三进是引导性庭院，只有一些尺度较小的门坊，院内遍植成行的松柏，浓荫蔽日，创造出使人清心涤念的环境，而高耸挺拔的苍桧古柏间辟出一条幽深的通道，既使人感到孔庙历史的悠久，又烘托了孔子思想的深奥。座座门坊高揭的额匾，极力赞颂孔子的功绩，给人以强烈的印象，使人敬仰之情不觉油然而生。第四进以后庭院，建筑雄伟，黄瓦、红墙、绿树，交相辉映，既喻示出孔子思想的博大高深，也喻示了孔子的丰功伟绩，而供奉儒家贤达的东西两庑，分别长166米，又喻示了儒家思想的源远流长。

孔庙内的圣迹殿、十三碑亭及大成殿东西两庑，陈列着大量碑碣石刻，特别是这里保存的汉碑，是目前在全国数量最多的。历代碑刻亦不乏珍品，其碑刻之多仅次西安碑林，所以它有我国第二碑林之称。

3. 北京故宫

故宫位于北京市中心，旧称紫禁城，现称“故宫博物院”，居住过24个皇帝，是明清两朝的皇宫。于明代永乐十八年（1420）建成，占地72万平方米，建筑面积约15万平方米，共有殿宇8 707间，既是世界现存最大、最完整的木质结构的古建筑群，也是世界上现存规模最大、最完整的古代皇家高级建筑群。故宫被誉为世界五大宫之一（北京故宫、法国凡尔赛宫、英国白金汉宫、美国白宫、俄罗斯克里姆林宫），并被联合国教科文组织列为“世界文化遗

故宫

产”。

故宫的建筑依据其布局与功用分为“外朝”与“内廷”两大部分。“外朝”与“内廷”以乾清门为界，乾清门以南为外朝，以北为内廷。故宫外朝、内廷的建筑气氛迥然不同。外朝以太和殿、中和殿、保和殿三大殿为中心，位于整座皇宫的中轴线，其中三大殿中的“太和殿”俗称“金銮殿”，是皇帝举行朝会的地方，也称为“前朝”，是封建皇帝行使权力、举行盛典的地方。此外两翼东有文华殿、文渊阁、上驷院、南三所，西有武英殿、内务府等建筑。

内廷以乾清宫、交泰殿、坤宁宫后三宫为中心，两翼为养心殿、东六宫、西六宫、斋宫、毓庆宫，后有御花园，是封建帝王与后妃居住、游玩之所。内廷东部的宁寿宫是当年乾隆皇帝退位后为养老而修建的，内廷西部有慈宁宫、寿安宫等，此外还有重华宫，北五所等建筑。

北京故宫为汉族建筑的精华，其主要特点为：①故宫建筑取坐北朝南的方向，施工前，立华表以确定方位。天安门之前，立雕饰石柱为华表，指示整座紫禁城的建筑方向，并与主体建筑风格协调，成为一种装饰。②平面布局以大殿（太和殿）为主体，取左右对称的法式排列诸殿堂、楼阁、台榭、廊庑、亭轩、门阙等建筑。③殿堂建筑以木构架支撑，都柱底下有石柱础，砖修墙体北、西、东三面维护，坐北朝南，上盖金黄色琉璃瓦屋顶。④屋顶正脊两端的正脊吻及垂脊吻上有大型陶质兽头装饰，戗脊上饰有若干陶质蹲兽，歇山式屋顶（中和殿）有宝顶。⑤斗拱檐桁额枋表面刻画不同的图案和花纹，收美观与防腐双重功用。⑥宫殿装饰色彩，屋顶多用金黄色，立柱门窗墙垣等处多用赤红色装饰，檐枋多施青蓝色，衬以石雕栏板及石阶之白玉色，形成鲜明的色彩对比。

4. 北京颐和园

北京颐和园，是中国现存规模最大、保存最完整的皇家园林，中国四大名园（另三座为承德避暑山庄、苏州拙政园、苏州留园）之一。位于北京市海淀区，距北京城区十五公里，占地约二百九十公顷。利用昆明湖、万寿山为基址，以杭州西湖风景为蓝本，汲取江南园林的某些设计手法和意境而建成的一座大型天然山水园，也是保存得最完整的一座皇家行宫御苑，被誉为皇家园林博物馆。

颐和园

颐和园景区规模宏大，占地面积2.97平方公里（293公顷），主要由万寿山和昆明湖两部分组成，其中水面占四分之三（大约220公顷）。园内建筑以佛香阁为中心，园中有景点建筑物百余座，大小院落20余处，3 555座古建筑，面积70 000多平方米，共有亭、台、楼、阁、廊、榭等不同形式的建筑3 000多间，古树名木1 600余株。其中佛香阁、长廊、石舫、苏州街、十七孔桥、谐趣园、大戏台等都已成为家喻户晓的代表性建筑。颐和园集传统造园艺术之大成，万寿山、昆明湖构成其基本框架，借景周围的山水

环境，饱含中国皇家园林的恢弘富丽气势，又充满自然之趣，高度体现了“虽由人作，宛自天开”的造园准则。颐和园亭台、长廊、殿堂、庙宇和小桥等人工景观与自然山峦和开阔的湖面相互和谐、艺术地融为一体，整个园林艺术构思巧妙，是集中国园林建筑艺术之大成的杰作，在中外园林艺术史上地位显著。

第二节　建筑与人文精神

建筑服务的对象不仅是自然的人，也是社会的人；不仅要满足人们物质上的要求，还要满足他们精神上的需要。因此社会生产力和生产关系的变化，政治、文化、宗教、生活习惯等等的变化，都密切影响着建筑技术和艺术。而同时建筑也反映着民族文化、社会思潮的兴衰变迁。因此，从建筑上我们也能够发现人文精神的传承与变化。

一、文化传统与社会思潮对建筑的影响

中西建筑的风格是迥然不同的，从本质上看还是因为中西文化的不同。中国封建制度延续千年，封建王朝实力强大，他们用以儒学为代表的各种思想工具驯化百姓，使王权至上，君君臣臣的封建等级观念根深蒂固。如此巩固的思想基础，为中国封建社会的繁华稳定提供了丰沃的土壤。中国封建王朝强有力的统治，使中国社会稳定而趋于封闭。中国建筑中的围墙、影壁等都显示出内向的封闭心态，以致有人认为封闭的庭院象征着我们封闭的社会。中国人往往将后花园模拟成自然山水，用建筑和墙加以围合，内有小桥流水，亭台楼阁，假山错落，这也是有一种要将自然统揽于内部，万物置于掌控的取向。

中国建筑中的四合院也是中国封闭心态的典型代表。四合院是以正房、倒座房、东西厢房围绕中间庭院形成平面布局的北方传统住宅的统称。其在中国民居中历史最悠久，分布最广泛，是汉族民居形式的典型。“合”是合在一起，形成一个口字形，这就是四合院的基本特征。

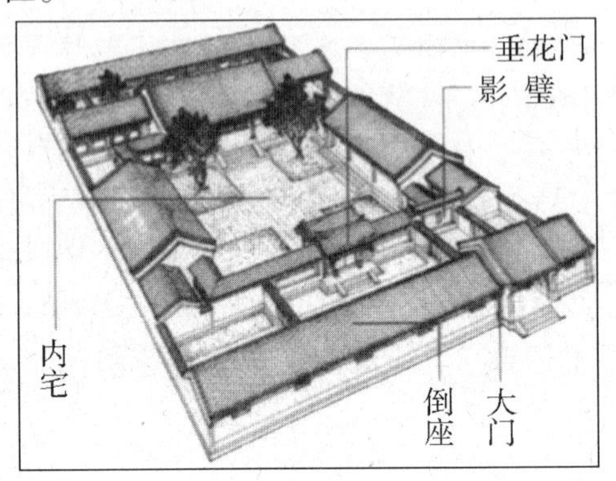

四合院

四合院一般采用出入一个院门，平时院门一关，处于一种完全封闭状态。四合院的大门，是旧社会主人地位的一个表征（王府大门是最高形式，其次有广亮大门、如意门等。广亮大门只有品官的宅第方可使用）。进大门后的第一道院子，南面有一排朝北的房屋，叫做倒座，通常作为宾客居住、书塾、男仆人居住或杂间。自此向前，经过二道门（或为屏门，或为垂花门）进到正院。这二道门是四合院中装饰得最华丽的一道门，也是由外院进到正院的分界门。在正院，小巧的垂花门和它前面配置的荷花缸、盆花等，构成了一幅有趣的庭院图景。正院中，北房南向是正房，房屋的开间进深都较大，台基较高，多为长辈居住，东西厢房开间进深较小，台基也较矮，常为晚辈居住。正房、厢房和垂花门用廊连接起来，围绕成一个规整的院落，构成整个四合院的核心空间。过了正房向后，就是后院，这又是一层院落，有一排坐北朝南的较为矮小的房屋，叫做后罩房，多为女佣人居住，或为库房、杂间。

四合院住宅的建造，满足了人们衣食住行的需要，也满足了人们希望得到友谊、同情、理解、信任的需要。数代人的居住实践表明，住在四合院，人与人之间能产生一种凝聚力与和谐气氛，同时有一种安全稳定感和归属亲切感。

与中国不同，欧洲封建势力政治力量比较分散，没能建立起统一强大的封建帝国。反对压制，追求自由，崇尚世俗生活可以说是欧洲人民的性格。这种本能的叛逆，使封建政权缺少稳固的思想基础，封建势力相对较弱。这种政治思想原因也使欧洲建筑走上多元化的道路，不似中国建筑一脉相承的艺术风格。

同时，西方艺术注重模仿与写实。在造型方面，使建筑具有雕刻化的特征，其着眼点在于两度的平面与三维的形体，重视建筑整体与局部的关系，以及局部之间的比例、均衡、韵律等形式美原则。如希腊的经典柱式就来源于对人体不同性别差异的观察和提炼。而中国建筑具有绘画的特点，着眼点在于富有意

境的画面，不是很注意单座建筑的造型和透视效果，而在意建筑在平面和空间上延伸的群体效果。中国人非常重视人的内心世界对外界事物的领悟和感受，在建筑物上也艺术地体现或表现出这种领悟或感受，这使中国建筑具有很强的写意性。比如我国古典建筑物上的形如飘风的飞檐翼角，就很有“外师造化，中得心源”的艺术激情和心理感染力。

二、中国古代建筑与人文精神

中国的古代建筑深受中国文化的影响，并体现了中国文化的特点。在我国的传统文化中，以人为本的文化倾向十分突出。这种对人价值的崇尚，使“人居”在中国古建筑中占有最重要的地位。建筑以满足人的生存状况为目的，通过建筑语言传递了人的生存状态和生命价值取向。也正是因为人们生存状态的差异，于是衍生出满足不同人需求的宫殿建筑、寺庙建筑、衙署建筑、民居建筑、园林建筑等。尽管这些建筑各异，但都无一例外地归结到人、人的家。

我国传统建筑注重人伦序列，遵循礼制，同时也注重人的需要。传统建筑中，大至宫殿的厅堂宫寝，小到民居的房间屋室，前朝后寝、前堂后室，无不以渐进次序重复着由公共性、半公共性到隐私性递进的建筑模式。而且只要人有需要，就自然会产生出满足这种需求的建筑形式，迎来送往的门厅、议事典礼的正厅、专事招待女宾的女厅以及修身养性的书斋，无不以人的需求为指向，同时也体现出中国特有的人伦礼仪。中国古代建筑很好地体现了重情知礼的人本精神和中国儒家文化坚持的中庸有度，不事张狂，宽容兼并的人文传统。

“致中和、得其分、以止为度”的中和境界是中华民族人文精神中又一不可或缺的要素。无论是“中”还是“止”，都强调不过不失、恰如其分。这些理念渗透到古代建筑的营造艺术中，便有了统领传统建筑的主线——中轴线。统观中国的传统建筑，主要建筑大多居于正中。故宫中规模最大、等级最高的太和殿、中和殿、保和殿就都坐落于中轴线上。

可以说和人们日常生活息息相关的中国传统建筑与人文精神中道德、艺术之间的对应最为直接、具体。中华传统文化体系的完整性和源远流长的延续性，使传统建筑中的人文积淀极为丰富而深厚，而传统建筑对于中华人文精神的折射也异常灿烂而生动。

第三节 广东建筑

一、广东三大民系与其建筑特色

广东省，简称粤，位于南岭以南，南海之滨。与香港、澳门、广西、湖南、江西和福建接壤，与海南隔海相望。省会广州，辖21个省辖市，其中副省级城市2个（广州、深圳），地级市19个。改革开放以来，广东省发展迅速，GDP值已超越台湾，成为中国经济最发达、文化最开放的省份。广东是一个以汉族为主体的省份。在语言风俗、历史文化等方面，广东都有着独特的一面，其内部有广府、客家、潮汕三大民系，形成了各自独特的文化特色，与中国北方地区有很大的不同。

（一）广东三大民系

广东是一个移民省份。古代为瘴疠之地，而今却是繁华之域。如果没有千百年来前赴后继的南渡衣冠、外来移民，是不可能有今日之成就的。而移民多来自北方，尤以河南、陕西、山西等中原一带为多。几经转折，几经融合，终入粤地，形成汉族的三大民系（民系指一个民族内部的分支，分支内部有共同或同类的语言、文化、风俗，相互之间互为认同。由广东学者罗香林首先提出）：广府、客家、潮汕。

西关民居

1. 广府文化及其建筑特色

广府文化分布于珠江流域，珠江三角洲是其重要聚居地，广州是其中心。广府人是三大民系中最先形成，也最早受到近代西方先进文化思想的影响，因此最具开放性。广府人易于接受外来事物，敢于学习和借鉴西方文明。中国第一个留学生容闳、第一个工程师詹天佑、第一个飞行员冯如即为杰出代表。广府人具有冒险、创新精神，在近代史上极具反抗性和斗争性，在推翻封建帝制、

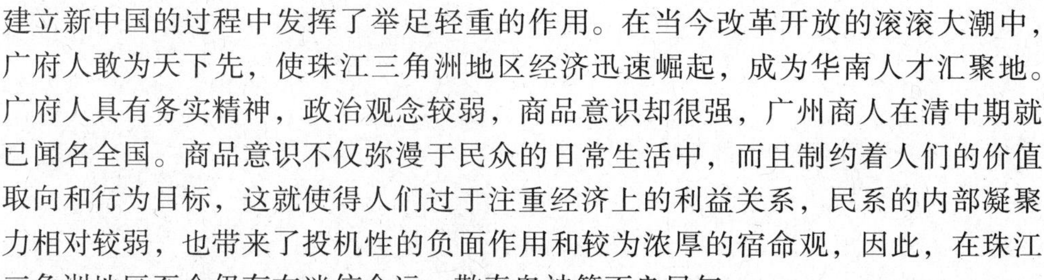

建立新中国的过程中发挥了举足轻重的作用。在当今改革开放的滚滚大潮中，广府人敢为天下先，使珠江三角洲地区经济迅速崛起，成为华南人才汇聚地。广府人具有务实精神，政治观念较弱，商品意识却很强，广州商人在清中期就已闻名全国。商品意识不仅弥漫于民众的日常生活中，而且制约着人们的价值取向和行为目标，这就使得人们过于注重经济上的利益关系，民系的内部凝聚力相对较弱，也带来了投机性的负面作用和较为浓厚的宿命观，因此，在珠江三角洲地区至今仍存在迷信命运、敬奉鬼神等不良风气。

建筑上，清末广州的西关民居密集，形成独特风格的西关大屋。内部布局紧凑，间隔灵活，正立面之门有“三件头”（脚门、趟栊和大门）。近代受西方文化影响，在侨乡出现有异国风格的碉楼（其中最有特色、最具影响力的是开平碉楼），在城市出现别墅式居宅，在商业繁华的城镇街道两旁出现骑楼。广东四大名园顺德清晖园、番禺余荫山房、东莞可园、佛山梁园也分布在这一地区。

2. 客家文化及其建筑特色

在客家人南迁入粤时，富饶的珠江三角洲和潮汕平原已有广府人和潮州人生活，他们不得不和畲、瑶等少数民族杂居在内陆山地。俗语讲“逢山必有客，无客不住山”。贫瘠的山区耕地有限，不能容纳众多的人口，为了生存，他们不得不经常迁徙。在长期的迁移过程中，客家人养成一种刻苦耐劳、自立自强的淳朴民风。客家山区交通不便，长期处于自给自足的自然经济状态。在历史上的多次迁移中，他们大多是整个家族集体迁徙，因而客家人的家族观念特别强固。其表现有以下两个方面：一是祠堂设施的完善和族谱连续修撰；二是民居方面出现了超大型的土楼和楼房组合成的围屋。客家人崇尚读书，外出求学蔚然成风，与广府人、潮州人的重商情节大不相同，有“文化之乡”的美誉。由于重视教育，客家人在历史上涌现了不少杰出人物。如中国近代卓越的外交家、启蒙思想家黄遵宪，近代四大藏书家之一丁日昌，著名华侨实业家姚德胜、张弼士，著名历史学家、客家研究专家罗香林等。客家人重耕读、轻工商的观念以及小农意识，使客家人在国内外的经济活动中缺乏竞争力，也与同在岭南的广府人和潮州人拉开差距。客家华侨经常为家乡慷慨解囊捐资办学，扶持公益事业，却很少投资设厂。近年以来，这种情形才有所突破。

建筑上，客家人为了防御外敌及野兽的侵扰，多数聚族而居，形成了超大型的土楼和楼房组合成的围屋，

3. 潮汕文化及其建筑特色

潮州人主要居住在由韩江三角洲、榕江平原、练江平原、黄冈河三角洲组成的潮汕平原。这里地理范围狭小，资源贫乏，人口和环境之间的矛盾很大。

激烈的竞争环境造就了潮州人冒险开拓、刻苦耐劳、注重义气、勤俭立业等性格特征，最为突出的是强烈的凝聚力。潮州人很早就到香港和东南亚等地谋生，在异乡的土地上生活，潮州人之间形成了一种互相照应、团结互助的风气。潮州人在农业上精耕细作，在手工业上精雕细琢，在商业上更是精打细算，极善经营，闻名海内外。潮汕地区的海外贸易开始较早，北宋就有印尼的商船到潮州进行贸易。明清时期，潮州地区已有发达的海洋性商业贸易活动。即使在清初海禁时期，潮州商人还是偷偷进行海外贸易。潮州人所具有的超强适应力、竞争力和团结力，使得他们在海外贸易中非常受用。很多潮州人从做小商小贩起家，最终发财致富。世界各地有华人的许多地方都建有潮州会馆。明清时期，在国内的许多商埠也都设有潮州会馆。现在，在东南亚各国和美、加、澳等地也组建有潮州人社团。1981 年成立的“国际潮团联谊年会”，每两年举行一次国际性聚会。1997 年第八届年会第一次在潮州人本土汕头举行，当时的美国总统克林顿也向大会发来贺电，潮商在海外影响可见一斑。

四点金

潮汕地区的民居以传统的三合院、四合院为基本布局，最基本形式称“下山虎”和“四点金”。规模较小的城镇平民居屋有布局狭长的“竹竿厝”。大型民居以“四点金”为基础横向或纵向扩大规模，称“三厅串”、“八厅相向”、“四马拖车”、“百凤朝阳”，其外部轮廓则保留十分规整的正方形或长方形。大规模的集居式住宅称为“寨”，这是清代潮汕地区乡村居民军事化的产物。

4. 开平碉楼

开平碉楼分布在广东省开平市，是中国乡土建筑的一个特殊类型，是一种集防卫、居住和中西建筑艺术于一体的多层塔楼式建筑。根据现存实证，开平碉楼最迟在明代后期（16 世纪）已经产生，到 19 世纪末 20 世纪初发展成为表现中国华侨历史、社会形态与文化传统的一种独具特色的群体建筑形象。这一类建筑群规模宏大、品类繁多、造型别致，分布在开平市的乡村。2007 年 6 月 28 日，“开平碉楼与古村落”申请世界文化遗产项目在新西兰第 31 届世界遗产大会上获得通过，是广东第一个世界文化遗产项目。

自明朝以来，开平因位于新会、台山、恩平、新兴四县之间，为“四不管”之地，土匪猖獗，社会治安混乱，加上河流多，每遇台风暴雨，洪涝灾害

频发，当地民众被迫在村中修建碉楼以求自保。清朝顺治六年（1649）开平设县，希望从此开始太平，故取名“开平”。自建县后，治安较以前安定，故清朝碉楼数量不多。到1840年鸦片战争爆发之前的时期是开平碉楼发展的初期阶段。清朝末年和民国时期，美国、加拿大等国实施排华政策，在海外恶劣的生存环境迫使下，开平华侨只能将传宗接代的愿望寄托在家乡。他们把建房、买田、娶亲看作在外拼搏的最高人生目标，不断将自己积蓄的血汗钱寄回开平，从而为开平碉楼与村落的建设提供了充实的经济基础。在匪风炽盛的日子里，为防贼患，开平的父老乡亲和华侨们纷纷集资在村中兴建碉楼。中西合璧的碉楼大量兴建是这一时期开平村落最突出的变化，林立的碉楼从此成为开平乡村壮观的文化景观。19世纪末到20世纪40年代以前是开平碉楼与村落发展的兴盛时期。

开平碉楼

开平碉楼为多层建筑，远远高于一般的民居，便于居高临下的防御。碉楼的墙体比普通的民居厚实坚固，不怕匪盗凿墙或火攻。碉楼的窗户比民居开口小，都有铁栅和窗扇，外设铁板窗门。碉楼上部的四角，一般都建有突出悬挑的全封闭或半封闭的角堡（俗称“燕子窝”），角堡内开设了向前和向下的射击孔，可以居高临下地还击进村之敌。同时，碉楼各层墙上开设有射击孔，增加了楼内居民的攻击点。开平碉楼的上部造型最具表现力，人们着力运用外国建筑中的穹顶、山花、柱式等建筑元素大做文章，形成了千楼千面的建筑式样。根据上部造型，可以将开平碉楼分为柱廊式、平台式、退台式、悬挑式、城堡式和混合式等多种式样。这些不同的建筑造型反映着楼主人的经济实力、审美情趣和受外来建筑文化影响的程度，是开平碉楼最引人入胜的地方。开平碉楼种类繁多，若从建筑材料来分，则可以分为四种：石楼、夯土楼、砖楼、混凝上楼。

开平市内，碉楼星罗棋布，城镇农村，举目皆是，多者一村十几座，少者一村二三座，纵横数十公里连绵不断，蔚为大观。这一座座碉楼，是开平政治、经济和文化发展的见证，它不仅反映了侨乡人民艰苦奋斗、保家卫国的一段历史，同时也是活生生的近代建筑博物馆，一条别具特色的艺术长廊。开平碉楼与村落具有突出的历史、艺术和科学价值。

首先，它是中国乡村主动接受外来文化的历史见证。开平碉楼大规模兴建的年代，正是中国传统社会向近代社会过渡的阶段。外来文化对传统文化的冲击方式各不相同，国内一些沿海大城市的西式建筑，主要是被动接受的舶来品。而以开平为中心出现的碉楼群，则是中国乡村民众主动接受西方建筑艺术并与本土建筑艺术融合的产物，充分体现了他们面对外国先进文化时的一种自信、开放、包容的心态。他们把自己的所见所闻，加上自己的审美情趣，融合在碉楼上，使之成为留置于故土的一片精神守望地。不同的旅居地、不同的审美观，造就了开平碉楼的千姿百态。

其次，它是中国乡村移植外国建筑艺术的集中展示。在开平建筑中，汇集了外国不同时期不同风格的建筑艺术。古希腊的柱廊、欧洲中世纪的哥特式尖拱和伊斯兰风格拱券、葡式建筑中的骑楼、文艺复兴时期和 17 世纪欧洲巴洛克风格的建筑等在开平随处可见。这些不同风格流派、不同宗教门类的建筑元素汇聚一地和谐共处，形成了一种新的综合性很强的建筑类型，表现出特有的艺术魅力。

同时，它也是中国华侨文化的杰出代表。华侨是文化的传播者，中外多种文化交融和碰撞是华侨文化发展的必然产物。它所带来的文化冲突，广泛触及中国传统社会的方方面面和各个阶层。这也是世界移民文化的共同规律。这种文化的冲突和交融，在开平表现得极为外在化，随便走到一座碉楼或民居，都可以看到中外文化交融的痕迹。因此，开平碉楼与民居非常突出地体现了中国华侨文化的深刻性和普遍性。

另外，它还寄寓了中国人的传统环境意识，是人与自然的完美结合。碉楼主要分布在村后，与四周的竹林、村前的池塘、村口的榕树，形成了根深叶茂、平安聚财、文化昌盛的和谐环境。点式的碉楼前面是成片低矮的民居，在平原地区宛如全村的靠山，满足了村民需要安全保护的心理。开平碉楼成为侨乡民众构建和谐生存环境的重要手段。

5. 客家围屋

围屋始见于唐宋，兴盛于明清。狭义的围屋指的是围龙式的围屋，而广义的围屋可以指各式的客家围楼或围屋。广义上的围屋的外形基本分同心圆形、半圆形和方形三种，此外也有椭圆形状的。建筑多以夯土或土坯砖为材料，渐而发展到以花岗石、大青砖为建筑材料，十分坚固，规模巨大。

围屋集中体现了客家人的建筑文化。客家人采用中原汉族建筑工艺中最先进的抬梁式与穿斗式相结合的技艺，选择丘陵地带或斜坡地段建造围屋，主体结构为“一进三厅两厢一围”。他们的居住地大多在偏远、边远的山区，为防

止盗贼的骚扰和当地人的排挤，建造了营垒式住宅，形式有砖瓦结构和特殊土坯结构（在土中掺石灰，用糯米饭、鸡蛋清作黏稠剂，以竹片、木条作筋骨，夯筑起墙厚 1 米、高 15 米以上的土楼）。普通的围龙屋占地 8 亩或 10 亩，大围龙屋的面积在 30 亩以上，一般为 3～5层不等。整座大楼只设一个大门，门板厚实坚固。大围楼屋内开有水井，一层是杂物房、牲口栏及厕所等；二层多是粮仓，也可住人；三层以上住人。所有房屋厅堂，都按族内小家庭的多少，沿内圆周间隔而成。建好一座完整的围龙屋往往需要五年、十年，有的甚至更长时间。一间围龙屋就是一座客家人的巨大堡垒。屋内有各种生活设施，形成一个自给自足、自得其乐的社会小群体。客家围屋，主要分布于粤东、粤北、东江流域和环处珠江口的深圳、香港等地，其内涵丰富，形式多姿多彩，是珍贵的历史文化遗产。现在梅州市保留下来的围屋，仅在梅州城区和城郊 40 公里内就有几百座。

客家围屋

围屋结合了中原古朴遗风以及南部山区的文化特色，其设计与建造融科学性、实用性、观赏性于一体，显示出客家先人的出色才华及高超技艺。围龙屋与北京四合院、陕西的窑洞、广西的“杆栏式”、云南的“一颗印”并列一起，被中外建筑学界称之为中国五大特色民居建筑，又被称为“世界民居奇葩”。如今，客家人已走出封闭的围屋，走出狭窄的山门，走向辽阔的世界，客家围屋已成为一种历史的遗迹、一种独特的景观。

二、广东近现代建筑

20 世纪初，受到西方影响，欧式建筑之风在一些大城市盛行。稍后，中国建筑师又开始重视中国固有的建筑，并加以地域和时代性的自觉，不墨守成规，致力于营建近代新建筑。

新中国建立后，百废待兴，建筑业蓬勃发展。中国建筑师们既积极吸收世界的先进经验，又努力保持中国建筑的优良传统，在各个时期都涌现了一批经典之作。不少外国的建筑师也参与到中国的现代建筑事业中来，留下优秀的作品。广东作为新中国东南门户、经济重镇，在近现代建筑中也有很多代表性的成就。

（一）广州中山纪念堂

中山纪念堂是全国及广东省重点文物保护单位，是广州人民和海外华侨为了纪念伟大的革命先行者孙中山先生而筹资兴建的纪念性建筑物，由我国著名建筑师吕彦直先生设计，1929 年动工，1931 年完成。解放前夕，纪念堂因年久失修，已严重损坏。解放后，人民政府多次拨出专款对各项设施进行修葺和完善。从 20 世纪 80 年代初向游人开放以来，纪念堂早已成为中外人士喜爱的参观游览胜地。

中山纪念堂

中山纪念堂是一座宏伟、壮丽的八角形宫殿式建筑，位于广州城市传统中轴线上。整座建筑面积约为 3 700 平方米，高 49 米，由前后左右四个宫殿式重檐歇山抱厦建筑组成，就像四层卷叠的龙脊，组成一个整体，烘托出中央巨大的八角形攒尖式屋顶。重檐歇山顶的中央，高悬着一块蓝底红边的漆金大匾，上面有孙中山手书的“天下为公”四个大字，雄浑有力。正面檐下，内外各八根大可三人合围的朱色水磨大石柱，烘托着彩绘的磨水石米斗拱、花梁和拼花图案的天花板，做工精细。五盏巨大的长方形挂重穗嵌玻璃青铜大吊灯，悬在高大的走廊半空，映着镂花丹门，衬托得殿堂越发的富丽堂皇，古色古香。

中山纪念堂的金顶呈椭圆形，高达 3. 79 米，直径最大处有 4. 075 米。这么一个巨大的熠熠生辉的金顶表面，全部使用黄金镶贴，共用了从香港购进的质量上乘的金箔 36 166 张，折合重量 0. 92 公斤。除了金顶外，“天下为公”字匾、总理遗嘱、建国大纲、奠基石字体、也都是用金箔镶贴的。中山纪念堂的平面略呈八角形，建筑面积为 8 700 平方米，加上东西附楼、后台休息室及地下化妆室，面积共达 1. 2 万平方米。纪念堂采用木桩基础，钢架和钢筋混凝土结构。八角形的大厅设计了 30 米跨的钢桁架，大屋顶由八排钢桁架结合为一个整体。四角墙壁为厚达 50 厘米的钢筋混凝土的剪力墙，以期能负荷屋顶的全部重量。楼座以钢桁架悬臂挑出，楼板则用钢筋混凝土浇铸而成。屋顶则用一大可四个合抱的呈椭圆形的圆柱压顶。大厅跨度 30 米，内无一柱，体积达 50 000 立方米，有 5 000 个座位，空间高大、雄伟、宽敞，是当时中国最大的会堂建筑，也是将中国传统建筑形式大胆用于大体量的会堂建筑的成功作品。

中山纪念堂吸收了我国传统建筑的优秀元素，整体呈现出恢宏壮美、金碧辉煌的特色。纪念堂飞檐飘卷，所使用的琉璃瓦制作精致美观，选用了孙中山先生生前最喜爱的宝蓝色琉璃瓦作为主色调。檐角的云水花纹、斗拱上的装饰图案、檐头的钟形铁马、梁上图形，都极富民族特色。纪念堂正门檐下悬挂的五盏巨大的长方形挂穗嵌玻璃青铜大吊灯，除玻璃外，全部以生铁铸成，甚至边底部垂下的绦穗，也是由生铁铸就的。从空中俯视，纪念堂呈外突的伞形结构，青砖蓝瓦象征着孙中山先生当年设计的青天白日，分外令人瞩目。

广州中山纪念堂已成为广州最具标志性的建筑物之一，又是广州市大型集会和演出的重要场所。它见证了广州的许多历史大事：1936 年，广州市各界人士在此举行禁烟大游行；1945 年 9 月，驻广州地区的日本侵略军在这里签字投降；新中国成立后，每年各种纪念孙中山先生的活动、省市的重要集会和文艺演出都在这里举行，如教育基金百万行、广州国际集体婚礼、纪念毛泽东 100 周年诞辰、纪念红军长征 60 周年、纪念抗日战争胜利和世界反法西斯战争胜利 50 周年等。

（二）中山岐江桥

历史上岐江西岸以西的地区多以农田、鱼塘为主，而东岸自铁城开始就一直都是繁华之地，岐江扮演了中山城乡交汇焦点的角色，农村人进城，城市人下乡，岐江都是他们的必经之地。故此，岐江桥给中山人留下了深刻的印象，成为这个城市的印记。

岐江桥的修建过程并不顺利。1927 年岐关公路及岐叠（石岐至叠石）公路建成后，限于岐江河之阻隔，人民不断要求建筑岐江大桥，以沟通两地之间的联系。国民党政府统治时期，当政者只知敛财，无心修桥。新中国建成后即着手大桥修建工作，1951 年 1 月 1 日，耗资 2. 17 亿元（旧币）的木制岐江桥首次建成通车。该桥长 70 米，宽 4 米，中间有浮船，可开合桥面，方便船只通行。1976 年岐江木桥开始改建为钢筋水泥桥的工程。1977 年 1 月 18 日新桥通车，总投资 43 万元。改建后的岐江桥为钢筋混凝土结构，全长 76 米，宽 10 米，其中车行道 7 米，人行道各 1. 5 米，桥面开启后通航净跨 13 米。1984 年，市政府对桥面实施了扩宽工程，将桥面扩

中山岐江桥

宽到19米，其中机动车道7米，两侧非机动车道各4米，人行道两边各2米。1996年1月起每天开桥时间改为一次，为每天凌晨2时至4时，至今未变。

珠三角河流交错，在陆路交通并不发达的时代，船成为珠三角地区最为重要的交通工具。岐江河作为一个重要河道，运力当然不容忽视。然而，岐江给百姓的陆路交通造成了不便这也是不能忽略的问题。建造一座既能够满足市民过江需要，又能通航船只的桥，成为岐江桥之所以建成开合桥的重要原因。岐江桥中间部分之所以设计成用钢缆吊拉钢板的形式，主要也是考虑到岐江河上轮船通航的需求。由于桥面过低，如果固定桥身则等于在岐江上建立了一道栅栏，轮船无法通行。为了保证通航，每天定时开合桥身，让来往的轮船可以把乘客和货物通过水路运送到广州、梧州、澳门等地区。故此，岐江桥从第一次修建时的木桥开始，就建造成了开合桥。它是岐江上的第一座开合桥，也是广东桥梁史上最早的一座开合桥。该桥自建成后至今，一直都坚持在规定的时间内开桥、合桥，保证中山航运。数十年之后，这种定时开合的做法，已经在人们的脑海中留下了深刻的印象。岐江作为中山人的母亲河，在市民心目中有着一种特殊的情节。许多海外华侨出国多年后，还专门回来看看岐江桥开合的场景。

（三）深圳国际贸易中心大厦和地王大厦信兴广场

1. 深圳国际贸易中心大厦

深圳国际贸易中心大厦通称国贸大厦，坐落在深圳市人民南路与嘉宾路交汇处，是第一座由中国人自己设计、施工和实施物业管理的综合性多功能超高层建筑。国贸大厦总体以方形塔楼为主体，楼高53层（地下3层）160米。1～4层主要为银行、商场、酒楼等，5～23层及25～43层为标准办公层，44～47层、50层为设备层，24层为避难层，48、49层为旋转餐厅。第50层屋面还设有直径26米的直升机停机坪。地下部分设有可停放130辆汽车的地下停车场。塔楼北侧为5层（地下1层）长150米的裙楼，构成一个规模宏大的商场，与大厦内银行、餐厅、证券交易厅交相辉映。裙楼内设有一玻璃拱形顶中庭，中庭连廊参差的挑台和拱形顶与大厦相得益彰。大厦外墙为铝合金玻璃幕墙，外围及大堂设计精心、

深圳国际贸易中心

品味高雅、层次分明，是一个集办公、商贸、金融、饮食、观光于一体，造型优美别致，设备精良的现代建筑。

国贸大厦占地面积2万平方米，建筑面积10万平方米，是我国建成最早的综合性超高层楼宇，当时是全国最高建筑，曾有“中华第一高楼”的美称，如今在高楼林立中仍是需要仰望的里程碑。从1982年10月至1985年12月29日共37个月即竣工，以三天一层楼的速度建成，这在当时是绝无仅有，创造了建筑史上的新纪录。因此，“三天一层楼”成为享誉中外的“深圳速度”的象征，常被用来形容速度特别快，效率非常高。

1992年1月20日上午，邓小平到深圳国贸大厦参观。在听取了深圳市负责人的工作汇报后，邓小平充分肯定了深圳在改革开放和建设中所取得的巨大成绩，并作重要指示。邓小平评价国贸大厦，称：“她是诞生‘神话’的地方，她的‘矗立’本身就是神话。”因此今天说起最早的建筑工程招标，说起三天一层楼的“深圳速度”，说起那个春天声震天下的“南方谈话”，总要提起深圳国贸大厦。国贸大厦还是深圳接待国内外游客的重要景点，党和国家领导人邓小平、江泽民、李鹏等先后光临国贸大厦，国际政治要人尼克松、布什、海部俊树、李光耀、加利也先后前来访问过。可以说，国贸大厦不仅在中国现代建筑史上有着重要地位，还富于历史文化的意义。它是深圳经济特区的窗口，也是中国改革开放的象征。

2. 地王大厦信兴广场

地王大厦信兴广场位于深圳市罗湖区的深南东路、解放路与宝安南路交汇的三角地带，由商业大楼、商务公寓和购物中心三部分组成，是深圳的重要标志。其中地王大厦高69层，总高度383.95米，实高324.8米，于1996年完工，建成时是亚洲第一高楼，现在是深圳第一高楼，也是全国第一个钢结构高层建筑。大厦建筑体形的设计灵感来源于中世纪西方教堂和中国古代文化中通、透、瘦的精髓，它宽与高的比例为1:9，创造了世界超高层建筑最“扁”、最“瘦”的记录。大楼整体融合西方建筑简单清秀的风格，远观又有中国古代对襟衫的神韵。33层高的商务公寓最引人注目的设计是空中游泳池，空间跨距约25米、高20米，上下延伸由9层至16层。夹在商业大楼和商务公寓中间的是购物商场，它的平面设计以一个形似钥匙洞的5层高的中庭为主。

地王大厦信兴广场与周围的人文，自然景观相配合，成为深圳独特的旅游景点。其中最具特色的是坐落在地王大厦顶层的“深港之窗”。这是亚洲第一个高层主题性观光游览项目，在此可以俯览深圳，远眺香港。它创新地发掘了深港两地的人文地理景观和历史文化、都市文化的底蕴，运用国际旅游休闲的

地王大厦

新颖高技术手法，以“深港之窗”作主题的形象展示，开创了国内高层观光的旅游新境界。

地王大厦的建设速度和工程管理在现代建筑史上都堪称典范。建设者们日夜奋战，创造了9天4层楼的钢结构安装、焊接新速度，整个工期仅用了一年零一个月。最快时2天半一层，刷新了当年国贸大厦创下三天一层楼的“深圳速度”。地王大厦项目给当时的深圳建筑业工程管理树起了全新典范。建设中的地王工地上没有任何堆料，夜深人静之时，壮观的大货柜车队静悄悄地载着物料进入施工现场。卸货完毕的货车必定用高压水冲洗干净后才允许驶出工地。另外，工程队还率先在深圳使用进口密封混凝土搅拌站，传统工地上隆隆作响的搅拌声音在地王工地上是不允许听到的。著名城市研究专家易中天在他的《读城记》中写道：“在建造地王大厦的两年多时间里，人们没有听到过喧嚣和噪音，没有看见过肮脏和杂乱。它四周的马路在凌晨时分总是被冲洗得洁净如初。人们说，这就是深圳，只有深圳才有这样的效率，也只有深圳才有这种文明。”此外，建筑过程中的地王工地筑起了围墙，既保证了安全，又美化了周围环境，发展商还创造性地在外墙上画起了宣传企业文化的可爱卡通人物形象，引起每一位路人的关注。后来，国家建设部号召此法在全国推广，从而形成今天我们在建筑工地随处可见的外墙风景线。可以说，地王大厦的修建工程以现代化的技术和管理手段，真正贯彻了以人为本、与周围环境和谐共处的人文理念。

【本章小结】

与人类生活息息相关的建筑，和社会文化、人文精神的对应直接而具体。历史的人文积淀蕴涵于历经风雨留存的建筑之中，而建筑对人文精神的折射更为立体，它不仅仅是“凝固的音乐”，它亦是一幅画，一本书，期待着我们去观赏，去领悟。

【学习与探究】

一、学习与思考

1. 简述中国古代建筑的特点。

2. 简述哥特建筑的特点。

3. 请同学们介绍自己家乡的建筑特色。

4. 谈谈你学习本章后有哪些收获，写一篇有关广东建筑方面的学习心得。

二、互动平台

各抒己见：结合建筑学的特点，谈谈建筑功能性和艺术性的关系。

活动设计：选取自己所在地的一处有代表性的建筑，就它的建造历史和建筑理念撰写一篇调查报告。要求：独立完成，要理论联系实际，有充分的广度和深度。

专题研讨：结合所学内容，挑选自己感兴趣的一个方面（如西方建筑史的某个阶段或中国建筑中的园林）做进一步的深度阅读和学习，写成研究综述。要求：内容充实，资料翔实，形式规范，条理清楚，字数不少于2 000字。

思维空间：以课堂辩论的形式讨论什么样的建筑最能体现人文精神和价值，尽量引导学生从不同角度，用不同方法探讨问题。

三、链接阅读

（一）从建筑看历史

——评《西点军校人文建筑之旅》

《西点军校人文建筑之旅》是“世界著名大学人文建筑之旅丛书”之一，从建筑学的角度出发，详细介绍了西点军校的历史和文化，由美国著名建筑史学家罗德·米勒编著。坐落于西点的美国陆军军官学院的建筑风格反映了美国的历史、传统，也反映了其武装力量的特色。冷冰的建筑、草坪、街道，经作者一诠释变得生动鲜活起来。

全书采用了旅游书籍惯用的手法，以游览线路为主线，每个景点或建筑为一小标题，配图说明。但不同的是，书的重点不仅仅是介绍那些砖瓦灰浆和心旷神怡的美景，更为读者带来了院校甚至是美国的悠久历史，军事发展、宗教发展、人文发展以及建筑发展的历史。罗德为我们的建筑设计者们生动地展现了很多成功范例，不仅仅是那些美轮美奂的重要殿堂，即使是一些功用平平的小建筑，也有不少是经过缜密思考、精心设计的值得借鉴之作。例如，军校礼拜堂附近的一个小小水处理厂，凭借其独特的造型与邻近建筑以及山体风格完美融合而脱颖而出，其外观的重要性已远远超出了水处理厂这个功用本身。

书中对建筑的评判遵循着一个核心的原则——融洽、统一、和谐。作者对于建筑的描述极为细腻详尽，甚至连彩绘玻璃上神话人物的造型来源都要讲解一番，尤其称道那些造型优美、与环境相容并且造福后人的建筑，或者为枯燥无味的建筑扭转败局、画龙点睛的局部细节。而对于失败的手笔也毫无遮掩，不管这座建筑背后有着怎样显赫的人物。对于一些拥有大量珍贵史迹的老建筑的“拆迁”，罗德由衷地扼腕叹息、愤恨不平（例如老图书馆的拆除）。古迹的保护和取舍是个永久的话题，西方也不例外。

经得起历史考验的建筑才是杰出之作。如果您对欧美建筑抑或是军事有兴趣，并且想顺便了解美国的历史和传统，那您不妨翻翻此书。

（二）地域人文建筑——中国传统民居

中国的居住建筑从1999年取消福利分房，实行货币分房以来，以前所未有的势头突飞猛进地发展，经历了从住宅数量、追求住宅的大面积到追求住宅的高品质高质量等阶段。现代的居住建筑具有时代性，但很多城市居住区类同，从一个城市到另一个城市感觉不到不同城市的变化，居住建筑缺乏地域性和文化性。面对城市喧杂的建筑身影和持续的大批量土地开发，城市日益缺稀的土地应建造更多的“百年居住建筑”，它应是具有时代性、地域性、文化性的新本土主义建筑。中国的传统民居建筑是具有地域性、文化性的人文居住建筑，了解中国传统民居住建筑有利于人们继承中国传统民居的地域性、文化性，并创造出具有时代性的新本土主义建筑。民居建筑是最基本的建筑类型，出现最早，分布最广，数量最多。以前由于中国各地区的自然环境和人文情况不同，各地民居也显现出多样化的面貌。

1. 北京四合院

中国汉族地区传统民居的主流是规整式住宅，以采取中轴对称方式布局的北京四合院为典型代表。四合院是北京人的传统民居，从辽代起已初步形成规模，经历代逐渐完善，最终成为近代的民居形式。四合院体现了中国人天人合一的观念，它包含着一部分没有房顶的院子，所以生活中人与大自然非常亲近。四合是指东、西、南、北四面的房屋合围在一起，形成一个“口”字形，即“院”。一般来说，正规的四合院都是坐北朝南，基本形制是分居四面的北房（也叫正房）、南房（也叫倒座房）和东、西厢房，四周再围以高墙形成四合，开一个门，大门辟于宅院东南角位置。房间总数一般是北房3间，耳房2间，东、西房各3间，南屋不算大门4间，加上大门洞、垂花门共6间。四合院以院墙隔为前院和后院，也叫外院和内院。院与院之间以垂花门、月亮门相通。

前院进深较浅，以1～2间房屋作为门房。后院为居住房，建筑比较讲究。四合院中间的庭院，是四合院布局的中心，也是家庭成员休闲，以及做家务劳动的场所。依据中国上下尊卑、长幼有序的传统观念，所有的家庭成员按照自己的辈分住在不同的房间里。祖辈居正房，晚辈居厢房，南房用作书房或客厅，各幢房屋朝向院内，以游廊相连接。北京四合院虽是中国封建社会宗法观念和家庭制度在居住建筑上的具体表现，但庭院方阔、尺度合宜、宁静亲切、花木井然，是十分理想的室外生活空间。北京四合院属于砖木结构建筑，房架子檩、柱、梁（柁）、槛、椽以及门窗、隔扇等均为木制。木制房架子周围再以砖砌墙。梁柱门窗及檐口椽头油漆彩画，色彩缤纷。屋瓦大多用青板瓦，正反互扣，檐前装滴水。也有不铺瓦而全用青灰抹顶的，俗称“灰棚”。

四合院的大门一般占一间房的面积，构件相当复杂。就以营造名称来说，有门楼、门洞、大门（门扇）、门框、腰枋、塞余板、走马板、门枕、连槛、门槛、门簪、大边、抹头、穿带、门心板、门钹、插关、兽面、门钉、门联等。四合院的大门就由这些繁多的零部件组成。大门一般是油黑大门，可加红油黑字的对联。进了大门还有垂花门、月亮门等。垂花门是四合院内最华丽的装饰门，它的外檐是牌楼形式，起到分隔里外院的作用。外院是客厅、门房、车房、马号等，也称“外宅”。内院是用于起居的卧室等，也称为“内宅”。垂花门油漆得十分漂亮，檐口椽头椽子油成蓝绿色，望木油成红色，圆椽头油成蓝白黑相套，如晕圈之宝珠图案，方椽头则是蓝底子金万字绞或菱花图案。前檐正面中心锦纹、花卉、博古等，两边倒垂的垂莲柱头根据所雕花纹更是油漆得五彩缤纷。有的四合院没有垂花门，而是用月亮门将其分隔成内外宅。窗户只有上槛，没有下槛。一般分上下两扇，嵌在上槛及左右抱柱中间的大框子里。上扇可支起，下扇一般固定。糊上透亮的窗纸，冬季既防止寒气内侵，又能保持室内光线充足；夏季祛除室内暑热。有条件的人家夏季用冷布外加幅纸，白天卷起，夜晚放下，因此又称为“卷窗”。居住在四合院内的主人，一般都在庭院内种植花木。老北京人钟爱丁香、海棠、榆叶梅、山桃花，以及枣树、槐树。庭院宽敞的人家还种上一两株香椿树。春天来临，做上一盘香椿炒鸡蛋，既能赏绿，又饱口福。此外，还有盆栽和水养。最常见的盆栽花木有石榴树、夹竹桃、金桂、银桂、杜鹃、栀子等，种石榴取石榴“多子”之兆。至于阶前花圃中的草茉莉、凤仙花、牵牛花、扁豆花，更是四合院的家常美景了。

四合院给人以东方式的、中国古老文化凝聚起来的情感上的感受。当都市现代化的脚步逐渐加快，重重叠叠的高楼大厦建起的时候，世代生长在这里的老北京人，会不会更加怀念曾经的四合院？

2. 客家土楼

在闽南、粤北和桂北的客家人常居住大型集团住宅，其平面有圆有方，由中心部位的单层建筑厅堂和周围的楼房组成。这种建筑的防御性很强，以福建永定县客家土楼为代表。在中国的传统住宅中，永定的客家土楼独具特色，有方形、圆形、八角形和椭圆形等形状的土楼共有8 000余座，规模大，造型美，既科学实用，又有特色，构成了一个奇妙的民居世界。

福建土楼用当地的生土、砂石、木片建成单屋，继而连成大屋，进而垒起厚重封闭的"抵御性"的城堡式建筑住宅——土楼。土楼具有坚固性、安全性、封闭性和强烈的宗族特性。一般楼内设施齐全，有厨房、餐房、仓库、卧室、水井、浴室、磨房、畜圈等，有的还建有祖堂、学堂、舞台。如遇战乱、匪盗，大门一关，自成一体，万一被围也可数月之内粮水不断。加上冬暖夏凉、防震抗风的特点，土楼成了客家人代代相袭，繁衍生息的住宅。

土楼有二层、三层的居多，四层较少。一般一栋楼内居住着一个家族的人。每一座土楼都有一个名字，大都取自族谱里的祖训。登上石门槛，走过楼门厅，呈现在面前的便是宽阔的天井，天井中间有一口水井。楼门厅对面是祖堂，这里是土楼祭祀、婚丧、议事的地方，显示了浓厚的家族血缘色彩。所有的土楼，一楼都是灶间，是每家每户做饭、用膳和会客的地方；二层则是禾仓，放置谷物和各种农具杂物；三楼以上才是卧室，也只有从三楼开始，才对外开一孔小窗。所有的房间形状相同，大小相等，由一条畅通无阻的走廊把它们紧紧地连成一个整齐的圆环，或者一个巨大的"口"字。每座楼内有东南西北四个楼梯，使整栋建筑只有一个大门，防御功能非常好。这些土楼最早的建于唐代，但现存最多的还是清康熙年间至20世纪70年代所建的。土楼的建筑过程中有一个很为外人津津乐道的地方，便是它的建筑材料红壤土中加入了红糖、蛋清和煮熟的糯米饭，据说这是客家人的独创方法，为的是进一步加强黏性。

客家人建造了土楼，聚族而居，这是源于对中原传统文化的认同。土楼表现出来的向心性、匀称性，以及血缘性聚居的特征，正是儒家文化和道家文化的一个缩影。土楼有形的基础是石块，无形的基础就是千百年来植根于中华民族中的儒、道传统观念，这些坚实的基础擎起了独一无二的奇观。

3. 少数民族居住建筑

中国少数民族地区的居住建筑也很多样，如西北部新疆维吾尔族住宅多为平顶、土墙、一至三层、外面围有院落；藏族典型民居"碉房"则用石块砌筑外墙，内部为木结构平顶；蒙古族通常居住于可移动的蒙古包内；而西南各少数民族常依山面水建造木结构干栏式楼房，楼下空敞，楼上住人，其中云南傣

族的竹楼最有特色。中国西南地区民居以苗族、土家族的吊脚楼最具特色。吊脚楼通常建造在斜坡上，没有地基，以柱子支撑建筑，楼分两层或三层，最上层很矮，只放粮食不住人，楼下堆放杂物或圈养牲畜。

结束语

新的都市住宅空间可以被整合到传统的环境肌理之中，从而使两者融为一体。过去的建筑和文化中有优秀的东西，但今天的人不可能再回到当年那种挑河水点油灯刷马桶的老时光。因此，今天建筑的任务不是去“固化”历史，而是让历史和现在的人共同“活”着，也只有“活着”才能有发展，在继承中国传统民居的地域性、文化性的基础上，创造出具有时代性的新本土主义建筑。

参考文献

1. 曹廷华．文学概论．第 3 版．北京：高等教育出版社，2010.
2. 吴廷玉．大学生人文修养．上海：同济大学出版社，2007.
3. 涂登宏．大学生人文知识．北京：清华大学出版社，2010.
4. 李辉．大学生人文素质修养．北京：化学工业出版社，2009.
5. 潘璋德，林增明．高职学生人文修养读本．杭州：浙江大学出版社，2006.
6. 夏中义．大学人文读本——人与国家．桂林：广西师范大学出版社，2002.
7. 董平．大学生人文知识．北京：清华大学出版社，2007.
8. 邵军．走近人文．合肥：安徽大学出版社，2007.
9. 张顺振，雷振德，游涛．大学生人文通识．武汉：华中科技大学出版社，2010.
10. E. H. 卡尔．历史是什么？．北京：商务印书馆，2007.
11. 梁启超．中国历史研究法．上海：上海古籍出版社，2000.
12. 乐黛云．清溪水慢慢流．上海：东方出版中心，2011.
13. 毛泽东选集．北京：人民出版社，1966.
14. 林雄．经典广东．广州：广东教育出版社，2009.
15. 黄树森．广东九章．广州：广东人民出版社，2006.
16. 黄启臣．广东海上丝绸之路史．广州：广东经济出版社，2003.
17. 冯友兰．中国哲学史新编．北京：人民出版社，2007.
18. 蔡元培．蔡孑民先生言行录．长沙：岳麓书社，2010.
19. 张岱年．中国哲学大纲．北京：中国社会科学出版社，1982.
20. 傅佩荣．哲学与人生．北京：东方出版社，2005.
21. 中国大学人文启示录（第三卷）．武汉：华中科技大学出版社，1999.
22. 陈旭光．21 世纪素质教育系列教材——艺术的意蕴．北京：中国人民大学出版社，2001.

23. 张李良．唯物史观的人学意蕴．哲学研究，1994.

24. 黑格尔．小逻辑．北京：商务印书馆，1982.

25. 维特根斯坦．逻辑哲学论．北京：商务印书馆，1996.

26. 龙应台．百年思索・中国大学讲演录．桂林：广西师范大学出版社，2000.

27. 安希孟．智慧与知识．现代哲学，1999（5）．

28. 张朝，李天思，曾祥岚．心理学导论．北京：清华大学出版社，2009.

29. 彭聃龄．普通心理学．北京：北京师范大学出版社，2004.

30. 莫雷．教育心理学．广州：广东高等教育出版社，2002.

31. 董梅，黄鹤征．地域人文建筑中国传统民居．煤矿现代，2006.

32. 陈艳，郝春生．人文素质教程．北京：清华大学出版社，2007.

33. ［瑞士］索绪尔．普通语言学教程．北京：外语教学与研究出版社，2001.

34. 吴为章．新编普通语言学教程．北京：北京广播学院出版社，1999.

35. 王德春．语言学概论．北京：上海外语教育出版社，1997.

36. 赵元任．语言问题．北京：商务印书馆，1980.

37. 岑麒祥．语言学史概要．北京：北京大学出版社，1988.

38. 冯志伟．现代语言学流派．西安：陕西人民出版社，1999.

39. 胡明扬．西方语言学名著选读．北京：中国人民大学出版社，1988.

40. 钟敬文．民俗学概论．上海：上海文艺出版社，1998.

41. 杨英杰．中外民俗．天津：南开大学出版社，2006.

42. 郑通扬．人文广东——在行走中品读岭南文化．广州：广东旅游出版社，2005.

43. 刘志文．广东民俗大观（下卷）．广州：广东旅游出版社，2007.

44. 陈香白．中国茶文化．太原：山西人民出版社，1998.

45. 向常华．茶艺大观．北京：金城出版社，2005.

46. 梁思成．中国建筑史．天津：百花文艺出版社，2005.

47. 汉宝德．中国建筑文化讲座．北京：生活・读书・新知三联书店，2008.

48. 陈从周．说园．上海：同济大学出版社，2007.

49. 张祖刚．建筑文化感悟与图说（国外卷）．北京：中国建筑工业出版社，2009.

50. 张祖刚．建筑文化感悟与图说（国内卷）．北京：中国建筑工业出版社，2009.

51. 徐跃东．图解中国建筑史．北京：中国电力出版社，2008.

52. 王其钧，郭宏峰．图解西方古代建筑史．北京：中国电力出版社，2008.

53. 邓庆坦，赵鹏飞，张涛．图解西方近现代建筑史．武汉：华中科技大学出版社，2009.

54. 王其钧．图解中国民居．北京：中国电力出版社，2008.

55. 王小回．中国传统建筑文化审美欣赏．北京：社会科学文献出版社，2009.

56. 尹国均．旋转木马：后现代建筑的12个人．重庆：西南师范大学出版社，2008.

57. 王小东．伊斯兰建筑史图典．北京：中国建筑工业出版社，2006.

58. 易中天．读城记．上海：上海文艺出版社，2006.

59. 葛剑雄，周筱赟．历史学是什么．北京：北京大学出版社，2002.

60. 曹桂生．艺术教育与人文精神．艺术教育研究，2009.

61. 郭秀丽．当代大学生价值观的特点、成因与引导策略．南昌高专学报，2009（1）.

62. 王冰．论当代大学生情绪情感的调控引导和教育．北京科技大学学报（人文社会科学版），1998（3）.

63. 陈义．大学生积极情绪情感的培养．辽宁行政学院学报，2010（10）.

64. 廖丽娜．唐柏林．论大学生积极情绪情感培养的策略．长春工业大学学报（高教研究版），2008（2）.

65. 王玮，王秀阁．当代大学生人际交往特征分析．中国科教创新导刊，2012（8）.

66. 周燕．浅析当代大学生的人际交往．现代企业教育，2010（12）.

67. 冯金平．大学生人际交往的心理障碍及调适．教育新观察，2008（7）.

68. 李春霞．浅析大学生人际交往的心理障碍及心理调适．赤峰学院学报（汉文哲学社会科学版），2006（1）.

69. 艺术导论．讲授纲要．峨山居博客，2010.

70. 黄健．文学是人生的“诺亚方舟”．处州晚报，2010.

71. 西方哲学参考资料源于：http：//baike. baidu. com/view/399080. htm

72. 波果斯洛夫斯基，心理学导论（心理学基础）．http：//read. psybook. com

73. 段同燕．心理学中的两种文化：科学主义与人文主义．淮南师范学院学报，2007（2）.

74. 百度文库．

75. 百度百科．